# 法学教育改革与探索

## ——天商法学教育改革研究

主　编　齐恩平
副主编　吴春雷

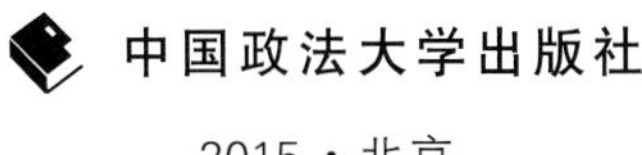

中国政法大学出版社
2015・北京

图书在版编目（CIP）数据

法学教育改革与探索：天商法学教育改革文集/齐恩平主编.—北京：中国政法大学出版社，2015.12

ISBN 978-7-5620-6467-1

Ⅰ.①法…　Ⅱ.①齐…　Ⅲ.①法学教育－文集　Ⅳ.①D90-53

中国版本图书馆CIP数据核字(2015)第278815号

---

出 版 者　中国政法大学出版社

地　　址　北京市海淀区西土城路25号

邮寄地址　北京100088信箱8034分箱　邮编100088

网　　址　http://www.cuplpress.com（网络实名：中国政法大学出版社）

电　　话　010-58908289(编辑部)　58908334(邮购部)

承　　印　固安华明印业有限公司

开　　本　880mm×1230mm　1/32

印　　张　13.25

字　　数　320千字

版　　次　2015年12月第1版

印　　次　2015年12月第1次印刷

定　　价　48.00元

CONTENTS 目录

## 课程改革

## 教学实践



## 教学方法

## 论文训练



## 教学管理

# 课程改革

# 对宪法学教学中基本权利体系的思考

傅　林[*]　孟稳涛[**]

**摘要**

宪法基本权利的分类是我国宪法学中的一个传统问题，本文通过对现有分类优缺点的分析，吸收各分类的优点。同时通过对性质上较具争议的权利进行重新定性，进而提出平等权、自由权、社会权、政治权利、权利救济权五种权利类型的权利分类模式。

**关键词：** 宪法学教学　基本权利　体系

宪法主要由两大部分组成：政府组织与基本权利，其中基本权利部分最集中体现了宪法的核心价值，因而在宪法学教学中具有重要地位，是教学的重中之重。准确了解基本权利的内涵、相互关系、演进历程、保障形态及限制方式，有助于进一步加深学生对宪法本质及宪政精神的理解。

---

* 天津商业大学法学院教授，法学硕士，主要从事宪法学、法理学研究。

** 天津商业大学2014级宪法学与行政法学专业硕士研究生。

将宪法规定的各项基本权予以科学分类，既有利于宪法基本权利体系的比较研究，也有利于宪法学基本权利体系部分的教学，使学生更好地掌握相关教学内容。对于基本权利的分类，在各类宪法学教材中可谓是异彩纷呈。在笔者查阅到的各种宪法学著作中，基本权利的分类有数十种之多，并且很少存在完全相同的分类。但在对比各种分类后，笔者感觉各种分类存在着诸多值得商榷的地方，有值得进一步研究的必要。

## 一、现有基本权利分类的优缺点分析

学界对宪法基本权利的分类可谓异彩纷呈，概括来看，其分类的视角大致有三种：学理分类、立宪例分类以及二者结合的分类模式。

首先，学理分类模式。该分类模式是传统宪法学中较常采用的一种分类模式，它仅是从理论上分析基本权利的各方面特征而做出的分类，很少考虑宪法文本中的具体权利。因此在这种情况下，容易导致基本权利的分类脱离本国的实际情况，导致与宪法文本实际规定的权利相脱节。同时，从现有的各学理分类可以看到，该种分类过于简单、笼统，忽略了具体权利之间的差异。

学理分类中较为经典的分类方法以耶利内克、芦部信喜、伯林为代表。其中，耶利内克认为公民对国家分别存在四种地位，即公民对国家的被动的地位、消极的地位、积极的地位、能动的地位，与这四种地位相对应，分别产生公民的义务、自由权、受益权、参政权。伯林将自由（权利）划分为两类：积极自由（权利）与消极自由（权利）。〔1〕芦部信喜将人权划分为“不受国家干涉的自由”、“参与国家的自由”、“由国家给予照顾的自由”，

〔1〕 林来梵：《从宪法规范到规范宪法—— 规范宪法学的一种前言》，法律出版社2001年版，第89～90页。

即所谓的自由权、参政权、社会权。[1]此外，还有的以自然法思想为标准，将权利分为人类的权利与国民的权利。有的以法律效力为标准，将基本权利分为具体的基本权利与抽象的基本权利，对国家的基本权利与对第三者的基本权利。[2]

上述学理上的分类由于分类标准比较明确、单一，所以，以此得出的权利类型，在权利间的内在逻辑上通常不会出现偏差，也很少出现相互重叠冲突的情况，并且所做出的分类可以适用于多数国家，具有普适性。但也存在一定的问题，正如有的学者所说："这些分类虽然在认识论上具有重要意义，然而都不能全面地反映许多基本权利的内涵在历史发展过程中的嬗变因素。"[3]以积极权利与消极权利为例，其实并不存在绝对的积极权利与消极权利。作为消极权利的自由权存在积极性的一面；而作为积极权利的社会权也有不同程度的消极权利性质，例如国家对公民所享有的经济、文化等社会权就负有不得歧视的义务。"基本权利分类方法中应反映宪法学新的发展变化与研究成果，以保证基本权利分类方法的合理性。"[4]而学理分类在此方面是有所欠缺的。

其次，立宪例分类模式。该分类模式一般是以各国宪法的文本为依据的分类方式。与学理分类相比，该分类具体且有针对性，与宪法文本联系更加紧密。但由于各国宪法文本中基本权利规定的多样化，导致这种分类结果过于复杂、繁琐。似乎该分类法只是对宪法文本中的基本权利的简单罗列，而缺少了逻辑上的内在统一性以及对各权利内在联系的把握。我国宪法学者早年多以立宪例分类的模式对宪法基本权利进行分类，如吴家麟教授将

---

〔1〕［日］芦部信喜：《宪法》，林来梵等译，北京大学出版社2006年版，第72页。

〔2〕郑贤君主编：《宪法学》，北京大学出版社2002年版，第163～164页。

〔3〕许崇德：《宪法》，中国人民大学出版社2009年版，第171页。

〔4〕郑贤君主编：《宪法学》，北京大学出版社2002年版，第165页。

基本权利分为十类：平等权，政治权利和自由，宗教信仰自由，人身自由，批评、建议、申诉、控告、检举和取得赔偿权，社会经济权利，文化教育权利和自由，妇女的权利和自由，婚姻、家庭、母亲、儿童受国家的保护，保护华侨、归侨和侨眷的权益。〔1〕许崇德教授主编的《宪法学：中国部分》中将基本权利分为九类：平等权、政治权利、人身自由、宗教信仰自由、社会经济权利、监督权、文化教育权利、请求权、特定主体权利。〔2〕王叔文先生将基本权利分为八类：政治权利和自由，宗教信仰自由，人身权利，监督权，社会经济权利，教育科学文化权利，保护妇女的权利，婚姻、家庭、母亲和儿童受国家的保护，保护华侨、归侨和侨眷的权利。〔3〕从上述列举的三种比较有代表性的立宪例分类中，可以很容易看到，分类结果如此繁琐，并且相互之间差异并不是很大，从这些分类中很难找到各具体权利之间的内在逻辑关系。

最后，学理与立宪例相结合的分类模式。这是目前宪法学教学中采取的较多的一种分类方法。该分类方法致力于将学理与立宪例相结合，吸取二者的优势，力图建立一个相对完善的、逻辑关联性较强的、与宪法文本不相脱节的分类体系。但从分类的结果来看，也并非尽善尽美。该种分类非但没能整合学理分类与立宪例分类的优点，反而黏附了二者的缺点。例如胡肖华教授主编的《宪法学》将我国宪法基本权利划分为公民在政治生活方面的基本权利、公民在社会生活方面的基本权利、公民在个人生活方面的基本权利以及对特殊人群的保护四种类型。〔4〕这种分类似乎

---

〔1〕 吴家麟主编：《宪法学》，群众出版社 1992 年版，第 364 ~ 386 页。

〔2〕 许崇德主编：《宪法学：中国部分》，高等教育出版社 2005 年版，第 348 ~ 349 页。

〔3〕 王叔文：《宪法》，四川人民出版社 1988 年版，第 348 ~ 349 页。

〔4〕 胡肖华主编：《宪法学》，中南工业大学出版社 1999 年版，第 194 页。

是在何华辉教授对基本权利的学理分类的基础上，结合我国宪法对特殊人群权利的保护而形成的分类。何华辉教授以人的三种属性，即政治生活中的人、社会生活中的人和私人生活方面的人为基点，总结出与此相应的政治生活、社会生活、个人生活三类基本权利。〔1〕何华辉教授所划分的三种基本权利之间可能存在着相互渗透、重叠的部分，因为很多权利似乎很难将其完完全全地界定为只属于某一方面的权利。但是我们可以“根据某项具体的基本权利所反映的人的生活的主要方面，确定它的类别归属”〔2〕，所以总体来说，这种分类的缺陷还是能够避免的。但胡肖华教授的书中将对特殊人群的保护与公民在政治生活方面、社会生活方面、个人生活方面的基本权利并列，乃是画蛇添足，难以避免分类标准不统一的弊端。又如周伟教授将基本权利分为人权、公民权与特定人权利三种，〔3〕从形式上看，这种分类避免了分类标准不统一的弊端，但仔细推究，人权、公民权与特定人权利这三种权利实际上是存在交叉的，人权及公民权也是特定人所应享有的权利。

在学理与立宪例结合的分类模式中，较具代表性的是林来梵教授的六分法，即平等权，政治权利，精神、文化活动的自由，人身的自由与人格的尊严，社会经济权利，获得权利救济的权利。〔4〕这种具体分类是较为成功的范例，不仅吸收了学理分类的优点，还充分考虑到了我国宪法文本中具体的宪法权利。本文所提出的基本权利分类较接近于林来梵教授的六分法，但在分类的

---

〔1〕 何华辉：《比较宪法学》，武汉大学出版社 1988 年版，第 206 页。

〔2〕 何华辉：《比较宪法学》，武汉大学出版社 1988 年版，第 206 页。

〔3〕 周伟：《宪法基本权利司法救济研究》，中国人民公安大学出版社 2003 年版，第 20 页。

〔4〕 林来梵：《从宪法规范到规范宪法—— 规范宪法学的一种前言》，法律出版社 2001 年版，第 92 页。

理由以及个别具体权利的归属方面与其有所区别。

## 二、关于某些宪法权利的归属问题

上述三种不同的分类模式，不仅在大的分类类别上存在着区别，而且对于宪法中的某些具体权利的归属也存在着诸多差异，具体表现在下列各具体权利的归属上。

### （一）关于传统表达自由的权利归属

对于我国《宪法》第35条规定的言论、出版、集会、结社、游行、示威这六大表达自由，学者通常将其归入政治权利。例如，何华辉教授以苏联等国宪法的规定为依据，将表达自由列为政治权利。虽然这种定性较为普遍，但并非没有争议。首先，表达自由指的是“人们通过一定的方式将自己内心的精神作用公诸外部的精神活动的自由”〔1〕，从定义来看，表达自由与精神自由密切相关。内心的思想只有通过表达，才能公之于众，为社会所熟悉，表达自由是精神自由的外化，如“集会和结社乃是为了实现一定的目的所形成的精神上的结合，也是基于人的精神活动所产生的一种表现形态”〔2〕。其次，表达自由中的多数子权利不仅仅表现出政治权利的属性，更多表现的是非政治权利属性。如言论自由，政治言论自由仅是其中的一部分，除政治言论自由之外，还包括宗教言论自由、学术言论自由、商业言论自由等等，同样集会自由与结社自由也存在政治性与非政治性的区别。而“政治权利之界定的泛化倾向，并不利于对宪法权利规范的客观认识以及宪法权利本身的保障”〔3〕。

---

〔1〕 许崇德：《宪法》，中国人民大学出版社2009年版，第186页。

〔2〕 林来梵：《从宪法规范到规范宪法—— 规范宪法学的一种前言》，法律出版社2001年版，第141页。

〔3〕 林来梵：《从宪法规范到规范宪法—— 规范宪法学的一种前言》，法律出版社2001年版，第124页。

王广辉教授在所著的《比较宪法学》中将表达自由（书中称表现自由）作为与人身自由平行的权利一同列入自由权中。芦部信喜教授将表达自由列入精神自由权中，“内心的思想或信仰，只有表明于外部、传达于他人，始能发挥社会性的效用。”〔1〕对于表达自由的这三种定性，本文倾向于采用王广辉教授的定性，将其作为独立的一项权利即表达自由，列入自由权中。首先，表达自由具有与古典自由权相似的特征，它们都主要表现为一种消极的防御性权利，主要防止公权力的侵害；其次，表达自由与精神自由不论是从保障方式还是限制手段比较，二者均存在差别。基于此，本文采用相对折衷的观点，也避免了因将表达自由从政治权利中直接归入精神自由这种跨度较大的变动，而引起相关法律的剧烈改变。

（二）关于通信自由与通信秘密的权利归属

学术界对于通信自由与通信秘密的权利归属大致存在三种观点：或将其归入人身权利，或将其归入表达自由，或将其归入精神自由。蔡定剑教授指出，“通信自由权既体现了国家对公民个人隐私权的保护，也是实现公民言论和思想自由的一个重要形式。五四《宪法》把通信权和住宅权并列在一起规定，而七五《宪法》和七八《宪法》则将通信权与言论、出版、集会、游行、示威、结社等政治权利并列在一起规定。由于通信权与上述各项权利性质有所不同，所以，现行《宪法》对通信权单独列条加以规定，使其地位更加突出。”〔2〕由此可以看出，由于通信自由与通信秘密本身性质的难以确定，导致《宪法》对其规定的频繁变动。王叔文教授倾向于将其划入人身权利中，他认为七八《宪法》将其与表达自由规定在同一条款内是不确切的，通信自由是

〔1〕［日］芦部信喜：《宪法》，林来梵等译，北京大学出版社2006年版，第72页。

〔2〕蔡定剑：《宪法精解》，法律出版社2006年版，第264～265页。

与人身权利密切联系在一起的；林来梵教授与芦部信喜教授则将其归入精神自由，因为它“是人们参与社会生活，进行思想、意思或者情感交流的必要手段，为此也是人们精神生活的一种重要类型”〔1〕；《日本国宪法》则将通信秘密与表现自由作为一条进行规定。而本文倾向于将通信自由与通信秘密作为精神自由加以保护。通信自由与通信秘密是一种内心活动的表达，虽然它可以看作是言论自由的延伸，但与言论自由相比，它又增加了隐蔽性。因为通信一般总是针对特定主体表达自己内心的感受，“虽然通讯是意见的传达与沟通的行为，但是其和意见自由（如言论自由）的不同之处，乃在于后者系公开表达其意见之权利，秘密通讯自由则以不公开为其权利之内涵。”〔2〕同时我国《宪法》在结构上虽然将其与涉及人身自由的相关法条放在相邻的位置，但并不表明该权利就属于人身自由。因为我国《宪法》对基本权利的规定是采取逐条列举的立宪模式，而不是分类立宪模式，所以条文与条文之间的联系并不是特别紧密，并且《宪法》对基本权利的规定不仅体现在第二章，还散见于其他章节。再加上我国立宪技术还不成熟，所以结构上的相邻关系并不能说明性质上的相同。

（三）关于监督权的权利归属

我国《宪法》规定公民有批评、建议、申诉、控告、检举及获得国家赔偿的权利，《宪法》规定的这几项权利类似于国外的诉愿权，但为了突显社会主义制度下人民当家做主，因此我国学者多将其称为监督权。学者一般将监督权划入政治权利或者作为一项独立于其他权利的单独性权利，对于这两种通常做法，本文

---

〔1〕林来梵：《从宪法规范到规范宪法—— 规范宪法学的一种前言》，法律出版社2001年版，第162～163页。

〔2〕陈新民：《宪法学释论》，三民书局2008年版，第277页。

认为皆不可取。虽然我国《宪法》将这六项权利以单一条文的形式予以规定，但实际上这些权利却混杂着不同的性质：政治性权利与非政治性权利混杂，实体性权利与程序性权利混杂。鉴于此，本文将沿用林来梵教授的划分方法，将六项权利分别归入不同的权利分类。其中批评权、建议权、检举权作为监督权归入政治权利。而申诉权与控告权由于性质较为复杂，则需要进行更细致的区分。申诉与控告可以分为政治性的申诉与控告、非政治性的申诉与控告，前者主要因公权力失职或违法行为侵犯公共利益而产生，后者则针对公权力失职或违法行为侵犯本人利益而提起；前者更接近实体性权利，而后者为程序性权利。基于这些区别，本文将批评、建议、检举以及政治性的申诉与控告作为监督权归入政治权利，将非政治性申诉与控告及获得国家赔偿权归纳为一项独立的权利即救济权。

## 三、新的权利体系分类模式

根据上述分析，本文认为，我国基本权利体系的分类应以平等权为总括，以自由权为核心，以社会权与政治权利为补充，以权利救济权为后盾，其中自由权又分为人身自由、经济自由、精神自由与表达自由四项子权利，属于学理与立宪例相结合的分类模式。

首先，平等权作为一个概括性的权利，是其他各权利的前提，是实现其他权利的基础。何华辉教授认为，“平等权一定要通过他和社会其他成员的交往才能体现出来。从这个意义上说，它是一种社会生活方面的权利。”[1]但本文认为，平等权具有一种“笼罩作用”，其效力贯穿于第二章的所有条文，而不仅表现

---

〔1〕 何华辉：《比较宪法学》，武汉大学出版社1988年版，第226页。

在社会生活方面。我国现行《宪法》中多处体现出平等权，如第4条的民族平等、第33条享受权利的平等与履行义务的平等、第48条妇女权利的平等。平等权的这种“笼罩作用”，并不是因为它处于权利章节的首位，“而是平等权的性质使然，其他权利其前提都是必须平等地对待，禁止不合理的差别待遇，否则保障基本权的意义尽失。”〔1〕

其次，自由权在本文的分类模式中处于核心地位。在权利发展的历史中，自由权就一直处于核心地位，正如学者指出的那样：“基本权从其本质而言，并不是一种法益，乃是一种广泛的自由，从而产生各种权利，特别是防御权。”〔2〕自由权作为一项古老的权利，自宪法产生到现在，无一不以保障自由权为核心，体现着宪政精神。虽然近代宪法向现代宪法转变后，国家职责由“夜警国家”向“福利国家”转变，更加注重对社会权的保障，但并不能说明社会权取代了自由权，成为宪法所保障的核心权利。大须贺明在《生存权论》中写道，“为了确保自由权体系能够存在下去并且能够有效地发挥其自身的作用，社会权就成了对自由权的一种补充，一种必不可缺的新的法的规范。从这种意义上来说，社会权也承负着保障立宪主义下的市民宪法秩序的职责，在本质上是与自由权具有同样功能的法的规范。”〔3〕从自由权到社会权，并不是社会权将自由权取代，而是为了更好地保障自由权的实现。

政治权利同样是在自由权之后产生的，在最初资产阶级革命胜利后，在各国宪法中并没有对政治权利有过多的重视。但“随着社会的进步，人们认识到个人权利和自由与参政权有目的与手段

〔1〕吴庚：《宪法的解释与适用》，三民书局2004年版，第177页。
〔2〕吴庚：《宪法的解释与适用》，三民书局2004年版，第86页。
〔3〕［日］大须贺明：《生存权论》，林浩译，法律出版社2001年版，第13页。

的关系，因为没有参政权，公民的权利和自由也就无法实现”。〔1〕通过赋予公民广泛的政治权利，维护了资产阶级经济的发展，巩固了资产阶级的统治权。政治权利是以自由权为核心的权利体系真正得到实施的重要保证，公民通过行使政治权利，参与国家的治理，将公民的意志上升为国家的意志，促使法规政策的形成，更好地保证权利的实现。所以从本质来说社会权与政治权利二者均是自由权的重要补充，为自由权更好的实现而服务。

最后，权利救济权作为整个权利体系的后盾，当权利受到侵害时，权利救济权便出场。“无救济则无权利”，权利救济权作为权利体系不可缺少的一环，使得权利体系形成了一个完整闭合的回路。

## 四、结语

综上所述，本文将基本权利体系概括为平等权、自由权、社会权、政治权利、权利救济权五种权利类型。其中平等权作为总括性权利，统摄其他权利。自由权是权利的核心，可以细分为人身自由、经济自由、精神自由与表达自由四项。社会权、政治权利则是自由权的延伸，为自由权服务。权利救济权为整个权利体系提供了补救性措施，使对权利的保障不只是纸上谈兵。

本文提出的宪法基本权利体系的分类模式，虽力图避免上文所列举的已有分类的缺点，但随着权利的发展，权利之间影响愈深，联系愈加紧密，很难找出一个标准使权利划分在逻辑上完全和洽，因此，本文所提出的分类方法也依然存在诸多需要加以完善的地方。

---

〔1〕 胡肖华主编：《宪法学》，中南工业大学出版社 1999 年版，第 181 页。

## 参考文献

1. 林来梵：《从宪法规范到规范宪法—— 规范宪法学的一种前言》，法律出版社 2001 年版。
2. ［日］芦部信喜：《宪法》，林来梵等译，北京大学出版社 2006 年版。
3. 郑贤君主编：《宪法学》，北京大学出版社 2002 年版。
4. 许崇德：《宪法》，中国人民大学出版社 2009 年版。
5. 吴家麟主编：《宪法学》，群众出版社 1992 年版。
6. 许崇德主编：《宪法学：中国部分》，高等教育出版社 2005 年版。
7. 王叔文：《宪法》，四川人民出版社 1988 年版。
8. 胡肖华主编：《宪法学》，中南工业大学出版社 1999 年版。
9. 何华辉：《比较宪法学》，武汉大学出版社 1988 年版。
10. 周伟：《宪法基本权利司法救济研究》，中国人民公安大学出版社 2003 年版。
11. 蔡定剑：《宪法精解》，法律出版社 2006 年版。
12. 陈新民：《宪法学释论》，三民书局 2008 年版。
13. 吴庚：《宪法的解释与适用》，三民书局 2004 年版。
14. ［日］大须贺明：《生存权论》，林浩译，法律出版社 2001 年版。

# 《中国法制史》教学改革初探

郑全红*

**摘要**

中国法制史是法学院专业核心课之一，属于理论法学的范畴。学好中国法制史课程，能够为其他部门法的学习打好基础。因此它是司法考试、法律硕士考试必考科目之一，如此重要的课程在当下重实用、轻理论的风气影响下，日益面临教学困境，为了突破中国法制史课程日益被边缘化的困境，中国法制史课程必须努力进行教学改革，构筑学科特色，才能找到一条让同学和同行认可的教学之路。

**关键词：**中国法制史　教学改革　古案今评　今案古审

中国法制史课程是高校法学教育中的专业核心课之一，属于理论法学的范畴。学好中国法制史课程，能够为其他部门法的学习打好基础。从 1997 年开始笔者执教于天津商业大学法学院，主讲中国法制史，十八年来笔者基本上延续着传统的教学模式。

---

* 天津商业大学法学院教授，历史学博士，主要从事社会史、法制史研究。

从2009年开始笔者在前些年小规模教学改革积累的基础上，对中国法制史课程进行精品课建设，着手进行大规模教学改革，初步探讨出一些行之有效的教学方法，提高了教学质量。为进一步提高教学质量，构筑学科特色，2011年笔者在自己的中国法制史课堂，又大胆进行特色教学课改实验，实施“523”工程，收到良好效果。总结多年的教学经验，我深深地感到，认真而充分地备课、广泛地收集案例和各种教学资料、深入把握学科发展前沿动态，是讲好一门课的前提条件和基础。下面我就中国法制史教学改革的一些经验在此与各位同仁共飨，恳请批评指正。

## 一、教学内容改革

目前中国法制史课程教学内容依然“囿旧”，与现实结合不够，使得很多学生存在不知学习中国法制史课程有何作用的困惑，甚至有的同学直言，“我学习《唐律疏议》干什么，我毕业后当法官也不按照唐朝法律断案。”这样的认识不只在学生中存在，甚至在同行中也有类似言论。有学者明言，“中国法制史根本没什么大用，它只不过是谋生的一种手段罢了。”中国法制史面对如此困境，进行教学和科研改革就十分必要了，中国人民大学赵晓耕教授在2010年法史年会分组讨论会上也号召法史学人积极努力，探索出一条让同行认同的教学和科研路子。笔者个人十分同意这种观点，并积极付诸实践，不断摸索让同行和同学认可的中国法制史教学方式，在教学内容上也进行了一系列尝试。

1. 改革传统导论课教学，充分利用导论课，激发学生学习兴趣。关于传统的导论课教学，特别是学习意义的教学，徐祖澜曾一针见血地指出：“翻阅市面上发行的《中国法制史》教科书，无一例外地会在绪论（导论）中列出学习的意义，其措词、篇幅略有差异，但中心思想无外乎两点：其一，继承和发扬中国优秀

的法律文化；其二，充实学生的专业知识，完善其知识结构。以上这两大意义皆会遭遇实用主义风行的中国法学院学生甚至是部门法学教师的质疑。前者无疑具有宏大意义，强调的是一种民族情感，也就是说，作为中国人，对于自己老祖先的东西是不可以丢弃的。但这种通识性的历史教育是否一定要上升为专业核心课程？后者强调了专业性，但现今法学的专业知识早已是'舶来品'，而作为传统知识资源的中国法制史显然与之缺乏知识上的整体同构性。对于这一难以回避的现实，有一本教材干脆提出了一个适用于一切基础学科的解释，即'风物长宜放眼量'，很难讲有什么学了能够'立竿见影'、即学即用的东西。对此，我们或许可以理解为：不要问为什么学，学了以后一定有帮助，即使这些帮助是难以发觉的。这无疑是对这门法律史类唯一的本科必修课程放弃了意义的追问。"[1]的确，中国法制史课程属于法学专业基础课之一，但同时与历史知识联系紧密。因此，中学时学理科的同学对这门课的学习有畏难情绪。另外，中国法制史属于理论法学，同学们有时认为学习法制史不如学习刑法、经济法、民法、公司法等部门法有用。这些因素都影响同学们学习这门课程的积极性。因此讲授中国法制史的第一课就要为同学们解疑释惑，解开同学们心中的所有心结，把五千年中国法制文明的精华用最简洁的语言、最短的时间介绍给大家。通过导论介绍，使同学们明了学习法制史并不是要学习那些"死"的东西，而是要学以致用，以古鉴今，要做到察今知古、述往思来。例如，举《今日说法》"连环私了"案例引导学生发现"我们生活中的中国法律传统"，从活生生的社会实践来理解传统。再比如举春秋时期叔向审理的中国古代"性贿赂"案件，观察中国古代对于官吏的

---

〔1〕 徐祖澜："定位与创新：中国法制史教学改革刍议"，载《江苏警官学院学报》2009年第2期。

管理和约束，理解“明主治吏不治民”的传统理念，反思当今廉政建设。这样处理导论课，易于激发同学们学习法制史的兴趣，排除认识上的误区，坚定学习这门课的决心。

2. 中国法制史课程也要以社会需求为导向，培养学习型和适应型人才。2008 年 6 月司法部发布的修改司法考试报名条件的第 75 号公告规定，普通高等学校的应届本科毕业生可以报名参加国家司法考试，这是司法考试制度施行以来对报名条件所做的一次重大改革。鉴于 2008 年部分在校学生参加了司法考试并取得了较好的成绩，2009 年在校学生报考数量急剧增加。据徐晓波在部分高校的调查表明，2010 年毕业的法科学生报考率基本在 80% 左右，在有些高校甚至达到 90% 以上。[1]面对如此形势，属于司法考试必考科目之一的中国法制史课程在日常教学过程中要充分注意这种应试需要，着力调整教学内容，以期满足培养学习型和适应型人才的需要。因此，笔者在备课过程中，认真研究了历年来的法硕、司法考试和重点名校的考研试题。通过对这些命题的研究，深入把握课堂教学中删繁就简的教学艺术，于简练中凝练课程内容的精髓，做到有的放矢。通过对教学内容的合理处理，本门课程的教学内容很恰当地适应了同学们的各种不同的学习目的和兴趣方向，做到了有针对性、有目的性、有适应性。

3. 利用教学内容和学理理念，在中国法制史授课过程中传授诚信、正直的人格理念和道德情操，教育同学们不仅要做一个合格的公民，而且要做一个道德高尚的良民。中国法制史这门课知识内容丰富，在教学中充分利用其丰富的教学内容向同学们传递积极向上的做人理念，也是这门课的重要魅力之一。在课堂教学中，我利用丰富的历史事实和故事，教育同学们要树立诚信为

---

〔1〕 徐晓波：“司法考试对法学本科教育的影响及高校应对”，载《湖南科技学院学报》2010 年第 1 期。

人、秉公处事的做人理念。如在讲到春秋时期法制和管仲的法律思想时，我会讲到管鲍之交的做人原则；讲到邓析的法律思想时，我会介绍中国古代讼师正直为人的做人原则；讲到古代的司法制度和法官文化时，我会介绍狄仁杰、包拯、海瑞等人物刚直不阿、秉公办案的做人品质。“引导学生认识良法与廉吏之间的重要关系，大力弘扬传统法中的民本思想，牢固树立现代法官的‘权为民所用、心为民所系、利为民所谋’的职业理念。”通过对历史上各种法律人物和知识的介绍，熏陶同学们的道德情操，这是本门课程凝聚同学们学习兴趣的重要渠道之一。

## 二、进行考试改革，培养创新型精品人才

历来中国法制史教学都以授课教师课堂讲授为主，考核也是七三开，即期末考试占总成绩的 70%，平时成绩占总成绩的 30%。从 2013 年开始，天津商业大学对中国法制史课程进行了特色教学课改实验，实行考试改革，为顺利推进考试改革，特制定了“523”工程。所谓“523”工程，是天津商业大学法学院为培养复合创新型精品人才，在中国法制史课程教学改革中逐步探索出来的教学改革方案。把中国法制史的课程体系划分为课堂教学、读书工程、主题活动三个模块，其课时比例分配为 5∶2∶3，期末考试占学期总成绩的 50%，百书研读之读书笔记占学期总成绩的 20%，平时考查占学期总成绩的 30%。

1. “5”——继续深化教学内容改革，期末考试占学期总成绩的 50%。由于中国法制史本身涉及的时间跨度长、涵盖内容广、专有名词多、典籍资料应用频繁等特点，因此在不断压缩课时的情况下，传统教学的效果不甚理想。商大中国法制史课程教学在前期教学内容改革尝试成功的基础上，继续深化教学内容改革。具体做法有两点：一是针对课时大大压缩的实际情况，编写

适合中国法制史课程实际授课需要的《中国法制史》教材。二是在网络教育发达的背景下，录制微课，同学们利用课余时间在网上学习基础朝代知识，课上有限时间则结合基础知识进行重点专题讲解讨论。

目前的中国法制史教材，其体例主要有两大类：其一是按朝代编写章节内容，另外一种体例是专题版。目前高校普遍采用的是断代版教材。但断代版教材教学内容容易出现重复，导致学生厌烦，而目前市面上的专题版教材数量不多，但总体感觉比较适合法律硕士和法学研究生使用，对于本科生，教材难度偏大。因此编写一部适合本科实际授课需要的《中国法制史》教材成为当务之急。我已经着手进行编写，初步的设想是教材编写注重四方面的改革与创新：

第一，注意纵向梳理中华法系的基本传统，采用专题讲座形式介绍如立法传统、司法传统、法律监督传统、刑罚执行传统、法律宣教传统等内容，纠正过去只注重按朝代横向讲述法制史、内容零散而不得要领的弊端。

第二，把中国法制文明作为一个进化的整体对待，将其生命历程划分为礼治时期的中国法、第一次礼法之争、弃礼任法、礼法合流、第二次礼法之争、法制现代化六个历史阶段，使学生更能把握其进化发展的规律性。

第三，注意多学科知识的融通性。注意将各部门法学科甚至法学之外某些学科的知识融进课堂，借助部门法知识和政治学、史学、经济学等学科知识增进学生对法制史的理解，同时强化学生的法学知识基础。

第四，注重引导学生理性对待中国法律传统，洞察其在当代的遗存和正负面影响。

秉承上述编写原则，新教材拟采用断代与专题相结合的体例

编排，主要内容包括：[1]

导论　介绍中国法制史研究现状与主要研究成果，专题讲解中国传统法律基本精神。

第一章　礼治时期的中国法：夏商周时期的法制；结合夏商周朝代法律介绍，专题讲解中国古代婚姻制度。

第二章　第一次礼法之争：春秋战国时期的法制；结合春秋战国时期的法律介绍，专题讲解轴心期的法律思想家以及历代立法指导思想。

第三章　弃礼任法：秦朝的法制；结合秦代法律介绍，专题讲解中国古代皇帝制度及官僚制度。

第四章　礼法合流：汉至明清的法制；结合汉代法律介绍，专题讲解中国古代春秋决狱制度；结合魏晋法律介绍，专题讲解中国古代身份制度；结合唐代法律介绍，专题讲解中国古代成文法典立法沿革；结合明清法律介绍，专题讲解中国古代反贪立法。

第五章　第二次礼法之争：清末变法。

第六章　法制现代化：民国时期的法制与革命根据地时期的法制。

每一章开篇第一节都是本章内容层次剖析，每一章均附有附录：附录一，本章经典案例；附录二，本章史料译注；附录三，司考、法硕、法学研究生名校真题；附录四，参考书目拓展阅读。

采取这种方法编写的教材，既解决了教材与课时的现实矛

〔1〕 本教材编写体例的设想是徐祖澜先生提出的，参见徐祖澜："定位与创新：中国法制史教学改革刍议"，载《江苏警官学院学报》2009年第2期。

盾，又提高了教学质量。而这里更重要的是激发了学生自己钻研教材的积极性，为学生自主学习创造条件。

最后，逐步改革期末考试。传统期末考试都是闭卷，包括几种常规题型如选择题、填空题、简答题、名词解释和论述题。通常期末考试成绩占学期总成绩的70%。本学期实行特色教学课改后，注重对平时成绩的考察，期末考试成绩改革为占学期总成绩的50%，并且由闭卷向开卷和口试的方向过渡。

2. "2"——深入开展百书研读活动，读书笔记占学期总成绩的20%。钱大群先生曾一针见血地指出："以课本为教材，但知识面又不能局限于课本，这是高校社会科学教学的一个特点。而要做到这一点，主要的渠道是培养学生自己找书看的习惯。不会在课外看参考书，在学习上不会主动找食吃的人，决不能成为一个合格的大学毕业生，更不能成为研究生的选拔对象，因为等到他们成了研究生后再去培养他们找书看和能看书的能力，那为时已晚。"〔1〕的确，中国法制史课程贯穿时间上下几千年，历史事件丰富，史料极为浩繁，它既是法学的基础理论学科，同时又是历史学的一门专史。因此，要想细致地掌握中国法制史课程的内容，除了正常教学内容的学习外，阅读书籍和史料对理解中国古代法律文化是十分必要的。为进一步拓展学生的知识面和学术视野，提高广大学生博览群书的积极性，培养复合创新型精品人才，中国法制史课程应积极开展百书研读活动。〔2〕所谓百书研读活动，简单说就是任课教师要求学生一学期广泛涉猎泛读100本

---

〔1〕钱大群："注意在宏观上运用启发式——中国法制史课程教学经验点滴谈"，载《江苏高教》1986年第5期。

〔2〕关于法学专业学生读书活动，黑龙江大学、东北农业大学等许多院校也都进行了积极探索，并成功探索出许多经验可供我们借鉴。参见郭海霞、孙光妍："法学专业学生'读书工程'实施方案探讨——以《中国法制史》课程为例"，载《黑龙江史志》2009年第21期。

与中国传统法律文化相关的书籍，至少精读其中一本自己感兴趣的书籍，并写出不少于一万五千字的读书笔记。具体做法是：

首先为开阔学生视野，任课教师推荐读书书目。在考虑法学本科学生自身状况和所学课程实际的基础上，任课教师根据自己的阅读经验，开出科学合理的读书书目。这是保证百书研读工程顺利实施的前提和基础。所开书目为 100 本，可供 5 个月泛读，平均每月 20 本。

第一个月推荐的 20 本书主要是培养初学者兴趣的大众普及性书目。在中国法制史课程开设初期，法学专业学生对该课程并不熟悉，为此，培养初学者兴趣成为书目布置的主要目的，在此阶段主要应选取趣味性、常识性的书目。如梁治平等著《新波斯人信札》，范忠信等著《情理法与中国人》，包振远等著《中国历代酷刑实录》，郭建著《古代法官面面观》、《帝国的缩影：中国历史上的衙门》、《绍兴师爷》，刘星著《中国法学初步》等。

第二个月推荐的 20 本书主要是一般历史论著。主要考虑法学院学生文理兼招，为一些高中学理的同学补补人文知识，为进一步学习中国法制史打好基础。如钱穆著《国史大纲》、樊树志著《国史十六讲》、冯友兰著《中国哲学简史》、梁漱溟著《中国文化要义》。

第三个月推荐的 20 本书主要是阶梯晋级性读物的法制史通论性书目。在法学专业学生有了一定的知识基础和兴趣以后，随着中国法制史课程的推进，应设置一些知识系统性的书目，以构建学生的知识体系框架。如武树臣著《中国传统法律文化》和瞿同祖著《中国法律与中国社会》等书籍。

第四个月推荐的二十本书主要是专业性强的法制史研究书目。在法学专业学生熟读一定数量的通史内容后，学生对中国法制史的内容体系已有框架性的认识，如何丰富其框架体系中的内

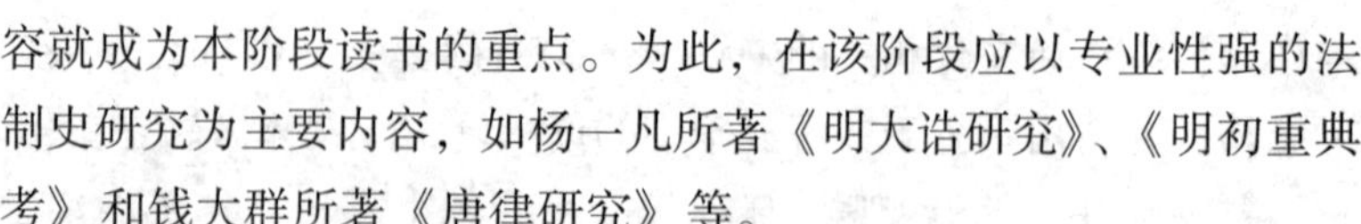

容就成为本阶段读书的重点。为此，在该阶段应以专业性强的法制史研究为主要内容，如杨一凡所著《明大诰研究》、《明初重典考》和钱大群所著《唐律研究》等。

第五个月推荐的二十本书主要是史料类，如中华书局出版的《唐律疏议》，历代的刑法志，如《汉书·刑法志》、《史记》、《汉书》、《资治通鉴》、《左传》，包括沈家本的《历代刑法考》等。

其次，在广泛涉猎法史研究书籍的基础上，要求学生五个月至少精读一本书，并认真撰写读书笔记，以巩固读书成果。同时发挥教师的指导作用，任课教师仔细评阅读书笔记，并表扬读书认真的学生，鼓励学生在读书笔记的基础上写出文章，挖掘学生潜力。学生通过读书笔记获得考核成绩，读书笔记成绩占本课程学期总成绩的20%。

最后，开展精彩、活跃的读书沙龙，延伸课内教学，拓展学生学习空间。在课堂教学之外组织对中国传统法律有兴趣的学生每月举办一次读书报告会或学生读书心得交流会，教师作为普通一员参与其中，倾听学生就其感兴趣的问题进行演讲或辩论，鼓励同学独立思考，提出自己的观点，并适当予以引导，此为课堂之延伸，以加强对学生读书的指导。

通过百书研读活动，一部分同学对中国法制史产生了浓厚的兴趣，撰写的毕业论文已初见功底，提出了自己的一些思考。还有一些同学在毕业时选择报考中国法制史专业的研究生，希望将自己感兴趣的某些问题继续研究下去，这些都得益于百书研读活动的开展。

3. “3”——重视日常表现，积极参与主题活动占学期总成绩的30%。在以往的中国法制史教学过程中，学生认为学习中国法制史，特别是中国古代法制史，除了死记硬背，没有别的好办法。因此，上课不注意听讲，下课不看书，考试搞突击。考试结

束，死记硬背的内容也忘得差不多了。即便如此，在传统考试制度下，有的同学即使是临阵抱佛脚，搞突击背诵也能获得说得过去的“理想”成绩，而个别同学平时学习很认真，但成绩却未必十分理想。针对这种客观情况，为使考试成绩更公平合理，中国法制史课程改变了以往一次期末考试定乾坤的传统做法，更加关注于同学们的日常表现。为了给同学们提供施展才华的舞台，任课教师精心策划了五次主题活动，并鼓励同学们积极参与五次主题活动，参与活动获得的成绩占本课程学期总成绩的30%。

五次主题活动分别是：

第一次主题活动是讨论课：探讨中国法律的起源。本学期加大课堂讨论教学的比例和力度，引导同学们在学习中发现问题、思考问题和解决问题，激发同学们在语言表达和逻辑思维方面的创造力。在课堂教学中，根据教学内容的需要，我适当地安排了一些教学内容进行课堂讨论，如法律起源问题。同学们通过查阅资料、课堂发言和讨论，培养了独立思考问题、解决问题的能力，而且通过讨论提升了学习兴趣，产生了思想火花。同时增强了这门课的吸引力和课堂凝聚力，一门课的课程魅力也就体现出来了。

第二次主题活动是今案古审课：“我的孩子在谁家？——揭秘中国古代刑侦技术”。今案古审课拟选择当今典型案例，穿越时空，放在中国古代不同朝代看县官如何审理这些离奇案件，引导学生发现“我们生活中的中国法律传统”，从活生生的社会实践中理解传统。

第三次主题活动为大唐法制日报编撰设计大赛。

第四次主题活动是古案今评：包公故事的法律解读。我们拟以实际或虚拟的古代案例，组织学生在课堂上进行模拟审判。先应用古代的法制知识亦即引据古代的法律规范来进行审判，再用

今天中国或外国的法制进行审判，然后由教师进行课堂点评。通过这种案例教学，生动演示古代中国法律文化的事实，增进学生对法律史知识的掌握，促进学生对古代法律制度之用意的理解，锻炼学生的历史唯物主义思维，促进学生认识古代法律文化对今天法制建设的正负意义，沟通传统与现代。〔1〕

第五次辩论课：中国法律现代化立足于法律本土化还是西方化？在辩论课前，任课教师指导同学确定辩题、收集资料、提出观点、收集论据。课上正反双方通过对辩题的论辩，不仅锻炼了语言表达能力，更重要的是同学们开始反思中国法律传统对当代中国的影响、中国传统法律文化优秀遗产的弘扬、移植的西方法制在中国社会的适应性等一系列问题。同学们提出问题、解决问题的综合创新能力在这种反思中也获得了培养与提升。

通过开展讨论课、辩论课等主题活动，引导同学们在学习中发现问题、思考问题和解决问题，激发同学们在语言表达和逻辑思维方面的创造力，如法律起源问题、法律移植问题、酷刑问题、礼与法的关系问题等。同学们通过查阅资料、课堂发言和辩论，培养了独立思考问题、解决问题的能力，而且通过讨论和辩论，提升了学习兴趣，产生了思想火花。通过开展古案今评、今案古审等案例教学，从典型案例入手，对理论性较强的内容进行“故事化”处理，由常识到法理，由浅显到深奥，从具体的案例情节中抽象出深奥复杂的理论，再由抽象的法理理念引征到今天法制建设的现实实践中来，引导同学们学会以古鉴今、述往思来，最终达到博学多思、学以致用的教学目的。这样一来，任课教师突破了传统教学模式，在课堂教学中及时吸收和反映了本学科的最新研究成果，这些授课方式极大地调动了学生学习的主动

---

〔1〕关于古案今评活动，范中信等教授都进行了可贵的探索，为我们提供了许多有益经验与借鉴。

性，激发了学生学习的兴趣，自然取得了良好的教学效果。

## 参考文献

1. 徐祖澜：“定位与创新：中国法制史教学改革刍议”，载《江苏警官学院学报》2009 年第 2 期。
2. 徐晓波：“司法考试对法学本科教育的影响及高校应对”，载《湖南科技学院学报》2010 年第 1 期。
3. 钱大群：“注意在宏观上运用启发式——中国法制史课程教学经验点滴谈”，载《江苏高教》1986 年第 5 期。
4. 郭海霞、孙光妍：“法学专业学生‘读书工程’实施方案探讨——以《中国法制史》课程为例”，载《黑龙江史志》2009 年第 21 期。

# 社会主义法治理念在司法考试中的命题规律探析*

吴春雷** 司马守卫***

**摘要**

司法考试中对法治问题的专门考查主要集中在“社会主义法治理念”部分。随着2009年社会主义法治理念从法理学中独立出来，成为司法考试中的一个重要的独立的考查范畴，对这一部分的命题规律的研究也就具有了重要意义和参考价值。通过对命题规律的探究和把握，适当地调整教学内容和教学方法，注重材料分析，理论联系实际；运用案例教学法增强学以致用的能力；设定答题角度，培养角度意识；将社会主义法治理念的教学与部门法联系起来。此外，基于社会主义法治理念的重要性与法律学教材对这部分知识的忽视之间的矛盾，应当适当地增加社会主义法治理念在教材中的比重。

**关键词**：司法考试　社会主义法治理念　命题规律

* 本文系“天津商业大学法理学课程教学团队”的成果之一。

** 天津商业大学法学院教授，法学博士，主要从事法学理论与司法制度研究。

*** 天津商业大学2013级法学理论专业硕士研究生，主要从事法学理论研究。

《法律职业资格证书》是法科学生步入法律职业的必要门槛，其对于法科生学生生涯及职业生涯的重要性可见一斑。而证书的获得则必须以通过国家司法考试为前提，司法考试因其考查范围广、备考难度大、考试通过率低而被广大考生戏称为“天下第一考”。正因司法考试的这种重要性及困难性，而常常被法科学生视为除获得大学毕业证之外的最重要的任务。这种对司法考试的关注程度会影响到法学本科教育模式、教育方法、教学内容以及学生的学习积极性、学习侧重点的改变，这是不可避免的。法学本科教育不可能完全以司法考试为导向，但是无视司法考试的重要地位及其对于学生就业的意义，也是十分不明智的做法。二者之间其实并不存在难以调和的矛盾，本科教育在传授基础法律知识和法学理论的同时，着眼于司法考试的内容和题型，着重培养学生应用知识、分析案例、学以致用的能力，二者可以达到相互促进、相得益彰的效果。因此，研究司法考试的命题规律，在教学过程中加以关注，并对教学内容和教学方法进行适当调整以适应现实需要，就具有了必要性和合理性。

司法考试中对于法治问题的专门考查集中在“社会主义法治理念”部分，这部分是2007年司法考试大纲中法理学的新增考点，在2009年的司法考试大纲中，社会主义法治理念从法理学中独立出来，其在司法考试中的重要性随之凸显。

## 一、命题规律

根据《2014年国家司法考试大纲：社会主义法治理念》的要求，国家司法考试中对于社会主义法治理念的考查内容主要分为六个部分：社会主义法治理念的基本理论（包括社会主义法治理念的基本概念和本质属性、理论渊源和实践基础、地位和作用）、依法治国、执法为民、公平正义、服务大局、党的领导。命题方

式采取客观题（包括单项选择、多项选择）和主观题（包括简答、案例、论述）。

表 1　2009～2014 年社会主义法治理念主观题及客观题所占分值表

| | 2009 | 2010 | 2011 | 2012 | 2013 | 2014 | 平均分 |
|---|---|---|---|---|---|---|---|
| 主观题 | 20 | 20 | 20 | 18 | 20 | 20 | 19.6 |
| 客观题 | 5 | 5 | 11 | 11 | 11 | 11 | 9.1 |
| 总　计 | 25 | 25 | 31 | 29 | 31 | 31 | 28.7 |

表 1 的数据统计显示：首先，从 2009 年社会主义法治理念从法理学中独立出来，作为一个单独的考察内容，至 2014 年最近的这次司法考试，社会主义法治理念部分的主观题除 2012 年是 18 分外，皆为 20 分，社会主义法治理念作为卷四的第一题成为“常驻”考点；其次，在历次考试中，主观题所占分值都远远大于客观题的分值，可见对于社会主义法治理念的考查主要是通过主观题的形式进行的，这对于学生备考来说是一个需要加以考虑的重要影响因素；最后，社会主义法治理念在独立出来后的历年司法考试中所占分值都在 25 分以上，2011 年后的平均分更是达到了 30 分以上，可见这部分内容已经成为司法考试中不可小觑的重要内容。

单从客观题的考查内容来看，2009～2014 年六年间社会主义法治理念各部分所占分值如下表：

表 2　2009～2014 年客观题知识点分布表

| | 2009 | 2010 | 2011 | 2012 | 2013 | 2014 | 总　计 | 平均分 |
|---|---|---|---|---|---|---|---|---|
| 基本理论 | 5 | 1 | 2 | 1 | 0 | 0 | 9 | 1.5 |
| 依法治国 | 0 | 2 | 5 | 2 | 5 | 5 | 19 | 3.1 |

续表

| | 2009 | 2010 | 2011 | 2012 | 2013 | 2014 | 总　计 | 平均分 |
|---|---|---|---|---|---|---|---|---|
| 执法为民 | 0 | 2 | 1 | 4 | 2 | 1 | 10 | 1.6 |
| 公平正义 | 0 | 0 | 3 | 2 | 2 | 3 | 10 | 1.7 |
| 服务大局 | 0 | 0 | 0 | 1 | 1 | 1 | 3 | 0.5 |
| 党的领导 | 0 | 0 | 0 | 1 | 1 | 1 | 3 | 0.5 |
| 总　计 | 5 | 5 | 11 | 11 | 11 | 11 | 54 | 9.0 |

通过对上表的观察，可以得出如下结论：其一，自从2009年社会主义法治理念从法理学中独立出来以后，除在最初的两年里分值保持在5分以外，其后至今分值都保持在11分，可以预计2015年司法考试在这部分的客观题分值也应该保持在10分以上；其二，除2009年外，相对于其他部分的考查，依法治国这一部分内容占较大比重，历年的平均分也远远高于其他知识点的平均分；其三，社会主义法治理念的基本理论只在2009年时独占鳌头，其后的司法考试中仅占一二分，自2013年后就没有再出现过；其四，历年来对于服务大局和党的领导的考查一直处于低迷状态，最多只占一分；其五，自2012年后，社会主义法治理念的基本内容都至少各占一题，而且是按照依法治国、执法为民、公平正义、服务大局、党的领导的顺序依次出题。

自2007年社会主义法治理念从法理学中独立出来以后，每年在卷四都有一道主观题对其进行专门考查，题干如下：

2007年：简答我国社会主义法治理念的主要内容，并阐释社会主义法治的核心内容的基本内涵。

2008年：请根据以上材料，从法与政治和法的作用的角度简答对社会主义法治理念的认识。

2008年（延期区卷）：从法律意识与法律职业的关系的角度，

简述社会主义法治理念教育的重要性。

2009 年：请结合中国法治现代化发展进程，简答对社会主义法治理念和“三个至上”重要观点的认识。

2010 年：请结合当前政法领域的三项重点工作，谈谈你对社会主义法治理念的依法治国基本内涵的理解。

2011 年：根据以上材料，可以从哪些方面理解中央领导同志对法学理论工作者提出的要求？请结合社会主义法治理念基本特征，谈谈社会主义法治理念中繁荣法学事业的要求。

2012 年：请根据中央领导同志讲话精神及上述案例，围绕法律与人情、公平与效率相互关系，简述社会主义法治公平正义理念的基本要求。

2013 年：根据以上材料，结合依法治国理念的内涵，从科学立法与民主立法的角度谈谈构建和完善中国特色社会主义法律体系在实施依法治国方略中的意义和要求。

2014 年：根据以上材料，结合执法为民理念的基本涵义，谈谈你对构建和完善人民群众权利保护体系的理解。

通过观察历年关于社会主义法治理念的主观题题目，可以发现如下一些规律：

首先，除 2007 年外，题干中都增加了结合材料内容作答的要求，材料包括国家领导人的讲话（如 2012 年、2011 年、2010 年）、法治建设的历史（如 2009 年）以及典型案例（如 2014 年、2012 年）等。在客观题的设计中也体现出同样的特征，如 2011 年卷一第 2 题：“近年来，政法机关通过‘大接访’、‘大走访’、‘大下访’等做法，通过开门评警、回访信访当事人等形式，倾听群众呼声，了解群众疾苦，为群众排忧解难。关于这些做法的意义，下列哪一表述是不恰当的？A. 政法机关既是执法司法机关，也是群众工作机关 B. 政法干警既是执法司法人员，也是群

众工作者 C. 人民群众是执法主体，法治建设要坚持群众运动 D. 司法权必须坚持专门机关工作与群众路线相结合”这种结合材料内容进行作答的要求，摒弃了最初以“直来直去”的形式进行设问的方式。如此一来，对考生知识理解的深度，以及运用知识的能力都提出了更高的要求。简单的机械式记忆的学习方式难以满足此类题目的考查要求，这就促使考生在平常的学习过程中深入理解知识，并灵活地运用知识。这是理论与实践相结合的要求，也是司法考试的一大特色，因为司法考试的作用就在于选拔合格的从事法律实务工作的人才。

其次，题干中都限定了答题的角度。2008 年要求“从法与政治和法的作用的角度”作答（延期区要求“从法律意识与法律职业的关系角度”作答），2009 年要求“从中国法治现代化发展历史进程”的角度作答，2010 年要求从“政治领域的三项重点工作”的角度作答，2011 年要求从“社会主义法治理念基本特征”的角度作答，2012 年要求“围绕法律与情理、公正与效率相互关系”的角度作答，2013 年要求“从科学与民主立法的角度”作答，2014 年要求从“执法为民理念的基本涵义”的角度作答。可见，在所有的题目中都或明或暗地限定了答题的角度。对于同一个问题或同一份材料，如果从不同的角度进行观察和分析就可能得出不尽相同的结论。司法考试中之所以会限制答题角度，部分原因在于防止考生答题时的天马行空、千差万别，以保证评分标准的相对统一，从而实现阅卷公正。但更重要的原因还在于考查考生的法学理论、法学思维能力，毕竟司法考试是法律行业的专门性考试。

最后，对社会主义法治理念基本内容的考查有细化的趋势。2007 ~ 2011 年倾向于对社会主义法治理念的综合考查，而 2012 年以后则侧重于对社会主义法治理念基本内容的专门考查，如

2012 年专门考查公平正义、2013 年专门考查依法治国、2014 年专门考查执法为民，以此类推，2015 年专门考查服务大局或者党的领导的可能性比较大。

## 二、教学对策

### （一）理论联系实际

强调在教学实践中要理论联系实际，可以说是老生常谈了，但是从上面的分析可知，司法考试的命题特点赋予“理论联系实际”以较为特殊的含义和意义。首先，理论联系实际在司法考试中主要是指运用基本理论知识对给定材料进行分析、论证、判断。在对社会主义法治理念的考查中，则是运用社会主义法治理念的相关知识，结合材料中给定的领导讲话、政策制定、民刑案例、社会事件以及法治发展历史等，对问题进行判断和论述。如 2014 年卷一第 7 题：

> 下列哪一做法不符合服务大局理念的要求？
>
> A. 某省法院审理案件时发现该省地方性法规与全国人大常委会制定的法律相抵触，最终依据法律作出裁判
>
> B. 某市工商局规定收取查询费，拒绝法院无偿查询被强制执行企业的登记信息
>
> C. 某市律师协会组织律师就已结案件进行回访，如案结事未了则为当事人免费提供法律服务
>
> D. 在应对当地自然灾害中，某市检察院积极发挥职能作用，着力保障特殊时期社会稳定

此题并未对服务大局理念的理论知识进行直接考查，而是在四个选项中设计了与服务大局理念相关的事件，对本题的作答必须将服务大局理念的理论知识运用到具体事件中，才能得到正确

的答案，对学生掌握和运用基础知识的能力提出了更高的要求。在主观题中除2007年外，也都采取了同样的命题形式，都要求考生“结合材料”进行作答。这就要求在教学实践中，教师不应只针对教材的理论知识进行讲解，而是应当注意培养学生利用基础知识分析社会实际问题的能力。这不仅是司法考试的要求，更是所有教育的要求，教育的目的在于学以致用，而不是仅仅满足于“知道”。在教学实践中，可以选取一些典型案例，利用社会主义法治理念的相关知识对案例进行分析，还可以针对一些国家政策的颁布、国家法律的制定以及国家领导人的讲话，分析它们与社会主义法治理念之间的关联关系。这样，既可以使学生对这部分知识的学习更加生动、深刻，同时也培养了学生学以致用的能力，一举两得。

（二）角度意识

对于同一问题，可以从不同角度进行认识和分析，法律职业是一个高度专业化的职业，司法考试作为法律专业的权威性考试，其考查问题的角度一般应当限定在法律的视野范围之内。例如2011年卷一第5题：

> 某高校司法研究中心的一项研究成果表明：处于大城市“陌生人社会”的人群会更多地强调程序公正，选择诉诸法律解决纠纷；处于乡村“熟人社会”的人群则会更看重实体公正，倾向以调解、和解等中国传统方式解决纠纷。据此，关于人们对“公平正义”的理解与接受方式，下列哪一说法是不准确的？
>
> A. 对公平正义的理解具有一定的文化相对性、社会差异性
>
> B. 实现公平正义的方式既应符合法律规定，又要合于情理

C. 程序公正只适用于“陌生人社会”，实体公正只适用于“熟人社会”

D. 程序公正以实体公正为目标，实体公正以程序公正为基础

对于题目中所给的材料，可以从社会学、政治学、心理学、诉讼法学等角度进行分析，但是题目中却限定了必须从“人们对‘公平正义’的理解与接受方式”的角度进行理解和作答，因而考生就应当在平时的学习中刻意培养自己“定向思维”的能力。在教学实践中，对学生角度意识的培养可以同理论联系实际的能力一起进行，因为对材料的分析必然要限制在一定的角度之内。尤其在主观题的作答过程中，一定要学会运用法律思维的方式对问题进行思考和分析，再具体一些，即是在社会主义法治理念部分的教学中，要求学生用该部分的知识、结构和理论框架进行分析，在其他法学学科的教学实践中也应当相应地培养这种角度意识。

（三）社会主义法治理念与部门法的结合

在2009年的司法考试中，关于社会主义法治理念的客观题被置于卷一的前5题，2010年同样是卷一的前5题，但从2011年起，除了在卷一中对社会主义法治理念进行专门考查的前8题外，在卷二和卷三中也出现了对于社会主义法治理念与刑法、民法、行政法等一起考查的题目。如2011年卷二第1题：

关于社会主义法治理念与罪刑法定的表述，下列哪一理解是不准确的？

A. 依法治国是社会主义法治的核心内容，罪刑法定是依法治国在刑法领域的集中体现

B. 权力制约是依法治国的关键环节，罪刑法定充分体现

了权力制约

C. 人民民主是依法治国的政治基础，罪刑法定同样以此为思想基础

D. 执法为民是社会主义法治的本质要求，网民对根据《刑法》规定作出的判决持异议时，应当根据民意判决

这是一道社会主义法治理念与刑法结合考查的题目，对题目的作答要综合用到两方面的知识，与此相似的还有2011年卷二第21题，2012年卷二第2、23题，2013年卷二第2题，2014年卷二第1、2题。此外还有社会主义法治理念与民法结合考查的题目，如2012年卷三第1题：

张某从银行贷得80万元用于购买房屋，并以房屋设定抵押。在借款期间房屋被洪水冲毁。张某尽管生活艰难，仍想方设法还清了银行贷款。对此，周围多有议论。根据社会主义法治理念和民法的有关规定，下列哪一观点可以成立？

A. 甲认为，房屋被洪水冲毁属于不可抗力，张某无须履行还款义务。坚持还贷多此一举

B. 乙认为，张某已不具备还贷能力，无须履行还款义务。坚持还贷是为难自己

C. 丙认为，张某对房屋的摧毁没有过错，且此情况不止一家，银行应将贷款作坏账处理。坚持还贷是一厢情愿

D. 丁认为，张某与银行的贷款合同并未因房屋被冲毁而消灭。坚持还贷是严守合约、诚实信用

与此类似的还有2014年卷三第1题、2013年卷三第1题、2012年卷三第51题、2011年卷三第1题。社会主义法治理念本来就属于理论法学的范畴，其与应用法学存在着密切的关系，二

者难以割裂。因此，在社会主义法治理念的教学中，可以适当引用部门法的相关内容将法治理念具体化；在部门法教学中，也可以探索具体的法律规定及案例体现了哪一项或者哪几项社会主义法治理念的具体内容。

（四）教学重点的设定

从表1中可以得知，社会主义法治理念在司法考试中约占5%的比重，相对于社会主义法治理念总的知识数量来说，应当算是分数密集区了。历年来司法考试中社会主义法治理念的所有主观题都涉及对于社会主义法治理念基本内容的考查，或是综合考查，或是针对一项内容的专门考查，而且在客观题中对这一部分的考查也占据了绝大部分的分值。随着党的十八届四中全会的召开以及“中共中央关于全面推进依法治国若干重大问题的决定”的通过，依法治国的相关内容应当成为教学的重中之重。

## 三、对法理学教材的反思

张文显主编、高等教育出版社和北京大学出版社共同出版的《法理学》被公认为当今中国最权威的法理学教材，在所有法理学教材中是使用范围最为广泛的。这本教材与司法考试中“社会主义法治理念”部分的考查存在怎样的关系呢?

在张文显主编的《法理学》（第4版）中，专门讲述法治问题的是“第二十六章 法治与社会建设”，被置于全书的最后一章，可被视为“压轴好戏”。此章共分为三节：法治的概念、中国特色社会主义法治道路、法治与和谐社会。但是，全章并未出现过“社会主义法治理念”的标题，甚至在正文中也始终没有出现“社会主义法治理念”的字眼。

与司法考试中社会主义法治理念部分直接相关的只有“依法治国”和“党的领导”的部分内容，而关于社会主义法治理念的

概念、特征、本质属性、理论渊源、实践基础、地位、作用、执法为民、公平正义、服务大局则没有直接相关的内容。只是在第十七章“法的实施”中的第二节“执法”中有关于“执法为民”的相关表述，在第二十一章“法的基本价值”中的第四节“法与正义”中有关于“公平正义”的部分内容。可见，张文显主编的《法理学》与司法考试中的“社会主义法治理念”部分严重“脱节”。学生如果仅通过学习教材来掌握相关的内容则难以应付司法考试的需要。虽然反对者可以以法理学教材不应根据司法考试进行内容设置为由，为现存教材内容进行辩护，但是，既然社会主义法治理念在司法考试这样一个全国性的、权威性的、影响力巨大的考试中被置于所有客观题和主观题的最前面，而且所占分值也不可小觑，就证明社会主义法治理念应当在法学教育中占据重要地位和作用。这种地位与其在《法理学》教材中的地位显得格格不入。教材中不仅相关内容很少，而且分布非常分散，这对学生进行社会主义法治理念部分的系统学习造成了极大困扰。与之形成鲜明对比的是俗称“三大本”的法律出版社出版的《国家司法考试辅导用书》(第1卷)，其对“社会主义法治理念”部分的讲述极为系统全面。学生只有通过对“三大本”内容的学习才能系统掌握相关理论知识，但这样就会造成如下两个问题：一是对于社会主义法治理念的学习只能靠学生自学，因为教师极少系统讲解教材知识体系之外的内容，这样就可能造成学生对这部分知识的理解不够深刻；二是增加了学生的学习负担，学生既要学习教材中的相关内容，同时又得学习“三大本”的相关知识，重复做功较多。因此，在对法理学教材进行再次修订时，应当将“社会主义法治理念”作为单独一章，这样才能体现出社会主义法治理念的重要地位，也方便了学生对于司法考试的备考。

## 四、结语

社会主义法治理念在司法考试中的命题规律具有一定的普遍性，可以将这些规律有选择地举一反三，适用到其他学科的命题上，如要求结合给定材料进行作答、设定答题的角度、不同学科之间的综合考查等，这些规律同样表现在民法、刑法、行政法、诉讼法、宪法等学科的司法考试命题中。因而，不仅在社会主义法治理念的教学中可以适当调整教学方法以适应司法考试的需要，而且在其他法学学科，甚至其他社会科学、自然科学的教学中都可以借鉴这些规律性内容，作出相应的改变。例如，在社会学的教学中也可以使用案例教学法，在政治学的教学中也可以培养角度意识。所有的知识都是人类在实践过程中对于外部世界以及人类自身的认识。世界是一个整体，知识也具有整体性，对知识进行传授的方法也应当具有某些一致性，这在现代社会已成为一种普遍共识。对于社会主义法治理念在司法考试中命题规律的探析，可以作为一个突破口，剔除不合理的陈旧的教学方式，更新教学理念和方法，以惠及学生和社会。

# 对法学本科“国”字头课程设置的思考

邹淑环*

**摘要**

在国际法学二级学科中，国际私法和国际经济法均应走“小”的路线，将国际商法独立出来。法学本科“国”字头课程应该开设国际公法、国际私法、国际经济法和国际商法。

**关键词：** 法学　本科　国际商法

长期以来，我国对于法学体系的划分有许多标准，其中按照法的创制和适用主体的不同可以将法的体系划分为国内法体系和国际法体系。而在国际法体系之中，目前我国对于国际法学科设置是分为国际公法、国际私法和国际经济法三个独立的二级学科，国际商法被包含在国际经济法学科体系之中。这种“三分法”的学科设置，成为目前我国本科院校法学专业“国”字头课程开设的基本格局。在这个格局中，由于国际公法是“对国家在

* 天津商业大学法学院副教授，法学硕士，主要从事国际私法学研究。

他们彼此往来中有法律拘束力的规则的总体”〔1〕，非常明显地属于公法范畴，因而和国际商法、国际私法和国际经济法界限清晰，不存在交叉问题。需要认清的是国际商法、国际私法和国际经济法的本来面目。

## 一、国际私法应该走“小”国际私法路线

国内学者普遍认为，国际私法是以涉外民事关系为调整对象，以解决法律冲突为中心任务，以冲突规范为最基本的规范，同时包括规定外国人民事法律地位的规范、避免或消除法律冲突的实体规范以及国际民事诉讼与仲裁程序规范在内的一个独立的法律部门。〔2〕在教材内容的编排上有两类做法：一类是将实体规范写入教材中，代表作是由韩德培教授主编、肖永平任副主编的国内颇有影响的、“普通高等院校‘十一五’国家级规划教材、面向21世纪课程教材”《国际私法》（第2版），该书分总论、冲突法、统一实体法、国际民事诉讼法、国际商事仲裁法五编；另一类在教材中不涉及实体规范的内容，代表作如李双元主编面向21世纪课程教材《国际私法》（第3版）、张仲伯著高等政法院校规划教材《国际私法》（第3版）、赵湘林主编《国际私法》（第3版）等。国内学者对国际私法包含外国人民事法律地位规范、冲突规范、国际民事诉讼和国际商事仲裁程序规范基本没有异议，而对于是否将实体规范（包括国际统一实体规范和国内直接适用的法）列入国际私法态度不一，出现大、小国际私法之分。

本文认为，国际私法应该走“小”国际私法路线，即国际私

〔1〕［德］奥本海：《奥本海国际法》（第9版），中国大百科全书出版社1995年版，第1页。

〔2〕李双元主编：《国际私法》（第3版），北京大学出版社2011年版，第14页。

法是以涉外民事关系为调整对象，以解决法律冲突为中心任务，包括外国人民事法律地位规范、冲突规范以及国际民事诉讼与仲裁程序规范在内的一个独立的法律部门。理由如下：

第一，“小”国际私法的观点符合国际私法产生的初衷。回顾历史，在欧洲，国际私法出现于13世纪~14世纪。它不像民商法产生的那么早，而是在民商法之后才出现。当不同法域民商事交往中出现纠纷，进而竞相要适用各自民商法时，为了解决法律适用时出现的法律冲突才产生了冲突规范——国际私法最基本的规范。也就是说，国际私法是为了解决法律冲突而生的，这是国际私法产生的初衷。如果某些规范不解决法律冲突，也就不能划入国际私法之中。国际统一实体规定是将相关国家某一方面民商事规定统一起来，直接用于调整具有涉外因素的民商事关系，这种规范的出现消除了特定领域的法律冲突，不是为了解决冲突，因而不能划入国际私法之中。至于20世纪60年代才产生的“直接适用的法”，作为国内法中的强制性规范，不经冲突规范援引直接适用，也不是为了解决法律冲突，其出现是国家为了加强对国际民商事关系的监督管理而制定的。至于外国人民事法律地位规范、国际民事诉讼与仲裁程序规范划入“小”国际私法的原因是，前者是法律冲突产生的基础条件，赋予外国人相应的待遇是国际民商事正常开展的前提；而国际民事诉讼与仲裁程序规范是作为解决法律冲突的保障而存在于其中。

第二，“小”国际私法观点符合法律选择过程的逻辑关系。国际私法要解决的是法律适用问题，解决问题的过程实际上是间接调整的过程，即不直接规定如何调整当事人实体权利和义务关系，而是通过制定国内或国际的冲突规范来确定各种不同性质的涉外民事法律关系应适用何国法律，从而解决民事法律冲突。在不适用反致制度的情况下，被冲突规范指向对象为实体规范，即

准据法。这个过程表现为：法院地的冲突规范→准据法。准据法是经冲突规范指引用来确定国际民事关系的当事人的权利义务关系的具体实体法规范。不管是国内实体法，还是国际统一实体法都可以成为准据法。因而，实体规范（不论是国际还是国内的）是冲突规范选择的对象，不宜划入国际私法组成规范之中。“小”国际私法只承认间接调整是国际私法的调整方法。

此外，采用“小”国际私法观点可以使国际私法体系更加清晰，避免与相关学科内容的重叠。这一点请见下文，在此不再赘述。

## 二、国际经济法是具有公法性质的“小国际经济法”

目前，我国法学界的主流意见认为国际经济法调整的是不同主体（包括国家、国际经济组织、不同国家的法人与自然人）在国际经济交往中所发生的经济关系。支持这种观点的学者认为，国际经济法是调整国家、国际组织、不同国家的法人与个人间经济关系的国际法规范和国内法规范的总和。[1]这种观点即“大国际经济法”的观点，其认为国际经济法调整的是广义的国际经济关系，即国际经济法所调整的法律关系不限于政府间或国家与国际组织间的关系，而且还包括平等主体的私人（包括自然人、法人和其他组织）间的国际经济交往关系。而持“小国际经济法”观点的学者认为，国际经济法不调整国际经济交往中平等主体之间的商事交易关系，国际经济法是规范国际经济关系的以公法性法律为主的国际法规范和国内法规范的总和。[2]国际经济法

〔1〕 转引自白婕：“国际经济法与国际商法学科设置的思考”，载《天津职业院校联合学报》2007年第6期。

〔2〕 郭寿康、赵秀文主编：《国际经济法》（第3版），中国人民大学出版社2009年版，第25页。

到底应该是什么样子的呢?

### (一)国际经济法具有公法性质

不管是“大国际经济法”说,还是“小国际经济法”说,都强调国际经济法具有公法性。这是因为国际经济法是在国家干预经济活动中产生的,其一出现就具有明显的公法色彩。主流观点认为国际经济法作为法的一个新兴部门,是在第二次世界大战之后逐渐形成的。[1]这些学者认为,二战结束前后所缔结的《国际货币基金协定》、《国际复兴开发银行协定》和《关税及贸易总协定》开启了用多边条约调整国家间经济关系的新时代,标志着国际经济法的产生。国际经济法通过利用多边或双边公约,调整着国际经济关系,规范着由主权国家组成的国际组织,如国际货币基金组织、世界银行和国际金融公司的活动,行使着管理国际经济活动的职能。国际经济法是具有国际性的经济管理类的法律规范,属于公法范畴。是“经济的国际法”或“国际性的经济法”,具有经济法的一般属性,[2]是对国际经济关系的“纵向”调整。其实,王铁崖教授在1995年出版的“95”规划部级重点教材《国际法》中就将国际经济法列为其中一章。[3]

### (二)宜采用“小国际经济法”观点

如前所述,在我国,“宏观国际经济法说”占据主导地位,此说认为国际经济法不仅调整国家政府之间、国际组织之间或国家政府与国际组织之间的经济关系(狭义国际经济法说),而且还包括从事跨越一国国境的各种经济交往活动的自然人、法人之间的商事关系,是一个涉及国际法与国内法、“公法”与“私

---

〔1〕郭寿康、赵秀文主编:《国际经济法》(第3版),中国人民大学出版社2009年版,第29页。

〔2〕刘萍、屈广清:“国际商法与国际经济法关系的法理学思考”,载《政法论丛》2005年第2期。

〔3〕王铁崖主编:《国际法》,法律出版社1995年版,第2页。

法”、国际商法与各国民商法、涉外经济法等多种法律规范的边缘性综合体，是根据迫切的现实需要“应运而生”的综合性法律部门，是一门独立的边缘性法学学科。〔1〕这种大国际经济法调整的关系既有纵向的经济管理关系，又有横向的商事交易关系，包括国际贸易法律制度、国际投资法律制度、国际金融法律制度、国际税收法律制度、国际经济争议解决法律制度等。〔2〕本文认为这样的体系过于庞杂，经济法本身所具有的对经济活动的管理特色被淡化了，应该将调整横向关系的法律规则（如国际商事交易规则）剥离出来，突出国际经济法的管理职能，走“小国际经济法”路线。

## 三、国际商法独立存在

目前，我国学术界对何为国际商法的表述不一。对外经济贸易大学的冯大同教授在其主编的《国际商法》中指出：“国际商法是调整国际商事交易和商事组织的各种关系的法律规范的总和。”〔3〕姜世波教授也提出了相同的定义，只是进一步强调国际商法调整的是平等主体间国际商事交易以及国际商事组织的各种关系。〔4〕这个关于国际商法的界定具有一定的权威性，按此界定，国际商法是一个独立的法律部门。但是在“大国际经济法”观点看来，国际商法是其一部分，不具有独立性。本文也认为国际商法是独立存在的。理由如下：

---

〔1〕刘萍、屈广清：“国际商法与国际经济法关系的法理学思考”，载《政法论丛》2005年第2期。

〔2〕余劲松、吴志攀主编：《国际经济法》，北京大学出版社、高等教育出版社2009年版，第10页。

〔3〕冯大同主编：《国际商法》，对外经济贸易大学出版社1991年版，第1页。

〔4〕姜世波：“国际商法学科的独立性刍议”，载《山东大学学报（哲学社会科学版）》2004年第4期。

（一）国际商法有自己独特的调整对象

在我国，划分法律部门的一个重要标准是调整对象。也就是说，判断国际商法是否独立的一个关键因素是看它有没有自己独立的调整对象。对这个问题国内比较一致的观点是：国际商法的调整对象是国际商事关系。这里有两个需要明确的概念：

1. “国际”。何为“国际”？冯大同教授认为国际商法中的“国际”不是“国家与国家之间”，而是指“跨越国界”，这一观点在学术界基本得到认同。但是这种跨越强调的是主体分属于二个以上不同国家或国际组织，或者所涉及的商事问题超越一国国界范围。[1]需注意的是，关于“国际”的判断标准，从国际商事仲裁角度讲有实质性连接因素标准和争议性质标准。前者是以当事人的国籍、住所或居所、法人注册地、公司管理地等为准。后者是对争议的性质加以分析，如果争议“涉及国际商事利益”，则为解决该争议所进行的仲裁便是国际仲裁。国际商会较早采用争议性质标准确定仲裁的国际性。从国际私法角度讲，“国际”强调民商法律关系的主体、客体和内容三要素之中有一个要素与外国有联系；从国际公法角度讲，“国际”是指“国家与国家之间”。

2. “商事”。关于“商事”的含义，多数国家都是尽可能作出广义的解释。1985 年《国际商事仲裁示范法》对“商事”一词作的注释说明如下：“‘商事’一词应给予广义的解释，以便包括产生于所有具有商业性质的关系的事项，不论这种关系是否为契约关系。具有商事性质的关系包括但不限于下列交易：任何提供或交换商品或劳务的贸易交易；销售协议；商事代表或代理；保付代理；租赁；咨询；设计；许可；投资；融资；银行业；保

〔1〕冯大同主编：《国际商法》，对外经济贸易大学出版社 1991 年版，第 1 页。

险；开采协议或特许权；合营企业或其他形式的工业或商业合作；客货的航空、海洋、铁路或公路运输。”我国加入 1958 年《纽约公约》时作出了商事保留声明，根据这一声明，“契约性和非契约性商事法律关系”具体是指：由于合同、侵权或者根据有关法律规定而产生的经济上的权利义务关系，例如货物买卖、财产租赁、工程承包、加工承揽、技术转让、合资经营、合作经营、勘探开发自然资源、保险、信贷、劳务、代理、咨询服务和海上、民用航空、铁路、公路的客货运输以及产品责任、环境污染、海上事故和所有权等，但不包括外国投资者与东道国政府之间的争端。我国关于“商事”的解释也是一种比较广义的解释。

综上，所谓国际商事关系是以营利为目的的国际商事主体参与的商品流转关系，其主体不论是个人、法人、国家政府或国际组织，只要这种商事关系的当事人分属于两个以上不同的国家或国际组织，或其所涉及的商事问题超越一国国界的范围，则这种关系就可称之为国际商事关系。〔1〕这种国际商事关系就是国际商法的调整对象。它不同于国际经济法调整的以纵向为特点的国际经济关系，亦不同于国际私法采用间接调整方法的含有涉外因素的民商事关系，更不同于国际公法所调整的国家间权利和义务关系。

（二）国际商法有其独自的发展轨迹

从国际商法发展的历史轨迹看，它经历了古代－中世纪－近代－现代四个时期，从古代商事习惯法到中世纪商人法再到近现代的以国内法为主的法典化和正在兴起的现代商人法。〔2〕古代商

〔1〕 咸鸿昌：“国际商法地位及体系的演变”，载《山东师范大学学报（人文社会科学版）》2003 年第 4 期。

〔2〕 程坦、杜兰莎：“历史与现在——国际商法的演进对我们的启示”，载《商品储运与养护》2007 年第 5 期。

法以国际商事惯例为主，主要用于对集市的管理。中世纪（11 世纪~16 世纪）在欧洲普遍发展起来的商人法奠定了现代商法的基础，它以自治性为特点，具有习惯法的特征，是商人自我发展起来的并自己执行的独立法律体系。[1]虽然 16 世纪后习惯法逐渐被国家法所代替，但是第二次世界大战后，随着国际经济一体化趋势不断加强，普遍性的现代商人法逐渐兴起。这个发展轨迹是国际商法所特有的，是证明其独立存在所必需的。

（三）国际商法有自己的内容体系

关于国际商法的内容体系，英国学者施米托夫（Clive M. Schmitthoff）认为国际商法调整的是在私法范围内进行交易的国际商业法律组织。国际商法包括两个主要分支：①国际贸易法。其中国际货物买卖是该法的主要内容，尽管它还包括国际银行业务、保险及航空、海洋和陆上运输中的法律问题。②国际公司法，即根据一国法律设立但又在其他国家具有商业利益的公司。他将国际商法界定为具有国际性的商法，其具有商法的一般属性，是商法的两个分支之一。商法分为国内商法和国际商法。[2]

国内有学者认为国际商事关系涉及四个领域，即①直接媒介钱货交易的动产和不动产买卖、有价证券的买卖，在交易所进行的买卖以及商人间的买卖等；②间接媒介货物交易的行为，如货物运输、仓储保管、居间、行纪、代办商等；③为工商提供资金融通的银行、信托，为商业提供产品的制造业、加工业等；④直接间接为商事活动提供服务的财产保险等。有论者认为国际商法应包括商事主体法（包括商事组织、商事代理、商业登记等）；

〔1〕 参见孙南申主编：《国际商法》，浙江大学出版社 2010 年版，第 25~29 页。

〔2〕［英］施米托夫：《国际贸易法文选》，赵秀文译，中国大百科全书出版社 1993 年版，第 3 页。

商事行为法（包括国际货物买卖法、国际货物运输法、国际货物运输保险法、海商法、国际技术贸易法、产品责任法、票据与国际结算法、国际资金融通法）；国际商事争议解决规则（包括国际民事诉讼、国际商事仲裁）。〔1〕以国际商法独立为视角，左海聪教授认为国际商法包括国际商事代理法、国际商事合同通则、国际货物买卖法、国际货物运输法、国际货物运输保险法、国际支付法、国际借贷法、国际融资租赁法、国际投资合同法、国际担保法、国际知识产权保护法、国际知识产权交易法、国际民事诉讼法及国际商事仲裁法。〔2〕影响比较大的还有沈四宝教授等主编的《国际商法》，其在体系编排上除总则之外，还有代理法、合伙企业法、公司法、外商投资企业法、合同法、货物买卖法、产品责任法、票据法、信托法、国际商事仲裁法。〔3〕总之，在国际商法体系中以实体法为主，兼有程序规则。

## 四、“国”字头课程“四分法”

“国”字头课程“四分法”即在法学本科阶段国际法学二级学科下开设国际公法、国际私法、国际经济法和国际商法四门课程。其中国际私法和国际经济法均走“小”的路线。

### （一）“四分法”的优势

1. 有利于解决教学内容重叠问题，更加高效率地利用有限课时。按照教育部现行的学科设置的划分规定，在国际法（二级学科）下分国际法（国际公法）、国际私法、国际经济法三个三级

---

〔1〕 咸鸿昌：“国际商法地位及体系的演变”，载《山东师范大学学报（人文社会科学版）》2003年第4期。

〔2〕 左海聪：“国际商法是独立的法律部门——兼谈国际商法学是独立的法学部门”，载《法商研究》2005年第2期。

〔3〕 沈四宝、王军编著：《国际商法》（第2版），对外经济贸易大学出版社2010年版，第1~3页。

学科。目前，在我国的法学教育中，教材编写、课程设置都是按照这一模式来进行安排的，即“三分法”。实践中出现的问题有：①大国际私法与大国际经济法内容重叠问题。大国际私法包含外国人民事法律地位规范、冲突规范、统一实体法、国际民事诉讼和国际商事仲裁程序规范。这其中的国际统一实体规范表现为国际货物买卖、运输、保险、支付以及保护知识产权的统一实体法。而这些统一实体法同时又与大国际经济法中国际贸易法律制度的内容形成了交叉。②国际商法与大国际私法、大国际经济法的内容重叠问题。调整平等主体之间在国际货物买卖、运输、保险、支付等活动中形成的国际商事关系是国际商法的主要内容，这部分国际统一实体规范是国际商法的渊源。因而形成了国际商法与大国际私法、大国际经济法内容的重叠。

解决上述重叠的方法就是国际私法和国际经济法均不讲授交叉部分的内容，把上述国际统一实体规则划入国际商法，“四分法”开课能够利用好有限的课时。另外，在国际商法、国际私法、国际经济法中均涉及了争议解决问题。对此，本文认为三者可各有侧重：国际私法侧重讲国际民事诉讼程序，国际商法可以侧重讲国际商事仲裁程序，而国际经济法可以侧重介绍一些国际经济组织内的争端解决机制。

2. 更加有利于学生认清国际法学体系主要课程之间的区别。“四分法”中开设的国际私法、国际经济法均采用“小”的体系，这使得国际公法、国际私法、国际经济法和国际商法之间的界限更加清晰，解决了如前所述的“三分法”中存在的重叠问题，特别是大国际经济法与国际商法的内容重叠问题。四门课程之间的界限清晰：①国际公法和国际经济法为公法，国际商法和国际私法为私法；②国际公法、国际经济法和国际商法采用直接调整方法，国际私法采用间接调整方法；③国际商法与国际私法的最大

区别是后者以解决法律适用问题为中心任务，对涉外民事关系采用独特的间接调整方法；④国际经济法与国际商法之间的区别是二者分属公法、私法的不同体系，且调整对象、方法不一样。

（二）课程开设的先后顺序

中国人民大学章尚锦教授在2006年中国国际私法年会提交的论文中指出："国际私法和国际经济法的共同基础法是国际公法；而国际私法又是国际经济法的基础法；这在理论上和法律之间的关系上，应该是没有问题的。在教学中，在课程的安排上，在时间顺序上，应该先是国际公法，其次为国际私法，再次为国际经济法；这样安排，学生学习起来就会省力得多。"〔1〕章老的观点有其合理性。但是，由于法学本科的一般课堂时间为三年，而"国"字头的课程排得靠后，这就可能需要集中排课。本人建议：先开设国际公法，国际商法和国际私法可以同学期开设，国际经济法可稍后开设。这个设计如有困难，则国际商法、国际私法和国际经济法同学期开设也未尝不可。从教学实践反馈信息看，这四门课之中，学生接受起来比较难的是国际私法。除国际私法外，其他三门虽然记忆和理解相对于国内法有难度，但由于实体法占主体地位，学生按照学习实体法的习惯学习即可。

法律部门的划分不是绝对的，法学专业课程设置也是如此。我国国内法部门的划分已经沿用了大陆法系的做法，"商法学"、"经济法学"等课程的开设已经成为普遍现象。与此相对应，将国际法学课程以"四分法"的做法开设，有利于教师讲清楚国际法学体系中国际公法、国际私法、国际经济法和国际商法之间的区别，也就有利于学生对知识的掌握和理解，而且会降低教学难度。这种国际法学"四分法"的教学模式，是值得尝试的。

---

〔1〕章尚锦："国际私法与国际经济法的关系问题探讨"，载《中国国际私法学年会2006年年会论文集》，第435页。

## 参考文献


1. 韦经建、王小林：“论国际经济法与国际商法的学科分立”，载《吉林大学社会科学学报》2005 年第 6 期。
2. [德] 奥本海：《奥本海国际法》（第 9 版），中国大百科全书出版社 1995 年版。
3. 李双元主编：《国际私法》（第 3 版），北京大学出版社 2011 年版。
4. 白婕：“国际经济法与国际商法学科设置的思考”，载《天津职业院校联合学报》2007 年第 6 期。
5. 郭寿康、赵秀文主编：《国际经济法》（第 3 版），中国人民大学出版社 2009 年版。
6. 刘萍、屈广清：“国际商法与国际经济法关系的法理学思考”，载《政法论丛》2005 年第 2 期。
7. 王铁崖主编：《国际法》，法律出版社 1995 年版。
8. 余劲松、吴志攀主编：《国际经济法》，北京大学出版社、高等教育出版社 2009 年版。
9. 冯大同主编：《国际商法》，对外经济贸易大学出版社 1991 年版。
10. 姜世波：“国际商法学科的独立性刍议”，载《山东大学学报（哲学社会科学版）》2004 年第 4 期。
11. 咸鸿昌：“国际商法地位及体系的演变”，载《山东师范大学学报（人文社会科学版）》2003 年第 4 期。
12. 程坦、杜兰莎：“历史与现在——国际商法的演进对我们的启示”，载《商品储运与养护》2007 年第 5 期。
13. 孙南申主编：《国际商法》，浙江大学出版社 2010 年版。
14. [英] 施米托夫：《国际贸易法文选》，赵秀文译，中国大百科全书出版社 1993 年版。
15. 左海聪：“国际商法是独立的法律部门——兼谈国际商法学是独立的法学部门”，载《法商研究》2005 年第 2 期。
16. 沈四宝、王军编著：《国际商法》（第 2 版），对外经济贸易大学出版

社 2010 年版。
17. 章尚锦："国际私法与国际经济法的关系问题探讨"，载《中国国际私法学年会 2006 年年会论文集》。

# 从系统论角度看本科《经济法学》课程教学改革

刘　剑*

**摘要**

关于《经济法学》课程教学改革的研究成果多是针对某一具体问题或领域，但是，在对《经济法学》课程教学具体环节、具体问题的探讨达到一定广度和深度的同时，也应从系统论的角度来宏观地思考本课程教学改革的问题。一般系统论认为，系统具有整体性、联系性、动态性、有序性和目的性。上述系统论的主要观点在《经济法学》与相关课程的关系上，以及本课程教学方法的选择上均有所应用和体现。《经济法学》课程所处的教学内容领域抑或是这门课程所应当使用的教学方法，其本身都不是简单、孤立存在的个体，而是依存于其他要素，并与其他要素一起共同构成的系统。为了更好地完成《经济法学》课程的教学改革，系统论的视角应当得到充分的重视和运用。

**关键词：**系统论　教学改革　济法学　教学方法　课程体系

* 天津商业大学法学院副教授，法学博士，主要从事经济法研究。

就一国的法律体系而言，构成该法律体系的若干法律部门中，有的法律部门由于其本身有着非常悠久的发展历史，客观上使得对这一法律部门的理论研究也有着较为充分的时间和环境，比如刑法、民法等；同时，也有一些法律部门由于其产生的时间较晚，因而对这一法律部门的理论研究，在某种程度上相应地会稍显薄弱，如经济法即是如此。但是，由于经济法所调整的对象是国家在协调本国经济发展过程中产生的经济关系，这种经济关系几乎对于所有的国家而言，都是至关重要的，因而这也决定了经济法对一国经济发展的重要性，继而决定了《经济法学》课程在法学课程体系中的重要性。1998 年教育部高校法学学科教学指导委员会确定了 14 门法学学科核心课程，并且在 2007 年又将其扩展为 16 门。不论是 14 门还是 16 门核心课程，《经济法学》都位列其中。由此，《经济法学》这门课程的重要性可见一斑。

为了更好地完成《经济法学》课程的本科生教学任务，以该门课程教学改革为核心内容的教改论文和教改成果也层出不穷，但是就本文作者所掌握的资料来看，现有论文和成果多是集中于《经济法学》课程教学改革中的某一具体问题或领域，例如，在经济法课程教学中强调对案例分析方法的运用、对多媒体技术手段的运用，强调对学生职业能力的培养和训练等，较少从整体性角度来论及《经济法学》课程教学改革的问题。本文认为，在对《经济法学》课程教学具体环节、具体问题的探讨达到一定广度和深度之后，转而从系统论的角度来宏观地思考这一问题，也许即是应当之举。本文尝试从系统论的角度来思考本科学生《经济法学》课程教学改革中的相关问题。

## 一、系统论方法的相关理论介绍

系统的存在是客观事实，但人类对系统的认识却经历了漫长

的岁月，直到20世纪30年代前后理论界才逐渐地接受并开始运用系统的概念来思考问题。当时的“一位加拿大总理［曼宁(Manning)，1967年］把系统方法写入他的政纲，他说‘社会的一切要素和组分之间存在着相互作用关系。公共事务、争端、政策和计划中的基本因素必须始终作为整个系统的相互依存的部分来加以考虑和估价’”〔1〕。而正式的一般系统论则来源于生物学中的机体论，是在研究复杂的生命系统中诞生的。系统论据以提出的语境是“用机体论的模式来代替机械论，将生物系统中组成部分之间动态相互作用的规律性概括为一般系统的规律性”。〔2〕奥地利理论生物学家贝塔朗菲（Ludwig von Bertalanffy）多次发表文章来阐发一般系统论的思想，提出生物学中有机体的概念，并强调必须把有机体当作一个整体或系统来研究。1947～1948年，贝塔朗菲在美国讲学和参加专题讨论会时进一步阐明了一般系统论的思想，他指出，不论系统的具体种类、组成部分的性质和它们之间的关系如何，都存在着适用于综合系统或子系统的一般模式、原则和规律，即一般系统论。〔3〕

按照贝塔朗菲的阐述，一般系统论主要有以下观点：

（1）系统的整体性。整体性是系统论的一个最重要的观点。它要求人们在研究问题时，要牢固地树立全局观念，始终把研究对象看作一个有机整体。首先，系统有哪些要素构成，系统与要素、要素与要素、系统与环境彼此之间的关系如何安排才能有利于系统整体功能的发挥。其次，系统内部各要素或部分的性质和

〔1〕［美］冯·贝塔朗菲：《一般系统论：基础、发展和应用》，林康义、魏宏森译，清华大学出版社1987年版，第2页。

〔2〕陈一壮：“论贝塔朗菲的‘一般系统论’与圣菲研究所的‘复杂适应系统理论’的区别”，载《山东科技大学学报（社会科学版）》2007年第2期。

〔3〕参见：“贝塔朗菲的一般系统论”，载http://wiki.mbalib.com/wiki/，最后访问日期：2015年5月7日。

行为，对其他要素或部分的性质和行为有依赖性，并对整体的性质和行为有影响。整体性原则是系统论的基本出发点，它要求人们在认识和处理系统对象时，都要从整体着手进行综合考察，以达到最佳效果。

（2）系统的联系性。联系性的含义一方面是指系统与外部环境的联系和制约；另一方面是讲系统内部各元素之间的相互联系和制约。从系统哲学的意义上讲，系统、环境和要素是有密切联系的，一种事物总是存在于某种系统之中，从而作为该系统的一个要素。任何一个系统都是较高一级系统的要素（或子系统），同时任何一个系统的要素又是较低一级的系统。对于一个特定系统来说，其他系统则是该系统存在的外部环境。所以，系统、要素和环境三者是有机统一的关系，是彼此相互联系和相互制约的。所以要素只有在整体中才能体现其意义，一旦失去构成整体的根据它就不再是这个系统的要素。归结为一句话就是：系统是要素的有机集合。

（3）系统的动态性。即现实系统都是变化、发展的，应当在动态中协调系统各方面的关系，使系统达到最优化。

（4）系统的有序性。系统的结构、层次及其动态的方向性都表明系统具有有序性的特征。系统的存在必然表现为某种有序状态，系统越是趋向有序，它的组织程度就越高，稳定性也越好。系统从有序走向无序，它的稳定性便随之降低。完全无序的状态就是系统的解体。

（5）系统的目的性。也有人把它称为“预决性”。贝塔朗菲认为，系统的有序性是有一定方向的，一个系统的发展方向不仅取决于偶然的实际状态，还取决于它自身所具有的、必然的方向性，这就是系统的目的性。即在反馈机制的作用下，系统能保持内部的稳定以及与环境的协调的一种特性。

所谓系统论方法就是根据上述理论，把研究对象作为系统中的一个要素或子系统，放在系统中，从整体上、联系上、结构上来考察系统与要素之间、要素与要素之间、系统与外部环境之间的关系，以求获得对问题最优处理结果的一种方法。“有关秩序、组织、整体性、目的论等问题，曾被特意地排除于机械论的科学之外。而这些问题正是‘一般系统论’的主要观念。”〔1〕系统论方法适应了现代社会生活的复杂性，适应了现代科学发展的大趋势，它的理论和方法得到了广泛的运用，为解决现代社会中的政治、经济、军事、科学、文化等方面的各种复杂问题提供了方法论的基础。爱因斯坦曾宣称：“如果人类要生存下去，我们就需要有一个崭新的思维方式。而这种新的思维方式无疑是一种具有一般系统论特征的、具有整体观的复杂性科学思维方式。”〔2〕在此理论背景之下，本文试图运用系统论方法来思考本科《经济法学》课程教学中遇到的一些问题。

## 二、系统论引发的关于本科《经济法学》课程教学改革的思考

### （一）关于《经济法学》与相关课程关系的思考

虽然为了学习和研究的方便，法学的学科体系被划分成多个二级学科部门，但是这些二级学科部门彼此之间却存在着非常紧密的联系，充分地认识和尊重它们彼此之间的密切联系是我们能够更好地理解和研究某一具体的二级学科部门，乃至理解和研究整个法学学科体系的关键。

法学学科体系作为一个系统，一般系统所具有的整体性、联

---

〔1〕［美］冯·贝塔朗菲：《一般系统论：基础、发展和应用》，林康义、魏宏森译，清华大学出版社1987年版，第11页。

〔2〕［美］冯·贝塔朗菲：《一般系统论：基础、发展和应用》，林康义、魏宏森译，清华大学出版社1987年版，第11页。

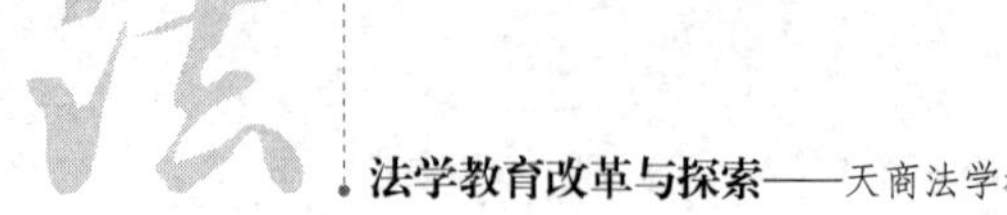


系性和有序性这些特征在法学学科体系中均有适用和表现。具体而言，法学课程彼此之间存在着内容上的整体性，某些法学课程的设置构成了学习其他课程的环境和条件，同时有一些法学课程的设置由于需要以其他某些课程内容的先行开设为前提，先开设的课程内容构成了后开设课程内容学习的前提，是学生能够更好地理解和学习后开设课程内容的基础。

笔者认为，《经济法学》即需要某些法学课程的先行开设作为其条件和基础。法理学、宪法学作为法学的基础学科，是经济法必需的前提性课程自不待言，除此之外，笔者认为民法学、商法学、行政法学、刑法学和诉讼法学等课程也应当在经济法学之前开设。

首先，经济法主体制度部分的教学需要某些法学课程的先行开设。经济法的主体制度与其他部门法的主体相比而言，具有很大的不同。经济法的主体或称经济法律关系的主体，不论是作为经济管理主体的权力机关、行政机关以及经过特殊授权的企业、事业单位，还是作为主要的经济活动主体的企业、公司，它们在产生时所依据的法律或者是宪法、行政法，或者是民法、商法，只有极少数的经济法主体是依据经济法本身而产生的。因此，对于不同的经济法主体形式及相关法律制度的讲授和学习，需要以宪法、行政法、民法、公司法的先行讲授和学习作为前提。

其次，市场规制法部分的教学需要某些法学课程的先行开设。例如，违反规定的经营者集中是我国《反垄断法》所禁止的垄断行为之一，这里作为经营者集中的具体情形主要有三种：经营者合并、通过股权或者资产的方式对其他经营者进行控制、通过合同的方式对其他经营者进行控制或施加决定性影响。如果没有民法总论、公司法、企业法的相关知识作为背景，教师的讲授和学生的学习都会有一定的困难。与此类似，《反垄断法》附则中规定的滥用知识产权、作为不正当竞争行为的一种典型表现的假冒他人注册商标，这些内容中涉及的不正当维持独占、交叉许可、排他性回授、注册商标等知识和制度，如果没有知识产权法课程作为前提，这些专业性非常强的概念和制度对于经济法的学习而言都会构成一定的障碍。

最后，经济法律责任部分的教学需要某些法学课程的先行开设。根据法律责任的产生依据、法律责任的性质以及具体责任形式的不同，法律责任可以分为民事法律责任、行政法律责任和刑事法律责任三种形式。经济法律责任的一个很大的特点在于其责任形式的综合性，根据具体违法行为的程度以及实际造成的损害，违反经济法而实际承担的责任可能是上述三种形式中的一种、两种，乃至全部的三种责任，而且这三种法律责任的具体责任形式有着很大的不同。如果没有民法、行政法、刑法等课程的先行开设，教师要想使学生明白产品责任中侵权责任和违约责任的不同、经济法律责任中行政处分与行政处罚的不同、严重违反经济法的行为分别承担财产刑、自由刑与资格刑不同刑事责任的目的等等内容，那一定是颇费周章的。此外，如果没有民事诉讼法、刑事诉讼法或者行政诉讼法等程序法课程的开设，教师要想使学生明白作为受到行政处罚的市场主体实现救济的手段，行政复议与行政诉讼之间究竟有何不同；使学生真正掌握和解、调解、申诉、仲裁和诉讼等各种不同的纠纷解决途径彼此之间的优缺点比较，则同样也不是一件易事。

综上，笔者认为，经济法学这门课程存在于法学体系这一系统之中，由系统的整体性和联系性的观点来看，这门课程客观上需要以其他很多课程的开设作为其必要的教学环境。同时，根据系统有序性的基本观点，经济法学课程的内容与很多法学课程有着依存关系，需要以相关课程的先行开设作为其前提条件。

(二) 关于《经济法学》教学方法选择的思考

由于我国法学课程体系和法学教学方法长期受到大陆法系传统的影响，因此理论讲授一直以来都是我国法学教学所使用的最主要的教学方法，《经济法学》课程的教学也同样如此。但是，近年来随着英美法系与大陆法系融合的趋势日渐明显，我国的立法实践和法学研究，乃至法学教学都受到了英美法系的很大影响。英美法系特有的案例教学法也在很多法学课程的教学改革中被采用。在经济法学教学改革的论文中，一直以来，也有相当多的论著批评了单一的理论讲授教学方法，以强调案例教学法在经济法学课程中的运用作为主要论题。[1]

笔者认为，经济法学的教学方法应当是一个由各种具体教学方法组成的系统，每一种教学方法均是系统中的要素，因而不能片面强调要素中的某一个，弱化乃至否定其他教学方法的意义，从而背离系统的整体性和联系性。

首先，单纯的理论讲授的方法虽然形式较为单一、刻板，有过于重视知识传授而忽略学生能力培养之嫌，但是这一方法却在某些方面有着案例教学法等其他方法所不能比拟的长处，在经济法学教学方法中，其基础性的地位不可动摇。经济法学有大量的概念、制度、原理需要通过讲授的方式向学生展现。例如，经济法学总论中关于经济法产生的基础和条件、经济法学各流派的主要观点、经济法法律关系主体的构成，以及关于市场规制法基本原理、宏观调控法基本原理的概述，这些内容无疑通过理论讲授的方法教学更加适合。同时，由于经济法律体系包括数目众多的法律法规，而这些法律法规不可能都作为教学的内容进行详尽的讲授，作为授课对象的本科生虽然不能对经济法学的所有内容进

〔1〕 李明乡："经济法课堂教学中案例教学的把握"，载《课程教育研究》2014 年第 1 期。

行深入的研究，但是却应当对经济法体系的框架有着明确的认识，理论讲授的方法在这方面有着独特的优势。

其次，案例教学法是理论讲授方法的必要补充。法学——尤其是部门法学——应当是理论与实践相结合的学科。案例教学法作为法学课程的重要教学方法，这一点已经得到了绝大多数法学教师的认同。熟识法律的制度、原理是为了学以致用，对于基本法学知识的掌握与否以及掌握程度的深浅同样需要在分析具体的案例中得到检验。经济法学的教学同样需要重视案例教学法的运用。因为，随着我国不断强化和完善市场经济领域的立法，经济法体系中像《反垄断法》、《反不正当竞争法》、《产品质量法》、《消费者权益保护法》以及《土地管理法》、税法等等这样的法律法规对相关社会生活进行调整和适用的情形变得越来越频繁：《反垄断法》对于国内外著名企业合并案进行的多次反垄断审查、被欺诈的消费者获得惩罚性赔偿的保护、国家通过税收的手段对房地产市场的宏观调控等等社会热点问题，为相关内容的教学提供了生动的案例。在对大家耳熟能详的案例进行分析的过程中，相关的知识不仅更容易为学生所理解和掌握，而且也锻炼了学生运用理论知识分析和解决实际问题的能力。

此外，以撰写读书笔记为基础的读书交流、选定主题进行的自由发言讨论、以小组为单位的模拟辩论等等这些教学方法，分别运用于对有关理论问题和有关社会实践问题的深入理解。

笔者认为，上述各种教学方法，作为构成一个有机联系系统的要素，它们在各自适合的领域发挥作用，共同服务于经济法学教学理论联系实际的总目标。教学方法的这一系统除体现系统的整体性、联系性和有序性的特征外，还诠释了系统的动态性和目的性。就系统的整体性、联系性而言，虽然案例教学法在培养法律思维、锻炼法律适用的能力方面具有不可比拟的长处，但是不

能否认这种方法的缺陷也同样突出。案例教学法更适合于对某一具体法律制度、某一具体法律规则这样较为微观的问题的教学，而对于经济法的原理性知识或者经济法学理论框架这样的宏观的问题，案例教学法却显现出明显的不足。可以说，案例教学法的运用是在理论讲授的方法所营造的理论背景和条件之下才更有用武之地。就教学方法这一系统的动态性和目的性而言，应当指出，各种教学方法的采用或者其在系统中的地位不是一成不变的，而是应当根据不同教学内容的变化而适时地变化，同时还应顺应社会实践的发展而不断更新教学方法。一种教学方法被启用还是放弃，其最终的判断标准应当是是否有利于教学目的的实现。

综上所述，不论是《经济法学》课程所处的教学内容领域抑或是这门课程所应当使用的教学方法，其本身都不是简单、孤立存在的个体，而是依存于其他要素，并与其他要素一起共同构成的系统，系统是其中每一个要素得以发挥作用不能脱离的环境。为了更好地完成《经济法学》课程的教学改革，系统论的视角应当得到充分的重视和运用。

## 参考文献

1. ［美］冯·贝塔朗菲：《一般系统论：基础、发展和应用》，林康义、魏宏森译，清华大学出版社 1987 年版。
2. 陈一壮："论贝塔朗菲的'一般系统论'与圣菲研究所的'复杂适应系统理论'的区别"，载《山东科技大学学报（社会科学版）》2007 年第 2 期。
3. 潘永祥、李慎：《自然科学发展史纲要》，首都师范大学出版社 1996 年版。
4. 李明乡："经济法课堂教学中案例教学的把握"，载《课程教育研究》2014 年第 1 期。

# 法学专业刑法教学改革若干问题思考*

刘媛媛**

**摘要**

刑法总论的教学在刑法课程教学中居于基础地位，发挥着非常重要的作用。在刑法总论教学过程中应当给学生树立基本的刑法理念与刑法价值观。案例教学法在刑法教学中有着十分重要的作用，案例的选择应注重相关性、代表性、时代性与拓展性。本科刑法教学内容与司法考试并不矛盾，可以将司法考试的相关内容与要求做适当介绍与引入。应当将单向、封闭式的传统刑法授课模式向双向互动、开放式的授课模式转变。对刑法学的考核方式应注重多元化、过程性与实践性。

**关键词：** 基本理念　案例选择　授课模式　考核方式

---

* 本文系天津市教育科学规划研究课题《商科院校法学专业人才培养模式转型研究》（HEYP6012）成果之一。

** 天津商业大学法学院副教授，法学博士，主要从事刑法学研究。

## 一、刑法基本理念与价值观的确立

在传统的法学视野中，刑法历来被视为专政工具，是打击犯罪的利器，发挥着维持国家及社会秩序的重要作用。在这种工具主义的法律价值观的支配下，本科的刑法教学尤其是刑法总论的教学，习惯于将刑法赋予十分单纯的绝对的伸张正义、惩罚犯罪的基本价值定位，〔1〕而对于人权保障这一重要的功能有所忽略。因此，在刑法总论的教学中，将现代刑法应当包含的基本理念与价值观作为重点强调十分必要。教师在刑法总论的教学中，不仅要能够激发学生对刑法的浓厚兴趣，更要在他们心中奠定好现代刑法的基底。在提倡人权保障的社会背景下，国民应当能够通过法律的规定，知道什么是被允许的，什么是被禁止的。反映到刑法中就是必须保障国民的预期可能性。一部刑法典不仅需要保护法益，更需要保障人权。当犯罪人实施犯罪时，在与受害人的相互关系中处于强势，而一旦进入司法程序面临强大的国家机器，又转换成相对的弱势一方。刑法的重要功能就在于保障犯罪人免受非法的刑事责任的追究。在此意义上，刑法不仅是善良人的大宪章，更是犯罪人的大宪章。

当下的刑法研究中，如何处理我国传统刑法与大陆刑法理论的关系，是个十分重要的问题。我国传统刑法受前苏联影响颇深，而大陆法系刑法理论又越来越受到学者的关注和深入研究，尤其是对刑法总论来说，涉及诸如犯罪构成体系等重要基础理论的争议，因此对总论的教学而言，理论体系的选择尤为重要。在本科的刑法教学中，尤其是刑法总论的教学过程中，笔者明显感受到了此类争议对教学产生的影响。在大陆法系刑法理论研究日

〔1〕刘彩灵："本科刑法教学的三个目标及实现途径"，载《法制与经济》2012 年第 6 期。

益受到更多关注的背景下，同时在本校并未开设专门的大陆法系刑法课程的情况下，如何处理传统刑法理论与大陆法系刑法理论之间在本科教学上的矛盾，成为亟须解决的问题。首先需要向学生明确的是，两种理论体系是并存的，各有利弊；同时，作为本科阶段的教学，必须向学生传授较为确定的知识，即选择一种理论体系作为主导，将另一种理论体系作为对比贯穿其中。通过比较，能够激发学生的学习兴趣，开阔研究视野。如对期待可能性的讲授，可以介绍其产生的背景、理论价值等，启发学生与我国的司法实践相结合，在诸如许霆案之类的典型案例中展开探讨，更深层次地理解其现实意义。

## 二、刑法教学案例的选择

案例是刑法课程教学中的重要媒介，起到了中介和载体的作用，对教学目标的实现、理论知识的巩固、学生综合素质的提升，均具有一般理论讲解不可能实现的价值。随着信息的多元化和司法判决的逐步公开，刑法案例的来源也在逐渐丰富多样，如最高司法机关的公报、新闻报道、网络关注的典型案例等。就刑法总则的授课而言，对案件的选择应考虑如下因素：

1. 相关性。相关性要求案例的选取必须与教学目标、教学内容相匹配，更应当与每节课的授课内容、重点、难点问题具有直接的针对性。尤其对于总则部分而言，其理论性强，同时学生尚未接触分则内容，因此案例的选取就不能过于密集，而应当紧扣已经学过的知识点。

2. 代表性。具有代表性的典型案例能够突出反映重要知识点的本质与内涵，[1]有助于学生深刻理解艰深的理论知识。代表性

---

〔1〕 冯江菊：“案例教学法在刑法教学中的应用研究”，载《经济研究导刊》2009年第29期。

案例的选择可以是理论研讨中的经典例子，如紧急避险理论中对法益衡量的讨论，可以借助洞穴探险案例等进行讲解；也可以是实践中真实发生的经典案例，如对牵连犯的理解，可以结合制作假证后实施犯罪的相关典型案例。这样不仅能够提高学生的学习兴趣，同时也可以提升学生对司法实践的关注程度。

3. 时代性。时代性要求案例的选择不仅能够反映当下刑法理论的最新研究进展，同时也要紧扣时代脉搏，对社会发展变迁中涌现出的新的刑法问题保持关注。如侵犯财产犯罪中的诈骗罪，历来属于理论研究的重点，司法实践中出现的新型诈骗案件亦层出不穷，既包含了机器能否被骗等经典问题，也夹杂了碰瓷等行为的定性难题。将此类案例纳入课堂教学，能够贴近社会，通过案例的分析研讨真正培养学生理论联系实际的能力。

4. 拓展性。拓展性要求案例的选择具有相当的启发性，能够启迪学生从某一知识点出发，拓展到其他相关的知识点，因此案例应当具有适当的难度，并且能够包含一定的问题。如在讲授被害人承诺这一知识点时，可以引入与其紧密相关的安乐死案例，将国内外的安乐死案例进行对比，启发学生分析其差异，明确被害人承诺的条件，了解帮助自杀的定性问题，进而讨论安乐死的合法化等问题。

需要注意的是，在以讲授为主要教学方式的课堂中，案例的选择和运用应当适度，避免占用过多课时，喧宾夺主，冲淡对基础知识和基本理论的讲解。案例作为巩固基础知识的手段，在刑法总论的教学中应起到画龙点睛的作用，而数量过多、过于频繁地引入案例，势必会影响教学效果。

同时，案例的选取也要注意避免如下误区：其一，把刑法案例教学等同于一般教学中的举例子。在教学过程中教师为了方便讲授，往往随机、临时地举出相应的例子进行说明。由于案例本

身的从属地位，教师对所举案例的组织和处理就相对随意，包括与知识点的贴切程度、语言组织、案情细节等均较为粗糙。这种案例的选择过于随意，应当注意避免过多使用。其二，自编案例。应当肯定的是，自编案例在内容的编排上更加自如，有时确实能够更好地说明某个知识点，也能够启发学生的思维，但也存在很大的弊端。随意编排的案例为了达到某个确定的结论而拟定案情，使得学生丧失了思辨的过程，或者不可避免地在案件事实方面有过多剪裁，从而脱离实际生活。不合情理乃至于有很大漏洞的案例是不适合用作案例教学的。如有学者举的抢劫罪案例，妇女甲因生活所迫预谋抢劫金融机构，某日蒙面闯入银行，手持打火机，并往地上洒汽油，同时令营业员交钱，但当营业员拿出防范用的金属棒准备抗击时，甲吓得转身就跑。〔1〕一起有预谋的抢劫银行的案例，主要作案工具之一为打火机，最终却被金属棒吓退。类似的例子严重脱离实际，颇不妥当。其三，过于追求案件的猎奇性。司法实践中的刑法案例往往复杂新奇，似乎是只有想不到没有做不到，案情也往往扣人心弦。但用于教学的刑法案例不能仅凭新奇夺人眼球，不能为了吸引学生注意力或调动学习兴趣而过分渲染离奇的案情，否则在授课过程中就会喧宾夺主。

## 三、刑法教学与司法考试的关系

国家统一司法考试是国家统一组织的从事特定法律职业的资格考试，自从接受本科在读学生报考以来，如何协调课堂教学与司法考试之间的关系，已成为本科教学需要着重研究的课题。刑法类试题在司法考试中所占比重颇大，既有的刑法教学模式和传统理论背景下的内容能否满足新形势下的司法考试要求？本科阶

---

〔1〕 周光权：《刑法各论讲义》，清华大学出版社2003年版，第97～98页。

段的刑法教学是否应完全以司法考试作为导向？当课堂授课时间有限时，如何协调基础内容讲授与司法考试知识点介绍之间的矛盾？这些都是在刑法教学改革中需要认真思考的问题。

首先，需要明确的是，本科授课内容与司法考试之间并不是矛盾的，仍应以基础知识和基本理论体系为讲授重点。对比本科教材和司法考试指定教材即可看出，虽然二者侧重有所不同，但基础知识和基本的理论体系并不存在明显差异。随着司法考试越来越注重理论知识的考察，早已不是对法条简单的死记硬背就能过关，这就更需要考生在低年级的学习中打好理论基础。在本科的教学过程中过分强调与司法考试的衔接，如在课堂中占用多半时间分析司法考试真题，表面上看学生是提前了解了部分题目，但损失的是对基础理论的整体性和深入性把握，到真正复习司法考试时，又会深感自己的基础没打牢，得不偿失。

其次，将司法考试的相关内容与要求做适当介绍与引入。比如，传统刑法理论背景下的社会危害性理论受到了法益侵害说的有力挑战，这一影响也逐渐体现在司法考试中。在刑法总论的教学中，对法益侵害说应当有所涉及，在讲授相关的知识点时，更应当作较为深入的对比。又如，传统的四要件犯罪构成理论是主流学说，主流教材也多采纳此体系；但三阶层的构成要件理论正受到越来越多的学者的关注和接受，有学者将这一理论体系纳入自己的教材中，尤其是总论部分，完全摒弃了犯罪客体、犯罪客观方面、犯罪主体、犯罪主观方面的四要件模式，部分高校在本科教学过程中也指定了此类教材。最为突出的表现是，在 2009 年的司法考试大纲中，四要件被三阶层取而代之，不仅给当年的考生造成了一定的困惑和挑战，更为以后的本科刑法教学提出了难题。尤其在刑法总论的讲授和学习中，必须适当介绍和引入德日相关的刑法理论，对此，刑法学界已基本达成共识。

## 四、刑法教学授课模式的反思

在传统的本科刑法授课模式中，刑法学的教学是以传授刑法基础知识和基本理念为核心的，偏向于教师向学生的单方向传授，注重概念的讲解，强调知识的体系性和权威性，知识结构趋向闭合。这种授课模式对学生掌握基础知识与基本体系大有裨益，但不利于培养学生应有的解决实际问题的能力，学生独立思考、勇于思辨的精神也明显不足。同时，这种授课模式也与法学学科极强的应用性、实践性的特征相悖。应用性、实践性的特征决定了刑法学理论学说的实用性应当比逻辑体系的完美性更加重要。众所周知，德日刑法理论相对而言更加注重逻辑的严密性，当我们将其借鉴到课堂教学中时，也应注重法条的应用性价值，将法条背后的内涵和目的进行条分缕析的解读，尤其要结合司法实践中的典型案例，将已有的知识用于解决新出现的问题，在解决问题的过程中发现理论的漏洞与缺陷，最终达到理论体系的自洽圆通和实践问题的解决之双赢局面。

基于上述分析，从应然的角度来看，有的学者并不赞同拘泥于刑法教科书中定义的讲解，尤其是对知识点进行自然科学模式下非此即彼的死记硬背。〔1〕这种观点在一定程度上是值得肯定的。现有的教科书中存在大量拖沓冗长、意义不大的概念，让学生对这些知识点进行生搬硬套的死记硬背，对于他们从深层次上理解刑法、增强对刑法的学习兴趣、提升学习层次毫无裨益，徒增负担。但同时要肯定的是，对于重要的、凝练的、能够准确反映刑法本旨的概念，教学过程中仍然需要重点讲解，学生也应牢固掌握。对于这些知识点而言，“死去活来”的学习方法十分适

---

〔1〕王立志：“后现代课程观视野中的刑法教学改革”，载《公民与法（法学版）》2013年第9期。

用，只有扎实掌握，才能灵活运用。

改变传统的单方向传授式授课模式，需要加强教学活动中的师生互动，让学生从单纯的受众转变为教学活动的主动参与者，最终达到教学相长的良性效果。教师多年的授课经验使其难免囿于固定思维，学生却正是由于缺少“先见”而思路开阔，往往能够提出意想不到的问题。就笔者的经验来说，如果给学生足够的时间，他们能够围绕一个知识点提出许多看似天马行空但十分有探讨价值的问题。但这对于大班上课制的课堂来说，不太现实，只能偶尔为之。如果能够以小班授课，在学生较好掌握基础知识的前提下，通过师生之间的互动，以问答式的质疑与解释贯穿课堂，则能够使学生在辩证思维的过程中加深对知识的理解和运用。

改变相对封闭的教学模式则需要将开放性的引导教育纳入授课过程。就刑法分则的发展而言，在当前的社会条件下，新型犯罪层出不穷，既有的刑法罪名体系面临着极大挑战，有的需要重新解释相关构成要件，有的则有必要考虑增设新的罪名。这些不断涌现的问题，在刑法教科书中无法得到全面、及时的体现。因此，刑法教学不能拘泥于教材的相对封闭状态，而应当将现实中发生的新鲜案例以及背后所带来的理论冲击引入课堂。如司法实践中最常见的盗窃罪，按照传统通说的观点，盗窃罪以“秘密窃取”为条件，而实践中当面取走财物的案例不断出现，对“秘密”这一特征提出了根本性的挑战。如果所用教材中仍保留了通说观点，那么教师在授课过程中就十分有必要介绍新的观点。又如经济犯罪，与民商、经济类的部门法紧密相关，诸多新型犯罪的认定需要借助于相关部门法乃至金融领域的专业背景知识。因此，在授课过程中，教师必须对刑法发展的开放性特征有深刻的把握，对相关的部门法、其他社会科学甚至自然科学的新变化对

刑法学的发展和影响有所了解，打破学科之间存在的壁垒，将刑法放在学科交融的大背景下进行研究和教学，使刑法在与其他学科的互融互通下获得长足发展。

## 五、刑法教学考核方式的改进

对学生的考核意指对学生学习行为、学习过程和学习效果是否达到既定目标进行衡量和测评。传统的刑法教学中对学生的考核侧重机械记忆，对灵活运用相关理论解决实践问题的考察相对薄弱；从考察方式来看，多表现为闭卷形式，以填空题、名词解释题、简答题、论述题等题型出现；从学生对考试的应对来看，多数只注重考前突击，学习效果欠佳。

这种传统的考核方式存在较为明显的弊端：其一，考核方式单一，对知识点的覆盖有限。单一的闭卷考试虽然可以在一定程度上考察出学生对基础知识和基本理论的掌握程度，但一张考卷的容量必定有限，且容易忽略对学生实际分析问题和解决问题能力的培养与考察。在这种考核方式的指挥下，部分师生对考前“划范围”依赖严重，不仅造成学生平时不用功，也会使教师在授课过程中产生惰性。其二，考核时间统一，欠缺灵活性。统一的考试时间有利于保证考试的公平性，但却难以真实全面反映学生平时的学习状态。其三，考核内容单一，重理论轻实践。就本院近几年刑法的考试题目来看，理论内容的考察占据了近70%的分数，名词解释、简答、论述等靠机械记忆内容的分值较大，而案例分析题目较少，分值亦不高。重理论轻实践的考试内容不仅有违刑法学应用性、实践性强的特性，反馈到教学中也容易导致学生学习兴趣的下降，并且欠缺分析解决实践问题的能力。

为解决上述弊端，应当考虑对刑法学的考核方式进行变革，将过程控制思想运用到刑法授课过程中，建立多元化、过程性的

考核方式，实现结果与过程考核的统一、理论与实践考核的统一。具体而言，应当依据如下思路展开对刑法学考核方式的变革：其一，建立多元化的考核评价体系，在保留原有的闭卷考试方式的前提下，增加课堂测验、提问、读书笔记、抽查口试等多种方式，全方位引导学生学习。以口试为例，教师可以依据刑法学的授课进度，准备若干考试题目，由学生随机抽取作答，教师也可以进行相关追问。这种考核方式能够准确反映学生对知识点的掌握程度，更为重要的是，可以锻炼学生的口头表达能力，对学生心理素质的培养也极为有利。其二，建立过程化的考核体系，改变期末“一考定成绩”的现状，将单一的结果性考核化解到刑法教学过程中的过程性考核，引导学生功夫用在平时。其三，建立实践性的考核体系。加强实践性的考核方式的比重，不仅与刑法学实践性的特质相匹配，也有利于提高学生理论联系实践的能力。为此，可以在试题中增加案例分析的比重，选择题也可以借鉴司法考试的命题，以案例形式出现，多方面引导学生锻炼分析解决实践问题的能力。

## 参考文献

1. 刘彩灵：“本科刑法教学的三个目标及实现途径”，载《法制与经济》2012 年第 6 期。
2. 冯江菊：“案例教学法在刑法教学中的应用研究”，载《经济研究导刊》2009 年第 29 期。
3. 周光权：《刑法各论讲义》，清华大学出版社 2003 年版。
4. 王立志：“后现代课程观视野中的刑法教学改革”，载《公民与法（法学版）》2013 年第 9 期。

# 基于创新人才培养的心理学本科核心课程实验教学改革

姚海娟*

**摘要**

心理学实验教学与科技发展、社会建设及创新人才培养要求还不相适应，需要改革现有实验教学模式，从创新人才培养的视角，确立基于创新人才培养的心理实验教学目标，加大投入经费改善心理学实验室条件，制定新的实验教学原则，进一步更新心理学实验教学方法和内容，合理分组，因材施教，改进实验课程过程性考核评价模式，以适应心理学创新型人才培养的需要和社会对心理学应用型人才的需求。

**关键词**：心理学　实验教学　教学改革　过程性考核

心理学是一门研究行为与心理规律的学科。1879 年，德国学者冯特（Wilhelm Wundt）受自然科学影响在莱比锡大学建立第一个心理学实验室，标志着科学心理学正式诞生。作为一门实验科学，心理学的许多理论来源于实验。心理学实验教学是连接心

* 天津商业大学法学院副教授，博士，主要从事认知发展与教育研究。

理学知识与实践、实践与创新的重要桥梁。心理学既是一门理论学科，也是一门应用学科。心理学专业核心课程中的基础心理学、实验心理学、认知心理学、社会心理学、发展心理学、教育心理学等课程是承担实验教学的专业必修课，实验课程有利于培养学生的专业技能和动手能力，培养创新型人才。而随着科学技术的发展，基于计算机开发的实验设计软件层出不穷，人类行为的测量指标也增加了很多，从传统的反应时、正确率等指标到如今的眼动指标、生理指标、脑电指标等。这些都对以往的心理学实验教学模式提出了更高的要求。学校要培养适应科学技术发展以及心理学学科发展要求的心理学专业技术人才，而且社会各领域也对心理学人才提出了更高的要求。目前，心理学实验教学模式已经不适应科学技术的发展、不符合心理学创新人才培养的要求，需要加大力度对传统的实验教学模式进行改革，从创新人才培养的视角出发，探索更符合心理学创新人才培养要求的心理学专业本科核心实验课程教学模式改革方法。

## 一、心理学专业核心课程实验课存在的问题

天津商业大学心理学系应用心理学本科教学大纲于 2012 年修订，目前专业核心课有 12 门，其中开设实验课程的有基础心理学（上）、生理心理学、实验心理学（上、下）、认知心理学和社会心理学。以前应用心理学实验室各方面一直不够完善，以教学仪器居多，实验室面积小。近三年来，在学院领导的高度重视下和中央支持地方高校建设项目的经费投入，应用心理学实验室条件有了很大改善，建立了能够容纳 40 人上机的机房，实验室面积进一步扩大，购入了生理仪等先进仪器和实验软件，并且还有一些仪器也在陆续的购买之中，实验室条件较前几年有了较大的改善，这也为学生的实验操作技能的培养提供了较好的条件。

除了师资力量还有待加强、实验室还需要不断改扩建等客观因素外，目前心理学实验课本身也存在着诸多问题，必须加以重视，否则会影响教学效果，不利于培养创新型人才，从考研、就业等很多方面与其他高校的心理学专业毕业生相比缺乏竞争优势，亟须进一步更新教学目标，改进教学方法和内容，加强对学生的实验动手操作能力的培养，探索新的实验课程过程性考核模式。目前，心理学实验教学主要存在以下几个问题：

第一，教学实验室硬件设施落后于实验教学需要。由于心理学实验教学平台数量有限，学生通常采用分组形式进行实验体验，有些实验达不到验证程度，只能演示，使学生动手操作的机会减少。如今，伴随着科学技术的发展，心理学学科的实验仪器也在不断地更新中，实验刺激采用电脑编程的软件来实现，还有生理系统、脑电系统、眼动仪等仪器采集的数据，因此，应用心理学实验室的硬件设施还远远不能满足教学与培养学生科研的需求，影响了教学效果和对学生创新研究能力的培养。

第二，实验课中演示性、验证性实验所占比重大，一般为感知觉、注意、记忆等方面的较简单的实验，这些演示性、验证性实验对于学生熟悉和理解课堂上所讲的心理学理论、现象和观点是有作用的，但是综合设计型实验过少，这不利于学生实验设计能力的培养，学生无法开展创新性的综合设计型研究。

第三，心理学核心课程中开设实验课的课程还较少，实验学时分配还不够合理，如发展心理学和教育心理学没有实验课时，认知心理学的实验课时也偏少。对各门课程的实验内容缺乏统一的安排和合理的递进、衔接，不同课程所涉及的实验领域有重合，而另外一些研究领域在所开设的实验课程中又没有涉及，整体上处于分散和凌乱的状态。

第四，实验仪器设备的利用率还较低。目前应用心理学实验

室内可供实验教学的仪器有心理学实验教学平台、心理学实验教学软件系统、E－Prime 实验设计软件、16 通道生理信号系统、眼动仪、生理反馈仪等。基础心理学和实验心理学课程的实验较多地利用了心理学实验教学平台，但该平台只能进行演示型和验证型实验，无法进行综合设计型实验，而能进行综合设计型实验的心理学实验教学软件系统和 E－prime 软件、生理仪、眼动仪和即将建成的 ERP 脑电系统等还需要在课程中多加利用，培养学生进行实验设计、刺激软件编程、实验仪器操作、数据采集分析等科研能力。

第五，实验课对学生的考核方式不合理。以往每个同学在实验课中都进行同样内容的验证型实验，然后主要通过实验报告、考勤情况对学生进行打分。由于没有客观的评价指标，部分学生做实验时态度不认真，数据随意捏造，或者抄袭其他同学的实验报告，雷同情况严重。这样学生往往不重视实验课程，觉得实验课程就像平时完成了一个简单的作业一样，不重视其中的动手能力和设计能力的培养，导致学生在专业实验设计技能方面没有进步，考研时由于对实验设计的过程不熟悉，需要死啃书本；毕业设计时由于本就缺乏实验设计能力而不愿意做实验，不会设计实验和进行实验数据分析，严重依赖指导老师指导、设计和操作，导致大部分学生在本科学习阶段从来没有设计和实施过实验，这是非常不合理的，不利于对学生的培养。

## 二、国内高校心理学实验教学改革的研究现状

目前，关于心理学专业实验教学模式改革的文献较多，国内同行非常重视心理学实验教学改革，在教学内容与方法的改革

上，主要强调以下几个方面：[1]

1. 优化现有心理学核心课程实验教学内容，构建适合心理学专业特点的实验教学体系，定位为夯实基础、注重创新、突出应用。多是结合任课老师的科研内容，拟定实验课题，从实验材料制作、实验设计、实验实施、实验数据整理、实验数据分析、实验报告撰写等方面培养学生的动手能力。

2. 改革心理学实验教学方法与手段，采用多元化、现代化的实验教学手段。[2]普遍采用先进的计算机实验教学软件系统，采用传统仪器教学与计算机软件呈现实验刺激相结合的方式，增加开放性学习和研究性学习实验教学模式。

3. 增加综合型实验和设计型实验。增加综合性、研究性、应用性实验项目，补充师生共同开发的、对当地经济建设服务的应用实验项目。划分科研小组，实行组长负责制，培养学生的探索能力和团队协作的精神。增加学生开放性学习与研究性学习模式，在合理范围内开放实验室。通过开放性学习的方法，或依托参与教师科研课题，让学生通过查阅网络期刊获得实验资源，自主设计实验内容，与实验室老师联系到实验室进行实验，并鼓励学生将创新实验结果整理成论文发表。

4. 完善心理实验课程考核制度。改革方式除实验报告和考勤之外，增加实验课程设计等级考核、动手操作考核、创新能力考核，并对实验学习结果采取多样化评价方式。

## 三、我校心理学专业核心课程实验教学改革的措施

基于以上各种问题，针对心理学专业学生的特点和社会对人

---

〔1〕 邢强："心理学实验教学改革的思考"，载《高等理科教育》2008 年第 3 期。

〔2〕 贺平：《应用型心理学实验室的建设与宣传方式研究》，陕西师范大学 2014 年硕士学位论文。

才需求的情况和基本要求，结合我校心理学专业课程实践，不断改革教学内容、教学形式和教学方法与手段，提高人才培养的效率，为培养心理学专业人才奠定坚实的实验基础，特提出具体的实验教学改革措施。

目前我校心理学专业的核心课程有12门，大一上下学期共开设一年的基础心理学课程，基础心理学是学生了解心理学理论和基本心理现象的专业基础课程，是心理学其他所有专业课程的基础，也是实验心理学理论与实验课程的基础，该课程对学生理解和掌握实验心理学实验的理论、方法和心理学研究的思维方式有重要作用，该课程的实验课程主要以演示型和验证型实验为主。因此，基础心理学的实验课程主要把握实验内容的重要性和广度，保证学生通过实验对心理学的现象有更清晰的认识和了解。

实验心理学是在基础心理学的基础上开设的，学生必须要完成实验心理学（上）的学习之后才能具备实验设计基础，也就是在大二上学期。在学生完成了实验心理学（上）的学习后，可以有意识地培养学生实验设计能力，综合设计型实验的课程主要有实验心理学（下）、认知心理学、教育心理学、社会心理学等，笔者尝试从以下几个方面提出心理学实验教学模式改革的具体措施：

第一，加大经费投入，积极改善实验室教学条件，利用实验室建设经费购置适合心理学教学和科研的仪器。[1]心理学实验室原来仅有五台心理学实验教学平台和几套智力测验、职业测验，眼动仪只能达到演示程度，缺乏数据分析系统。经过学校和学院的投入，目前有眼动仪1台、生理仪2台（也称测谎仪）、实验

---

〔1〕 陈刚铸："实验课改革与理科学生全面素质教育"，载《高等理科教育》2000年第6期。

教学软件系统1部和实验设计软件系统1部，并拟购入64台脑电系统、生物反馈仪等仪器，进一步改善实验室的硬件条件，尽量能够让学生自主动手进行操作，并能够在实验课程老师的指导下独立设计和创新实验。

第二，进一步优化实验教学目标。依据心理学科未来的发展方向，以及社会对心理学基础研究与应用研究人才的需求情况进行实验教学目标的优化。原有的实验教学目标主要是使学生掌握传统的心理学实验基本理论、方法与技术，以及现代心理学实验基本理论、方法与技术手段，使学生掌握心理学实验设计方法、心理学研究的基本过程与心理学实验设计的基本过程以及感知觉、注意、视觉、听觉、信息加工过程、学习和记忆等心理现象的具体实验研究方法和手段，在此基础上，进一步提出提高学生的基本实验技能和动手操作能力，提高学生从事心理学实验研究的基本能力。

第三，制定新的实验教学原则。实验教学原则为：①在培养基础扎实、全面发展的心理学专业人才的基础上，倾向于着力培养科研创新型人才，为培养基础研究与应用型人才奠定基础。②教师教授与指导相结合，注重引导学生主动学习，培养学生学习和钻研的积极性和主动性，培养学生的创造性和创新精神。③使学生从以课堂实验知识性学习为中心，逐步转向实验室、图书馆，充分利用现有的教学与研究文献资源，为学生提供学习知识和培养能力的机会。④研究与学习相结合，通过学生参与研究、设计研究型实验，了解学科发展的前沿，促进学生掌握专业知识和技能，开阔学生的思路和视野，提高动手操作能力和基本研究能力。

第四，改进实验课程教学方法和内容，并修订心理学核心课程实验教学大纲。根据心理学系学生在基础知识、专业知识、理

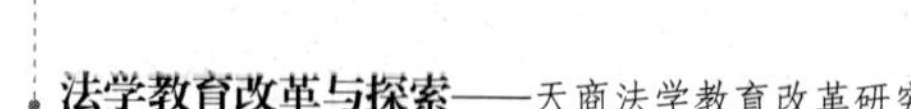


解与掌握能力等方面的特点，对教学内容的深度、难度和涉及问题的广度予以适当的提高，满足学生对专业基础知识的需求，培养学生的专业素质。实验课程采用课堂讲授、班组讨论、课外练习、小组合作研究（课外设计）、专题实验（研究设计、研究操作、研究评价、研究撰写）、交流（课堂交流和投稿发表）等方法和计算机技术、多媒体技术等手段进行教学。在讲授和开设经典心理学实验的基础上，开设部分研究型实验，使学生对当前的心理学研究的动向、新的研究方法、技术、手段等有一定的了解，并由学生独立设计与实施实验。通过实验课程的训练，达到自己选题、设计实验、组织与实施实验、整理数据与撰写研究报告的效果，提高学生独立设计心理学实验能力和基本研究能力，为学习其他专业基础课程和专业课程以及从事心理学基础研究与应用工作奠定良好的基础。

第五，实验课程合理分组，因材施教。由于学生在专业基础能力和研究选题兴趣等方面存在不同，因此要合理对其进行分组。按照学生自愿和老师引导的原则对学生进行分组。分组后的小组成员之间要团结协作、互帮互助、共同完成本小组的研究课题。由于实验课程中有一些独立课题研究，因此可以根据学生的意愿和能力进行分组，实验能力强的同学可以组成小组进行更严谨更专业的实验设计，实验能力稍弱的同学可以组成小组进行稍简单的自主实验设计。

第六，过程性考核中增加学生实验课多样化评价结果，加强学生实验能力考核。研究表明，在有同伴参与的情况下，个体能够获得更高的测验分数和学习动机。[1]因此，实验课程的考核要采用个人评价和团体评价两种方式。根据心理学核心实验课程的

---

〔1〕 D. R. Hancock, “Exploring the Effects of Group Testing on Graduate Students’ Motivation and Achievement”, *Assessment & Evaluation in Higher Education*, 2007, p. 2.

特点，制定实验课考核办法。考核主要包括平时成绩、单个实验项目操作技术和过程考核、小组科研实验实施情况和实验结果交流情况四个考核环节。平时成绩包括科学作风、基本操作、实验原始记录、实验报告和实验结果五个方面，并予以各环节和指标一定的权重；单个实验项目操作考核是指学生对所要求做的实验项目的一次性通过考核；小组设计型科研实验是以老师出题、学生抽签的方式选题，然后进行自主设计、实施和数据收集并整理结果的过程；实验结果交流是根据学生对实验结果的整理能够进行课堂交流和投稿交流为标准给予不同的评价结果。

## 参考文献

1. 邢强：“心理学实验教学改革的思考”，载《高等理科教育》2008 年第 3 期。
2. 贺平：《应用型心理学实验室的建设与宣传方式研究》，陕西师范大学 2014 年硕士学位论文。
3. 陈刚铸：“实验课改革与理科学生全面素质教育”，载《高等理科教育》2000 年第 6 期。
4. D. R. Hancock, “Exploring the Effects of Group Testing on Graduate Students’ Motivation and Achievement”, *Assessment & Evaluation in Higher Education*, 2007.

# 民法课程教学话语系统转换探析

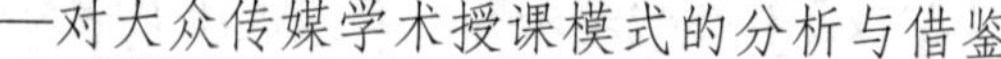

## ——对大众传媒学术授课模式的分析与借鉴

张 涛*

**摘要**

随着学术大众化的热潮，大众电视传媒学术节目急速成长，伴随着收视率的节节攀升，社会各界好评如潮。在面对90后大学生的民法课程教学中，应当从电视大众传媒学术授课中汲取优点，以改善并提升教师授课技巧，实现民法课程教学话语系统转换，以更好地完成民法教学任务。

**关键词：** 民法课程　传媒学术讲授模式　话语系统转换

在中国以开放的姿态走向现代文明的今天，社会文化与价值观念都在经历着一场前所未有的兼容并包，呼唤着学术的百花齐放。中央电视台推出的《百家讲坛》等学术普及型栏目，使传统文化与现代精神、抽象理论与具体现实互融共通，使得高深的学术理论进入寻常百姓之家，引发了学术大众化的浪潮。在学术大众化浪潮席卷华夏大地的今天，我们是否也能从中发现一些民法

* 天津商业大学法学院讲师，法学博士，主要从事民法学研究。

课程教学可资借鉴之处呢？

## 一、民法课程教学中的问题与归因

当前，民法教学经常面临这样的窘境：在传统教学模式下，经过课堂授课，学生可以实现对某个民法术语、民法制度的定义与构成要件等的机械记忆，但却无法将其与现实生活中的民事关系连接起来，故每每遇到生活中复杂多变的实际问题时便茫然不知所措；教师授课时因缺乏必要的课堂互动，且学生对之前授课知识的模糊记忆导致授课不畅，课堂气氛沉闷；学生在传统被动接受知识的思维模式下，放弃自身思维的活跃性；当学生厌学思想变成一种共性思维后，就会出现学生整体学习积极性及学风的衰退。通过长期深入调查研究，及与学生的广泛交流，发现导致这些教学异常现象发生的原因主要包括如下几个方面：

1. 民法学自身的特点。民法学是本科法学教育的基础性专业核心课程。一方面，与其他部门法相比民法堪称“万法之源”：首先，民法理论源远流长，自罗马法至今已有数千年的发展沿革历史，在人类社会发展的长河中汲取了充足的养分，形成了具有自身特性的概念体系和理论系统。其次，民法学逻辑性较强，拥有外观规模宏大而内部又密切交织的权利群系，富于理论深度和理性思辨，难以迅速掌握。另一方面，与深厚理论色彩相呼应的是民法学又与日常生活密不可分，很接地气。由于每个社会主体都生活在民法之中，每个人都是最好的民法实践者，故而学生对民法反映的生活关系有较为丰富的感性经验。他们会自发地运用课堂上所学的民法基础知识去解释生活中的民事现象，也会在遇到法律纠纷时，尝试从所学中寻求解决问题的方式。但法律理性的实践运用，需要经过训练才能发挥合理效能。在未加以适当引导的情况下，学生往往无法通过已有知识合理解决实践中的问

题，因此他们会怀疑理论学习的意义，甚至得出“理论学习无用”的荒谬结论，直接影响了其后续的民法理论学习。如何能够使学生体会到民法的生活性，如何从自身已知或容易获得的生活经验里发现民法的内在逻辑规律，认识民事法律制度的生活根基，是摆在民法学科教学面前的一道难题。

2. 当代大学生的特点。目前，在校大学生多为 1990 年以后出生，被称为“90 后”。这一代人身处我国经济腾飞之时，社会环境多元，家庭环境相对优越。他们伴随着市场经济形成、信息网络成熟、个性偶像涌现等新兴事物成长，这些客观因素赋予了他们更加开阔的视野，使他们具备了鲜明的性格特质：其一，价值追求多元。当代大学生在探索欲望最强烈的青春期，经历了传统媒体到现代媒体的过渡，传统通讯方式逐渐退出历史舞台，互联网和通信网络相互融合，移动数字终端空前普及。他们知识面更广泛，接受新事物的速度快、能力强；思维活跃，富于创造，追求刺激，热衷于追求新潮流。这使得他们所认同的价值体系构成更加多元，对待向左观点不会公然排斥，但内心却往往伴随有强烈的抵触情绪。其二，依赖性较重。“90 后”多经历了“一切以学习为中心”，衣来伸手、饭来张口的少年时期，很多事情都是父母包办，对父母的依赖感较强，遇到困难时自己应对经验不足。但他们又不愿意主动向父母求助，缺少与父母的交流，导致他们善良、敏感、脆弱、自我，容易失落、空虚。其三，个性鲜明，容易走向极端。当代大学生生活条件相对优越，集万千宠爱于一身。由于缺少兄弟姐妹，他们缺乏包容能力的锤炼。若对他人的言谈举止有所不满，容易产生猜疑、挑剔的负面情绪，缺乏对他人的理解、尊重及换位思考的能力。

正是由于“90 后”一代身上的上述特点，在民法课程授课中一旦无法引起他们的强烈兴趣，他们内心就会逐渐产生对民法课程的疏远和排斥。如果在该课程的学习中遇到困难，或者在各类考核过程中遇到成绩不理想的情况，他们宁可不去解决问题，也不愿向同学请教或与教师进行深入沟通。由于自我中心主义的思考方式，他们往往将学习效果和成绩不理想的原因归咎于外，认为“课程没意思”、“民法好无聊”等。

3. 授课方式相对单一，缺乏选择性。在体系性观测视角下，不难得出结论：民法学以权利构建为核心，以内在法理逻辑为线索，完成对复杂民事生活的权利塑造和制度构建。这就导致民法学授课中基本知识和基础理论的讲授需要较长时间。反映在法学学科的教学计划中，不难发现民法学的基本教学时长最长。以天津商业大学法学本科教学计划为例：民法学必修课程《民法学》共80学时，教学时间跨度为一个完整学年度。在民法的选修课中，《婚姻家庭继承法》选修课32课时，《侵权责任法》选修课32课时，《民商法案例解析》选修课32课时。此外，《合同法》和《知识产权法》均单独设立必修课。民法课程教学以必修课为主要形式，着力于讲授民法基本理论，夯实学生的法学理论素养。课堂教学中以教师讲授为主，综合运用体系教学法和案例教学法。由于理论知识点的浩繁和教学安排的掣肘，加上学校对教学进度的统筹安排和质量监控，故与案例教学法相比，体系教学法运用得更加广泛。因为体系教学法是按照教学大纲的要求系统讲授民法学基本理论和基础知识，使学生全面掌握民法制度体系和知识结构的一种教学方法；反观案例教学法，一个案例往往只能集中解决某个具体问题，使学生只见树木、不见森林，无法使学生在理论体系上树立整体观念。长时间单一的体系性讲授，在对教师提出专业要求的同时，更重要的是对教师的课堂授课技巧、课堂气氛把控等能力提出了严峻的挑战。一旦处理不当，就会使课程变成“填鸭式”的课件解说与学生速记员似的笔记记

录，使得原本思维引领式的课堂交流魅力尽失，学生怨声载道。

## 二、大众传媒学术讲授模式的启示

### （一）大众传媒学术讲授模式的特点

多媒体技术与数字传媒科技的发展，促使大众传媒的运行方式发生了历史性的变革。新兴视频制作技术的广泛应用，使得以电视传播为主要形式的大众传媒学术授课在内在气质方面发生了根本性改变，增添了动画、图片、场景、情节等多种信息展示元素后，其与受众的沟通更加有效，信息传达更加简洁。但无论形式如何变化，其内容还是以系统讲授专业性较强的学科知识为主。

较高学术深度的专业对话固然能够展现一个学科的风貌，但无奈曲高易和寡，无奈阳春白雪者少，下里巴人者多。当受众是专业基础薄弱甚至对此领域毫无了解的社会普通大众时，艰涩深奥的学术讲授不仅不易被接受，还极容易使人丧失兴趣。反观备受关注的《百家讲坛》、《经济与法》、《法律讲堂》等栏目，其成功的秘诀在于：①主讲人挣脱了学术教材话语表达系统的桎梏，凭借自身的理论积淀，运用其独有的语言风格向受众阐明学术知识和观点。②在内容与事例的选择上，更接近实际生活，将主讲人的学术专长、性格特质和思想智慧有机融合。③在语言表达方式上，脱离了学术教材语言的书面和生涩，受众听得懂，搞得明白。很多受众被主讲者深入浅出的讲解、风趣幽默的语言风格深深吸引，在轻松的氛围中获取知识和教益。正因如此，这些学术讲授类的节目获得了空前的成功，吸引了大批稳定的收视群体。

### （二）民法学教学对大众传媒学术讲授的借鉴

大学民法学教学，尤其是课堂授课与《百家讲坛》、《经济与

法》等传媒法律学术知识讲解之间，具有形式类似性。我们可以通过归纳其相互之间的内在联系，总结互通原理，完成知识传播方法的借用，实现彼此之间的互动。因此，我们不妨移植传媒学术讲授的优点，将其充分融合到民法学教学活动之中，实现融会贯通。这样一来，既能够完成高等教育传道授业的基本任务，又能够增进课堂教学的生动性，激发学生思考现实问题的兴趣，解开民事法律知识如何应用到生活中的疑惑，帮助学生消化、吸收理论知识，扎实掌握民法理论的核心要义。

1. 民法课程教学吸收大众传媒学术授课优势的可行性。民法学课程，在教学计划中往往被列为专业核心课程，其重要地位不言而喻。民法学课程以民法基本理论与制度为教学内容，涵盖了民法总论、物权法、债法总论等内容。

从课程受众的角度来看，民法课程教学与大众传媒学术授课面对的受众都具有专业基础差的特点。民法课程的对象主要为法学本科低年级学生。通过笔者的了解，在绝大部分高校，《民法学》往往是本科一年级新生在第一学期就开始接触的第一门部门法学课程。这是对学生知识学习的一次挑战：一方面，学生刚刚走出封闭的高中校门，对经济生活本体缺乏感性认识；另一方面，学生法学素养较低，尤其是民法学知识基础几乎为零。民法学课程作为法学知识大厦的“拓荒者”，只有通过系统的理论讲解，才能使学生逐步构建对民法理论框架的认知，并以此为基础不断丰富民法知识。故对于初接触法学教育的法科学生而言，民法学部分的学习应当以教师讲授为主，辅之以课堂讨论、小组作业、随堂测验等多种形式。

从授课教师的角度来看，由于民法内容体系清晰，教师讲授清楚相关内容并不难。但挑战在于法律语言严谨专业，民法概念层层交织，应想方设法让尚不具备法律思维的学生尽快准确掌握

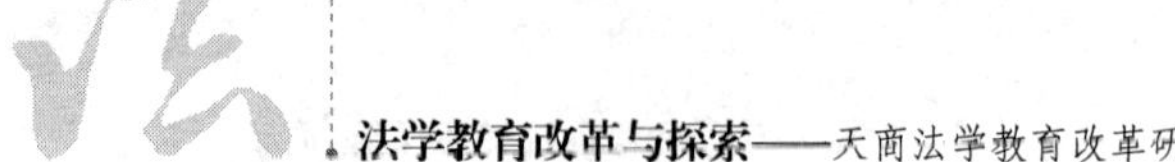


专业概念所述之意，避免出现“鸡同鸭讲”的授课阻塞，并尽量防止学生在接触法律课程之初就因为法言法语的佶屈聱牙丧失学习兴趣。在学术大众化浪潮下，大众传媒学术授课正是试图将枯燥、深奥的学术理论，通过易于被接受的形式传达给学术基础薄弱的社会大众。可见，民法课程教学与大众传媒学术授课在受众特点、讲授目标上具有相似性。因此，民法教学吸收大众传媒学术授课的优势以得到发展完善，具备可行性。

2. 大众传媒学术授课对民法课程教学的启示。民法课程可以从大众传媒学术授课中汲取营养，实现自我完善与提升。我们要努力实现民法课程教学中教学话语系统的转换，可着力从以下几个方面进行提升：

（1）实现语言的生动性和通俗化。民法课程教学中，教师要转变语言风格，把专业晦涩的法律术语、概念等理论表达转化为通俗易懂的语言，便于初学民法的本科生理解和掌握。这就要求教师在讲授中，不能一味地以一个或多个复杂概念去解释另一个概念，而应适当增加从学生所了解的民事生活到法律抽象概念的引导过程。当然，这里的语言通俗不等于语言低俗，也不能为了幽默生动而去幽默生动，仍旧需要保持符合学术授课要求的理论严谨性。

（2）使用案例的鲜活性。在法律教学所涉资源中，法律条文是静止固定的，教材逻辑体系是严谨厚重的。这些就导致了法律课程先天的沉重感与距离感。众所周知，民事规则的制定与运行离不开丰富多彩的民事生活，这就为民法课程的教学提供了难得的活化因素。生活是丰富多彩、五味杂陈的，很多案例兼具典型性和生动性。这就需要教师充分发挥自己的现实案例挖掘和语言组织能力，庄谐并举，灵活穿插运用案例。

（3）加强交流，提升学生的参与感。传统教学中往往采用以

教师为出发点，以学生为终端的信息传递模式。上述模式便于教师掌握授课的主动，把握课堂节奏。但它的弊端也不容忽视，即学生参与感较差，课堂气氛沉闷。首先，教师传递信息的角度更多地来自于教师认识事物的方式，未必是学生所适应的。其次，这容易使学生走进“只要记录笔记就足够，对内容不求甚解”的学习误区。因此，教学中势必要建立教师与学生的双向互动信息传递，提升学生从已知到未知过程中的参与度，激发他们学习的主观能动性。

## 三、运用与示例

下面以物权法课程中“动产所有权的公示方法”的课堂设计与教学实践为例，简要阐释如何从语言风格、案例选择和交互式探讨三方面实现民法教学话语系统的转换。

1. 从已知到未知，抛出问题，引领学生思路。“通过我们前面对物权性质的介绍可以知道，物权是支配权、绝对权、对世权。对世权的性质就意味着物权的权利主体特定，而义务主体不特定。也就是说物权人可凭借物权对抗除自己以外的世界上的其他人。这是从权利人角度而言，而从义务人角度，也就意味着他们必须尊重权利人的物权，而不妄加干涉。若义务人想履行这个义务，需要具备的前提条件是什么呢？是不是他们必须得了解哪个物权权利人拥有哪项物的所有权？于是这就要求物权人必须使义务人了解自己拥有物权的事实。因而我们需要向社会公众公开展示一个所有权的享有状态。这就是所谓的所有权的物权公示。那么，我们又应该怎样向大家展示自己对动产的所有权呢？比如说，你手上拥有一个水杯，这个时候你怎么让别人知道这个水杯是你的呢？”

2. 互动式讨论归拢学生思路，通过学生了解的生活实例，完

成从生活逻辑到法律逻辑的提升。在抛出问题后，学生们必然会立即进行思考，有的还会与身旁的同学进行探讨。这时教师要自然地融入他们的讨论之中，不断和学生进行信息传递。就上面一个问题，有的学生会说："可以在水杯上写上自己的名字，或贴上自己名字的标签"。针对此回答，教师需要及时应对："这是一个不错的策略，因为我们生活里经常采用这种方式。比如大家拿到新发的民法书之后，会在扉页上很潇洒地写上自己的名字；在外出的时候也会在旅行箱上贴一个贴纸，上面写上自己的名字和联系方式，这些都会提醒其他人注意：此物归你所有！但是，我们也会发现这样的方式并不是一个安全的策略。其一，并不是生活中的所有东西都可以写名字。如你的隐形眼镜就没法写名，否则你会发现你眼前的世界会始终出现你的大名。其二，写了名字也可能因为各种原因消失，比如你书的扉页被撕掉，在另一页上写上了别人的名字，比如你在球拍上刻上了自己的名字，随着使用可能磨损掉。因此，在物品上写名字来表征你拥有所有权并不是个安全的策略。大家还有其他点子吗？"有学生会说："你可以亲口告诉别人，这个东西是你的。""好，我们生活里也经常有人采用这样的方式提醒别人知道。但是我们细细想一下，抛开别人信不信你不谈，物权是个对世权，世界上其他人都是义务主体，你要让他们尊重你对水杯的所有权，在这种策略下也就意味着你需要告诉世界上所有的其他人。虽然说有志者事竟成，但是这得需要多大的毅力啊？反正，老师是拒绝的。因为，这种方式虽然安全但是不经济。那么，我们不妨换个视角来看待这件事情。（此时，教师拿起自己的水杯）同学们，大家认为这个水杯是谁的？（学生异口同声回答是老师的）那么为什么你们认为是我的呢？（学生答道因为你拿着）对！其实我们生活里经常这样去做，通过占有一个东西来表明这个东西是你的。并且大家看到之后，

心里也直接会作出条件反射式的反应。那么，法律也发现了生活中蕴含的逻辑要义：可以通过占有动产的方式来向社会不特定第三人公开展示自己对该动产的所有权。因此，法律选择占有为动产所有权的公示方式。”

如果通过填鸭式灌输原本比较深奥、枯燥的内容，不仅不能培养学生学习民法的乐趣，还会使得学生机械背诵相关规则内容，学习效果比较差。上面两个步骤，其实就是调动学生一同去发掘自己身边的法律规范及法律逻辑与生活逻辑的关系，使学生知其然，更知其所以然。

## 四、教学技巧培养与话语系统转换

要想实现民法课程教学话语系统的转换，教师自身的教学技巧的培养与提升至关重要。无论教学模式如何转变，教师都是授课的中心元素，他们掌握着课程的整体节奏，引领学生思路走向。因此，教师应当从如下几个方面进行准备，以实现教学话语系统的转换：

1. 精心设计课堂环节。话语系统的转换中语言风格的转换并非单纯的用语上的点缀，而是需要从课堂一开始就营造出一种轻松的交谈式课堂氛围，而且需要讲究问题与问题之间的语言衔接，讲究合理安排、自然插入和运用案例的时机，否则就会显得刻意与不自然，达不到预期效果。这就要求在备课阶段，教师需要对课堂的进程节奏进行宏观把握，对每一个知识点的切入角度、描述话语、提问交流方式的细节进行深思熟虑。

2. 多方面了解学生的生活，把握其关注点。话语系统转换的本质在于，修正教师熟悉而学生不适应的问题观察点和语言表达方式，试图贴近学生的思维，从学生观察世界的角度出发带领他们探索未知世界。这就要求教师必须了解学生所想、所感、所

知，与学生交朋友，多方面了解学生生活中的喜怒哀乐。不仅如此，还需要及时了解学生群体中的舆论热点，将这些内容消化分析，巧妙地运用在民法课程教学中，必然会有意想不到事半功倍的效果。

综上所述，我们要对大众传媒学术授课模式的优点进行深入分析，虚心加以借鉴，完成民法课程教学话语系统的转换，畅通与学生之间的沟通途径，激发学生自主学习的兴趣，更好地完成民法课程教学任务。

## 参考文献


1. 刘建民：“当前大学生特点及其成因分析”，载《边疆经济与文化》2010 年第 11 期。
2. 蒋福超：“课堂乌托邦：泛娱乐化时代课堂教学怪相批判”，载《当代教育科学》2011 年第 6 期。
3. 刘剑虹、赵则玲：“大众化语境下教育学话语的变革与话语范式转换”，载《教育科学》2006 年第 2 期。

# 教学实践

# 当前法学教育的困境分析

孙学亮*

**摘要**

三十多年来，我国法学教育取得了巨大成就，为我国法治建设输送了大量的专业人才。然而，随着社会的发展，我国法学教育也面临着几个突出的矛盾，即法律人才的职业化需求与通才教育模式的冲突；法律人才的高素质要求和法科学生低起点的矛盾；司法考试制度的现实性与法学教育理想模式之间的冲突。如何尽快协调这几个方面的关系，将直接影响我国法学教育的水平和未来走向。

**关键词：** 法学教育　职业化　通才教育

法科学生的培养是实现法治国家理想的根基。法学教育作为高等教育的组成部分，是实施依法治国，建设社会主义法治国家的治国方略的基础。由于历史的原因，我国的法学教育、法学研究从20世纪50年代后期开始中断了将近三十年的时间，从而造

* 天津商业大学法学院教授，主要从事民商法学研究。

成了法学教育和法学研究的长期停顿，使法学教育和研究长期处于极低的水平，对我国的法治化进程也产生了不可估量的负面影响。从20世纪70年代后期开始，各大学陆陆续续地恢复了法学院系的设置，同时，一些大学也新设了法学专业，法学教育开始在大陆地区重现生机和活力。经过三十多年的努力，我国的法学教育得到了极大的发展，累计培养了数十万计的法学专门人才。

但是，我们也不能不承认这样一个事实，即我国法学教育在取得巨大成就的同时，也存在这样或那样的一些问题，法学教育与社会对法律人才的需求之间的矛盾越来越突出。如何解决这些矛盾，将直接影响和决定法学教育的发展方向和水平。

## 一、法律人才的职业化需求与通才教育模式的冲突

改革开放三十多年来，我国高等教育的发展速度和发展规模是有目共睹的，特别是从20世纪90年代后期开始的高校扩招，使高校招生规模和在校生数量快速增长。法学专业在校生人数也急剧增加。据统计，截至目前，全国共有六百多所高校设有法学专业。法学专业曾经是一个经久不衰的热门专业，其招生规模连年增长。在这种大背景下，有专家认为我国的法学教育应由英才教育转向大众教育。可以说，经过三十多年的努力，我国法律专业人才极端匮乏的状况已经发生了根本性变化，在这种情况下，法学专业的培养模式及目标应当有所调整，换言之，中国的高等法学教育定位，应由通才教育走向职业教育。

虽然法学教育的这一培养目标已获得共识，各类高校都开始重视法学专业学生的职业能力培养，然而在具体实施过程中仍存在诸多问题亟待解决。高等法学教育应当具有高等教育的一般职能。人才培养是现代高等教育的基本使命，除此之外高等学校还负有推动科技发展、服务社会的职能或使命。因此，培养人才、

发展科学、服务社会、传承文化是高等学校的几项职能。从这个角度说，高等教育普遍存在着多重职能的冲突或矛盾，高等法学教育亦不例外，其自始就具有两重性，即法学教育从教授的内容到法学院的性质及培养目标确定上，应兼有职业学院和学术研究机构的双重性质，这正是法学教育兼有职业培训职能和学术研究职能二重性的体现。这种二重性不可避免地会形成矛盾与冲突，同时这也是高校各专业教育普遍存在的一个矛盾。只是与其他专业相比，法学教育的这种矛盾表现得更加突出。

明确法学教育究竟应当培养什么样的人才，对制定科学的法学人才培养目标及模式有着至关重要的意义。总体上来讲，大陆地区的法学教育似乎比较偏重理论教育，过多地强调了法学院校的学术研究职能，而对法律的应用重视不够（当然，过多地强调学术研究职能并不当然意味着学术研究的水平就一定高）。在高等教育处于精英化教育的阶段，特别是在20世纪80年代中期以前，中国的法学教育重视理论教育、理论研究而对法律应用重视不够是有特定原因的：一方面，法学专业恢复招生之初也是我国法制建设初创时期，作为法学教育和法学研究对象的法律现象本身在很多领域中就是空白，在此基础上要求我们的法学教育要重视法律应用本身就有些苛刻。法学教育与研究在当时甚至是法律应用的对象。另一方面，法学院校的师资及法学研究人员严重短缺，法学教育特别是综合院校的法学教育的一个重要目标或职能就是培养法学研究人员及高等院校的法学师资。在这种情况下，法学教育偏重于理论就是可以理解的了。而二十多年后的今天，我们所处的法律环境已发生了翻天覆地的变化。法学教育与研究的客观环境已经发生了根本性变化。比如在20世纪90年代以前，我国的法学教育基本上是本专科教育，博士生与硕士生的培养数量非常有限，远远不能满足法学教育发展的需要，因而一大批本

科毕业生走向了法学教育和法学研究机构。而从 90 年代以后，特别是 90 年代中期以后，法学博士与法学硕士培养速度已经基本上能够满足高等院校对法学师资的需求。而现阶段，本科毕业生进入法学研究和法学教育领域的人数少之又少，基本走向了法律实务部门，而我们的法学教育模式却没有根本性变化，在这种情况下，法学专业的培养方式与培养目标发生冲突就是难免的了。

现阶段我国所缺少的法学专业人才已不是法学研究人才而是法律应用人才，即使是法学研究或法学教育领域的人才也过于偏重于纯理论研究或纯理论教育，而在法律的实际应用方面存在明显不足。因此，现阶段我们所培养的各层次的法律人才，都面临着一个问题，即如何强化其法律实际运用能力，使学生在掌握扎实的法律专业知识与其他相关专业知识的基础上，还具备基本的法律职业技能，而不是仅具有法学理论研究能力。只有明确了这一点，才能使我国的法学教育方法和教学体制与这一培养目标相适应。

从法学教育相对发达的国家和地区的培养模式及其经验教训来看，我国的法学专业培养目标也确有调整之必要。以美国为例，其法学教育的效果或培养模式应当说在世界上是相当有影响的。美国大学法学院的人才培养目标就是培养从事法律实务的人才。在美国的大学中，与商学院、医学院相比，法学院的数量要少得多。造成这一结果的原因之一是，美国律师协会把法学院作为“律师职业的守门人”，对法学院的学生培养质量有非常严格的要求。在美国，能通过参加律师资格考试进入律师行业的，必须是获得全美律师协会承认的法学院的毕业生。这类法学院的数量大概有近二百所。这些法学院每年都要接受律师协会的评估，以确保其人才培养质量。美国各大学法学院的教学方法、教学内

容，都是围绕着培养能够尽快适应律师实务需要的律师展开的。在英美法系国家，案例教学法之所以能够大行其道，与其这一培养目标有着密切的关系。当然，美国法学院的这种培养目标或模式与美国的判例法传统也有着直接关系。美国大学的各法学院特色鲜明，各有所长，有长于知识产权方面的，有长于公司法务方面的，也有的在国际法领域有突出的优势。但是归根结底，其目的都是让学生能充分理解和掌握法律的运作机制，而不纯粹是具体的法律条款。美国的法律浩如烟海，任何一个学生都不可能通过在法学院的学习掌握全部的法律。因此，法学院的培养目标并不是要求学生单纯掌握某一领域的法律，而是要着重培养其法律分析能力，让学生理解和掌握法律制度的运转模式。而对具体法律条款的运用，更多的则要在开始工作后才逐渐学习和掌握。大陆法系的日本近年来开展的司法改革也涉及了对法学教育的改革，而其改革的一个重要方向就是如何强化法学教育的职业化需要。

## 二、法律人才的高素质要求和法科学生低起点的矛盾

法学专业毕业生所从事的是执掌、维护国家法律的特殊职业，因此，对法学专业学生所实施的素质教育，除了要符合素质教育的一般要求外，还要特别强化其从事法律职业所应具备的职业伦理教育，如公平正义理念，崇尚法治、献身法治的职业精神和清正廉洁的职业道德以及忠于法律、维护法律的责任感、使命感。因而对法律人才有着远高于其他职业的品质要求与专业素质要求。由于法律所调整的社会关系具有复杂性和广泛性的特点，加之法学专业毕业生在推进国家法治化过程中所肩负的特殊使命，对有意进入法学领域的学习者，提高其准入门槛势在必行。可以说，法科学生的素质、水平与国家的法治化水平是正相关

的。长期以来，由于法学人才的极度匮乏和我们赋予法律职业过多的政治化色彩，导致我国的法律职业起点非常低。除了大学的法学本科教育之外，其他层次和形式的法学教育在我国还大量存在，如专科、高职教育、自学考试、夜大、函授、电大等。可以毫不夸张地说，这些培养形式所培养的法律专业从业人员在我国占了相当可观的比例。它事实上极大地降低了法律从业人员的起点。

法学专业恢复招生后，在一个相当长的时期内一直都是热门专业，各大学法学院的招生分数都要高于其他专业，但是这并不意味着法学专业的入学起点就高。另外，近年来，我国高教体制中存在的诸多问题，大量地挤占了学生的专业学习时间，学生在四年的学习过程中能够投入到专业学习中的时间已经少得可怜，在这种情况下，法科毕业生的专业素质事实上是相对降低了。

法律专业人才极度匮乏的现象在我国已成为历史，停止其他非全日制法学教育方式的条件已经成熟。提高法学专业的入学门槛，可以尝试从其他专业的毕业生或者其他专业的高年级在读本科生中选拔攻读法学学位的学生，这一做法目前应当具有一定的可行性。法学专业学制设计为 3 ~ 4 年，毕业后授予法律硕士学位，以使毕业生能适应所从事的法律职业的特殊要求。这一做法决不是单纯地为了提高法律职业人员的从业起点，而是为了使法律从业人员的整体素质与其所从事的职业要求相适应，从而使我国的法律职业大军能够适应建立法治社会之需要。

## 三、司法考试制度与法学教育模式之间的冲突

统一的国家司法考试制度，为我国法学教育提供了良好的发展机遇，为法学教育提供了对教育的社会效果进行国家评价的机遇，它的积极意义是明显的。

首先，统一的国家司法考试制度明显提升了法学教育的地位和影响。统一司法考试制度的实施，使法律职业成为一个更令社会关注和重视的职业。司法考试极大地提高了进入法律职业的“门槛”，从而凸显了法学教育的重要性，法律职业所承担的重大责任，使法学教育在整个教育体系中的地位得以提高。

其次，统一司法考试制度解决了法学教育和法律职业间的脱节问题。长期以来，我国的法学教育尤其是本科教育，并非从事法律职业的必要条件，更非唯一条件，由此使法律职业与法学教育之间缺乏必然的制度联系，不能使二者有机关联。统一的国家司法考试制度确定了应试资格为法律本科以上学历者，其考试内容考虑到了法学教育的核心课程体系，体现了法律职业队伍建设与法学教育间的制度联系，为解决法学教育与法律职业长期的相互脱节的突出问题奠定了制度基础，在法学教育和法律职业准入条件之间架起了一座桥梁，从而能将国家法制建设真正需要的专业人才选拔到法律职业队伍中去。从而使法学教育与司法考试的内容、形式相关联，解决理论教学与司法实践相脱节的问题。

最后，司法考试对法学教育基础体系将产生冲击，对优化法学教育资源配置，提高法学教育的整体社会影响将产生积极的影响。在我国法学教育基础体系中，专科层次和本科层次曾是法学教育的重要组成部分，其中专科层次的法学教育在我国曾经占有相当的比例。而目前，这一格局已经因国家司法考试制度的实施大为改观，专科层次的法学教育已大为减少，其最终被淘汰出局的命运已不可避免。而这一结果的出现，司法考试制度的实施功不可没。

司法考试向来有“中国第一考”之称，每次只有少得可怜的10 %左右的考生经过一番艰苦的努力，幸运而又艰难地挤进法律职业之门，而绝大多数考生则被拒之门外，不得不接受失败与失

落的现实。法官、检察官、律师“三合一”模式的国家统一司法考试制度在法律职业体系的统一、法律职业人才的选拔等方面无疑发挥了非常积极的作用，但其考试的高难度和低通过率的现状，使其不可避免地成为法学教育的指挥棒。司法考试也存在诸多问题，如果不能正视这些问题，那么司法考试作为指挥棒，其自身存在的不足将不可避免地对法学教育产生极大的负面影响和冲击。

首先，司法考试改变了法学教育在高等教育体系中的地位。过去，因为法律专业毕业生进入司法系统或从事律师职业的机会比较多，而这些职位又拥有受人尊敬的政治地位、社会地位或令人羡慕的经济收入，对众多的毕业生来说进入任何一个行业都是不错的结果，从而使得法学专业颇受推崇，曾长期成为高校的热门专业之一，也使大部分高校的法学专业分数线常常居高不下，因而使法学教育在高等教育体系中长期处于一种优势地位，行情被长期看好。这在一定程度上可以淡化法学专业学生入学起点低的矛盾。但是随着国家统一司法考试制度的实施，大大提升了毕业生从事法律职业的难度，而司法考试极低的通过率，势必导致相当比例的法学专业毕业生（特别是本科毕业生）没有机会从事法律职业，其先期投入的学业成本难以得到相应的回报。这一结果是任何一个法律专业毕业生都不愿意面对的。与之相比，其他专业毕业生的就业机会则相对较大，就业的压力也相对较小。因此，司法考试作为从事法律职业的入门条件，确实会使一部分人望而生畏，也会在一定程度上动摇考生报考法律专业的信心，法律专业由此可能会由过去的“热门专业”转而变为“冷门专业”，从而对法学教育的发展产生不利影响。近年来，法学专业就业率连续多年持续低迷，法学专业报考由热趋冷或多或少说明了上述问题。其实，法学专业在绝大多数国家或地区的大学都属热门专

业，各国也都以不同的方式来选择最优秀的法律人才来从事法律事业。比如美国是靠法学院自身严格的淘汰机制来进行先期筛选，日本是通过严苛的司法考试制度来进行筛选。应当说两种模式之下能从事法律职业的人都属凤毛麟角，但是，这并没有改变法学专业的热门专业特点。只是在我国，由于独特的人事制度及用人意识，司法考试的这一高淘汰率所淘汰的法科毕业生如果没有相应的渠道可以吸收，则势必会缩小法学专业的人才选择范围。

其次，司法考试将会影响法学教育的内容。当前，我国法学教育最缺乏的就是专业特色。绝大多数高校的教学内容大同小异，只有极少数办学条件非常突出的高校还有一些特色课程或见长课程，由于目前的教育体制所限，多数学校在法学教育过程中不敢越雷池一步（比如课程的开设、教材的使用与编写，在各种名目的评估压力之下，为了降低评估风险不得不极尽可能地靠近或使用所谓“权威”，更令人担忧的是，目前连硕士研究生课程的开设都有了所谓的指导意见）。不可否认，司法考试目前已经成为法学教育的试金石，司法考试的通过率不高，恐怕很难说一个学校的法学教育是成功的（至少在学生及其家长看来是这样的）。学生掌握再丰富的法学知识或法律职业技能也无济于事。司法考试考查内容的重头戏就限于刑法、民法、刑事诉讼法、民事诉讼法、行政法与行政诉讼法等所谓核心课程，所占分值比例相对较高，而其他课程所占分值极少。这种情况下，许多高校不是想方设法形成自己的特色，而是找窍门以提高司法考试的通过率。这种情况下各学校减少，甚至放弃所谓特色课程转而围绕司法考试的考点来安排其教学内容，更有甚者把司法考试的辅导教材作为本科学生的教材。如此急功近利的教育理论和缺乏特色的教学内容，势必导致法学教育沦为平庸。日本历经多年力图革除

的弊端在我国可能要重演。

最后，司法考试将影响法学教育的教育方式。参加司法考试的人有一句不是玩笑的玩笑话：博士考不过硕士，硕士考不过本科，本科考不过外行。即每年的司法考试（包括原来的律师资格考试）都有相当一部分非法律专业的考生能顺利通过，甚至得高分。这在包括日本在内的其他国家是令人难以置信的。

司法考试的特点是考查内容细、范围广，考查重点为法学基础知识及考生的法律应用能力（其实就是考生的法条记忆能力），难以反映考生的理论功底。这就不难理解为什么不少系统接受过法学专业教育的本科生甚至研究生都很难通过的司法考试，而一些非法律专业的考生专啃几本辅导教材、法律汇编，通过一年甚至几个月的冲刺就能通过司法考试。这种结果对法学教育无疑是一个莫大的讽刺。在以往的法学教育中，有些学校擅长培养学生的法学研究能力，培养的学生学术素养高，理论功底扎实，这种教学模式对提升学生法学理论素养具有积极的作用。而现行的司法考试模式则会引导相当一部分高校把教学重点和精力集中于如何提高学生的司法考试通过率，而忽视甚至放弃理论素养的培养，这种背景下培养出来的学生多是机械型、记忆型人才，而非学术型、思想型人才。这一局面的出现，无疑是法学教育的悲哀。因此，必须重视司法考试制度与法学教育的衔接问题（注意不是法学教育与司法考试的衔接）。

当然，司法考试与法学教育的影响是相互的，改革是二者共同面临的问题，二者在互动的前提下如何尽快地协调一致是整个法学界必须关注的一个问题。

# 法学实验教学体系研究和实践

吴常青* 邱 鹏**

**摘要**

随着国家级法学教学中心的建设，各大高校法学院也加紧了法学实验教学的探索与运用。由于对实验教学的内涵存在认识上的模糊，导致高校在开展法学实验教学的过程中存在着大量的问题。法学实验教学是培养应用型法律人才的有效途径之一，有必要在厘清法学实验教学概念的基础上，探索合理的法学实验教学的教学方案。

**关键词：**高校 法学教学 实验教学

随着法学类实验教学中心在全国范围内逐步建立，法学实验教学在国内法学教育界已不属新生事物。但从目前的情况来看，高校法学实验教学仍未成熟，存在法学实验教学系统化、常规化不足，法学实验教学中心建设困难重重，法学实验教学的普及程度较低等问题。同时，法学教育界对法学实验教学的基础研究仍

* 天津商业大学法学院副教授，法学博士，主要从事刑事司法研究。

** 天津商业大学法学院2014级宪法与行政法硕士研究生。

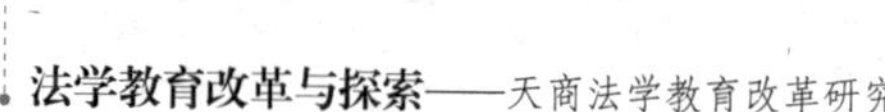



显不足，对法学实验教学的内涵缺乏基本的共识，以至于学界对法学实验教学仍存在诸多误解。本文的研究旨在厘清法学实验教学的基本内涵，阐释法学实验教学的基本理念，研究法学实验教学课程体系，实现法学实验教学的体系化、规范化和标准化建设，推动符合社会需求的法律人才培养目标的实现。

## 一、法学实验教学视角下“实验”的内涵和外延

### （一）法学实验教学视角下“实验”的内涵

“实验”是一个内涵丰富的广义概念：它可以指实际的效验；也可指实际的经验；还可指为了检验某种科学理论或假设而进行某种操作或从事某种活动；同时也可指代实验的工作。法学实验教学论域下的“实验”，其内涵在法学一词的限定下区别于一般实验，但仍然是一个广义的范畴。结合我国“卓越法律人才培养计划”关于培养应用型、复合型法律职业人才的重点目标，笔者认为法学实验教学中的实验是指学生在老师的引导下模拟或实际参与立法、司法、执法等法律职业活动，通过适用法律解决问题并追踪观察法律适用后的社会效果，描述法律现象，探索法律实际运行规律，检验法律的目的是否实现，法律制定的是否科学等过程。

### （二）法学实验教学视角下“实验”的外延

法学实验教学视角下“实验”的外延是指“实验”的具体存在形式。就目前我国法学教学现状来看，法学实验的外延主要有“刑侦实验”、“实训”、“实习”、“实践”。法学实验教学之“刑侦实验”是指，学生在实验教师的指导下，模拟侦查人员运用现代科技设备和方法采集或者排除案件证据的过程。这一类实验和理工科从事的科学实验并无本质区别，因其最终的实验结果服务于刑事司法而被纳入法学实验的范畴。法学实验教学之“实训”，

是实验导师以实务中真实案例为素材，利用法学实验室的教学条件模拟对应的法律职场环境，指导学生通过以特定的角色参与体验并实际操作，以实战演练的方式发现、验证、描述实务领域的法律一般性知识，探索法律实务运作规律，解决实际的法律问题，提高法律实际应用能力，形成直接法律执业经验，并总结得出相关法律知识的过程。〔1〕法学实验教学之“实习”，是指学院或者学生自己联系法律实务部门作为实习单位，由教师领队或者学生自主地参与到实习单位的工作当中。〔2〕

## 二、我国法学实验教学实证研究

笔者通过互联网大量浏览国内各大高校法学实验教学的运作现状，以期对我校开展法学实验教学有所借鉴。就各大高校网站反映的情况来看，目前国内法学实验教学的运行状况参差不齐且普遍欠佳。但其中也不乏值得借鉴和学习的先进法学实验教学模式和经验。笔者着重对武汉大学、山东政法学院以及吉林警察学院进行深入考察，它们已形成独立完备的教学模式和课程体系以及高效平稳的运作机制，对我校开展法学实验教学或有裨益。

### （一）武汉大学法学实验教学现状

武汉大学设有专门的法学实验教学中心从事法学实验教学。武汉大学法学实验教学中心有着悠久的历史和丰富的经验，最早可以追溯到1980年恢复法学专业时期成立的刑侦与法医学实验室。武汉大学法学实验教学中心下设法庭科学实验室、法律诊

---

〔1〕王均平：“法学实验教学相关概念的界定及其应用”，载《高等教育研究》2012年第9期。

〔2〕付翠英、初殿清：“法学专业实习的‘北航模式’——锥形立体结构支撑”，载《北京航空航天大学学报（社会科学版）》2014年第6期。

所、模拟法庭、模拟仲裁庭、CAI应用仿真实验室、案例诊断实验区、在线法律资源探索实验室、武汉大学社会弱者权利保护中心八个实验教学机构，服务于不同的法学课程实验。武汉大学法学实验教学在课程的设置上层次分明，共分成三个层次：专业基础型实验教学层次、综合应用型实验教学层次和创新拓展型实验教学层次。每个层次下面又安排了对应的实验课程，其中专业基础型实验教学项下共设民法课程实验、刑法实验课程、法庭科学实验课程等11门课程，共计270个学时；综合应用型实验教学层次下共开设刑事诉讼法课程实验、行政诉讼法课程实验、涉外法律实训实验课程等8门课程，共计180个学时；创新拓展型实验教学层次下共开设国际法模拟实验、法律诊所实验课程、参与式与行动式法学研究实训实验课程等7门课程，共计216个学时和18个周。除此之外，每一门实验课程都制定了单独的实验教学大纲，对实验目的、实验内容和方法进行了详细的说明。在教学模式方面，武汉大学与山东政法学院采用了类似的校内外共同培养的模式。武汉大学一方面对内打造一支一流的“双师型”实验教学队伍，另一方面对外积极聘请实务部门专家及海外学者和专家参与实验教学。〔1〕

（二）山东政法学院法学实验教学现状

山东政法学院也拥有自己专门的法学实验（实训）中心，该中心是山东省省级实验教学中心，其从事的法学教学实验分为司法鉴定实验、模拟仿真实训、诉讼流程实训、法务实践四大板块。其中司法鉴定实验涵盖法务会计实验、文件检验实验、痕迹检验实验、物证提取实验、DNA检测实验、视听伤残鉴定实验、网络安全实验；模拟仿真实训包括模拟法庭、模拟仲裁、模拟律

〔1〕以上信息和数据全部来源于武汉大学法学实验教学中心网站：http://lawlab.whu.edu.cn/，最后访问日期：2015年7月10日。

师事务所；诉讼流程实训囊括民事诉讼实训、刑事诉讼实训、行政诉讼实训；在法务实践实训中又包含了法律信息检索实训、法律诊所、法律援助中心三种模式。在实验教学课程的安排上，山东政法学院总共设置了19门实验课程和125个实验项目，这125个实验项目分别适用于19门课程的实验教学，而这19门课程也可以归类到上述四大教学板块当中。在学分的安排上，本科期间专业必修课要求修满74学分，实践必修课要求修满29学分，即专业课必修课和实践必修课的比例约为5∶2。在实验教学模式方面，山东政法学院充分整合和利用社会资源，形成了“中心+基地”协同育人教学模式，即以本校法学教学实验（实训）中心为纽带，与全省各级人民法院、检察院、公安、监狱、律所等法律实务部门建立法学实习基地，双方共同培养法律人才，实现校内实验和校外实习的有机统一。除此之外，山东政法学院还积极搭建校内教师与校外专家相融通的师资队伍平台，在师资队伍建设工作中采取了内培外引相结合的双项措施，即对内培养教师的法学实验教学能力，鼓励教师多参加兼职律师、兼职仲裁员等司法实践活动；对外聘任法律实务部门专家来校担任兼职教师，直接从事法学实验教学工作。〔1〕

### （三）吉林警察学院法学实验教学现状

吉林警察学院虽然没有专门的实验教学中心，但是该校十分重视理论联系实际，加大校内实习实训设施建设和校外实习基地的设立。吉林警察学院在校内拥有模拟派出所、模拟刑警队、模拟审讯室、模拟法庭等14处实训场馆、5个基础实验室、31个专业实验室、2个省级实验教学示范中心。同时，吉林警察学院积极开展校外实训教学活动，按照学院制定的《校外教学实践基地

〔1〕以上信息和数据全部来源于山东政法学院法学教学实验（实训）中心网站，http://sjjxzx.sdupsl.edu.cn/，最后访问日期：2015年7月10日。

管理办法》的要求，院校所有专业全部建立校外实训基地，学校和实习单位通过签订协议书，共同制定运行与保障机制，明确双方的责任与义务。截至目前，吉林警察学院共成立了104个校外实习基地，不同的实习基地承载着不同的实习教学任务。吉林省境内各地、市、州公安局及所辖各县（市）、区分局、科、所、队全部设立了吉林警察学院实习实训基地，各级公安局占了实习基地的绝大多数，并承载着案件侦查、治安防范与管理、交通秩序管理、事故勘察处理等实习教学任务，其余少数几家律师事务所、私企、人民法院则负责提供综合实训教学。为了避免因学生脱离学校的监管而使校外实习流于形式，吉林警察学院各系、部领导和实习教师与实习基地的领导和实习指导老师长期保持联系，经常交流，互通信息，了解学生实习情况。同时，吉林警察学院也经常安排教师下派、挂职锻炼以及邀请实习基地领导和业务指导教师开办讲座等。[1]

武汉大学、山东政法学院以及吉林警察学院三所不同类型的高校所开展的法学实验教学大致相同又各具特色。三所高校都不谋而合地采取了校内实验和校外实务训练相结合的共同培养模式，一方面把学生送出去亲身经历法律活动，另一方面把校外实务专家请进来言传身教法学实务。在课程内容的安排上，三所高校根据自身实际情况各有侧重。因三所高校各自定位和人才培养目标的不同，导致实验课程的安排也有所不同。武汉大学以国际化大学为发展定位，以建设世界一流高校为目标，在人才培养上以培养基础功底扎实、高素质的创新型复合人才为目标。武汉大学凭借其广泛的国际声誉，与45个国家和地区的415所高校、科

〔1〕以上信息和数据全部来源于吉林警察学院官方网站，http://www.jljcxy.com/sjjx/index.jhtml.

研机构建立了合作关系。[1]在法学研究方面，其国际法学的研究水平在国内首屈一指。武汉大学的这些优势在其法学实验课程的设置上略见一斑：在武汉大学法学实验课程的三个层次中，首先注重夯实基础，在稳固的基础上加以应用，在应用的基础上拓展创新。在分层教学的基础上重视国际法律事务实训，其在第二个实验教学层次中安排的涉外法律实训实验课程的课时数是其他课程的三倍。而在山东政法学院和吉林警察学院的实验项目中鲜有涉外法律事务实验。但是，山东政法学院结合其区域性专业政法类院校的优势，在山东省法院系统、检察院系统、律师事务所、监狱系统、政府机关等单位建立了近二百个校外实践基地。其在人才培养的定位上以应用型人才为主，除开设一些基础类实验课程外，山东政法学院还增设了诸如“国家公务员面试实战练习”、“山东省事业编面试实战练习”之类的职业培训类实验项目。吉林警察学院作为吉林省唯一一所公安本科院校，有着较强的专业性和区域性。其在人才培养理念上以培养应用型公安人才为主，大部分毕业生走上了一线公安干警的岗位。因此，其在实验课程的设置中有大量直接针对公安实务需求的课程，如“模拟审讯”、“模拟战术训练”、“影像靶室”等。

## 三、对我校开展法学实验教学的反思

### （一）我校法学实验教学存在的问题

在全国高校中，我校也较早开展了法学实验教学，主要体现为律师实务、课内实践环节、法律诊所和物证技术，但是目前我校的法学实验教学仍然存在诸多问题亟待完善。

1. 课程体系缺乏系统化和特色。如何在众多的法学专业课程

---

〔1〕武汉大学官网：http://www.whu.edu.cn/xygk/xxjj.htm，最后访问日期：2015年7月10日。

中设置实验教学课程并使这些实验课程形成独立于理论教学的系统，是构建法学实验课程体系面临的一个问题。[1]目前，我校的法学实验课程主要被视作辅助理论教学的一种教学手段，缺乏独立系统的实验教学体系。从课时量看，我校的实验课时量远远低于理论课程；在设置方式上，实验课程还主要附属于具体的部门法课程。实验课程寄生在理论课程中，没有独立的教学内容、课程体系以及考核标准，实验教学发展缺乏基础保障，持续发展空间受限，无法确立自身独立的教学地位。不仅如此，实验课程体系需要与一个学校的特色定位紧密相连，服务于人才培养。四川警察学院警务实验中心刘玉增教授在第二届国家级法学实验教学示范中心年会发言中强调实验中心的建设需讲究特色。[2]根据我校的办学思想，我校的人才培养目标为：主动适应社会需求，培养商学素养与专业能力结合、知识学习与实践能力并重、诚信做人与创新能力兼备的复合型创业型应用人才。但是我校的法学实验课程的设置并不能充分地体现我校的办学思想，商学特色也没能得到体现。

2. 师资力量与实验设备欠缺。实验教学师资是目前法学实验教学所面临的严峻问题。实验教学相对理论教学而言，对教师的要求更为严格。[3]指导实验教学的教师不仅要有扎实的理论功底，还要有丰富的实践经验，有时还可能涉及交叉学科背景。传统上，我校都是专业课老师直接充当本门课程的实验课老师，由于课堂教学任务繁重，往往会压缩实践课环节；而且缺乏相应的

---

〔1〕 杨建广：“困境与选择改革与创新_ 第二届国家级法学实验教学示范中心年会评点”，载谢进杰主编：《中山大学法律评论》（第10卷·第1辑），法律出版社2012年版。

〔2〕 杨建广：“困境与选择改革与创新_ 第二届国家级法学实验教学示范中心年会评点”，载谢进杰主编：《中山大学法律评论》（第10卷·第1辑），法律出版社2012年版。

〔3〕 王晨光、陈建民：“实践性法律教学与法学教育改革”，载《法学》2001年第7期。

实践、技术背景，导致相关实验难以进行。即使是引进专门的实验课教师，也因文科实验没有理工科实验重要，教师在编制上受到严格限制，这严重阻碍了法学实验教学的发展。因此，打造一支理论与实践并举的“双师型”教师队伍并对外引进实务专家参与教学是开展法学实验教学的“软件”前提。师资问题是开展法学实验教学的软件前提，资金设备问题则是法学实验教学得以运行的硬件物质基础。法学实验教学需要成立相应的法学实验室，并配备相应的实验仪器和设备，在教学实验过程中还会消耗一定的耗材。而这一切都需要大量物质基础和资金保障。然而，由于法学在学科归类上属于文科专业，囿于人们对文科的传统理解，法学专业并不需要实验设备，因此法学专业的设备经费很难被学校重视和获得保障。

### （二）完善我校法学实验教学的构想

1. 规范法学实验教学课程体系，突出商学特色。我校法学实验课程体系的设置应当以我校办学思想为指导，服务于我校的人才培养目标并在结合法学专业的基础上突出商学素养特色。首先，应当调整实验课程和理论课程的课时比例，适当增加实验教学课程课时总量，建立一套独立于理论教学的实验教学课程体系。课程安排是开展实验课教学的直接依据，实验课程体系独立是实验教学独立的前提。实验教学必须独立于理论教学才能获得更广阔的发展空间。如何在彼此独立的各部门法课程中探索出一套内在关联、体系完备的实验课程体系，是我校法学实验教学面临的首要问题。其次，作为财经类商业大学，我校法学实验课程应当在专业实验的基础上加强商事法实验教学。随着我国市场经济的发展，商事活动越加频繁。市场经济必然要求法治经济，商事律师、法官、仲裁员在市场经济的发展中扮演着重要的角色。作为商业大学的法科生应当具备良好的商事法律素养，能够熟练

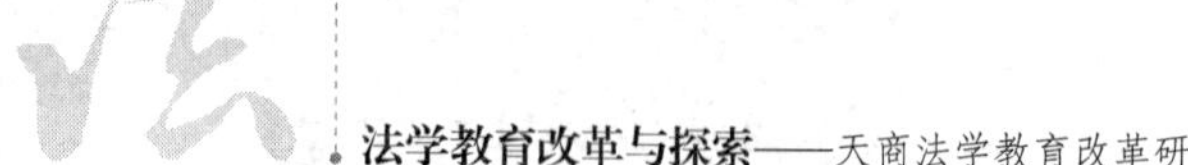


地处理商事法律纠纷。我校在设置实验教学课程体系的过程中应当更多地设置诸如“商事仲裁”、“商业谈判”等商事法学实验课程。

2. 转变观念，增加法学实验教学人才和设备的投入。受传统教学观念的影响，我国的法学教育仍以老师课堂讲授为主。再加上大陆法系十分重视原理和理论体系，因此我国的法学教育被视为纯粹的知识传授，很难和实验教学挂上钩。传统的法学教育将法学原理同法律实务相分离，忽略了学生法学应用能力的训练，将理工科的实验室教学引入法学教育可以提升法科学生的法学应用能力。法学属于社会学科，实验教学对仪器和设备的要求虽不如理工科高，但对设备和场所的要求依然高于普通教学的教室。〔1〕在改变传统的法学实验教学观念的前提下，努力打造一批实力过硬的“双师型”教师队伍。我校应当坚持内培和外引相结合的原则，对内加强已有教师实验能力的培训，对外引进法律实务部门专家参与实验教学。同时，鼓励教师多接触社会法律实务，将实验教学作为一项单独的考核项目进行考核，对实验教学成果突出的教师予以奖励。另外，需要通过建立独立的课题体系、提升学生实践能力、申报市级实验中心或基地的形式扩大法学实验教学的影响，提高学校职能部门对法学实验教学的认识，从而使学校增加对法学实验教学的资金投入。

## 参考文献

1. 王均平：“法学实验教学相关概念的界定及其应用”，载《高等教育研究》2012年第9期。
2. 付翠英、初殿清：“法学专业实习的‘北航模式’——锥形立体结构

---

〔1〕郭洁、王英明：“理工科实验室对法学实验教学的借鉴作用”，载《辽宁大学学报（哲学社会科学版）》2008年第2期。

支撑”，载《北京航空航天大学学报（社会科学版）》2014 年第 6 期。
3. 杨建广：“困境与选择改革与创新_ 第二届国家级法学实验教学示范中心年会评点”，载谢进杰主编：《中山大学法律评论》（第 10 卷 · 第 1 辑），法律出版社 2012 年版。
4. 王晨光、陈建民：“实践性法律教学与法学教育改革”，载《法学》2001 年第 7 期。
5. 郭沾、王英明：“理工科实验室对法学实验教学的借鉴作用”，载《辽宁大学学报（哲学社会科学版）》2008 年第 2 期。

# 小组教学在服务型法律人才培养中的应用*

邹晓玫**

**摘要**

服务型法律人才的培养目标要求法学教育者更新教育理念并革新教育教学方法。小组教学作为一种符合建构主义教育理念的新型教学方法，对于法学学生的法律价值观念、法律规范体系和法律实践技艺的培养和塑造具有不可替代的功能。但是现有的法学小组教学的应用却存在诸多误区，影响了其积极作用的发挥，通过与案例教学和实践教学方式的有效结合，以及完善教学评价体系等方式，能够更好地挖掘小组教学在服务型法律人才培养中的积极意义。

**关键词：** 小组教学　法学教育　案例教学　实践教学

经过30年的发展，中国的法学教育在办学规模上实现了100多倍的增长，[1]法学学科逐步走向了独立和专业分化、细化，但

---

* 本文系“天津商业大学法理学课程教学团队”的成果之一。

** 天津商业大学法学院副教授，法学博士，主要从事法律社会学研究。

〔1〕 郝川：“法学教育目标与教学方法转变的探索与研究——基于阶段性、分层化法学教育模式的思考”，载《大家》2011年第10期。

也面临着人才培养理念不清、教学方法陈旧、培养人才社会适应性差等结构性问题。为应对种种全新的社会挑战，教育部颁布的《国家中长期教育改革和发展规划纲要》提出，高等教育承担着培养高级专门人才、发展科学技术文化、促进现代化建设的重大任务，法学教育的专门化、精英化、实践化。〔1〕《教育部2014年工作要点》进一步明确了高校哲学社会科学应当提升自身的社会服务能力。法学作为一门具有强烈实践性特点的应用学科，只有通过为社会提供多元化的法律服务才能找到新的发展契机。这就要求法学教育必须适应社会对法学人才的需求，以培养多元化的服务型法律人才为根本目标。而实现这一目标的重要途径在于转变教育教学方式，以案例教学为内容导向的小组教学方式是值得重视和深入探索的一种有效的教学方法。

## 一、法学人才培养目标的转换

主要承袭自大陆法系的法律传统，决定了我国当代的法学教育从一开始就定位于为国家机构输送官员，从最初的为党和国家机关输送干部，〔2〕逐步过渡到为国家培养以法官为核心的官僚群体，律师、法律顾问等其他法律职业人的培养只是这一核心目标的附属性功能。

随着社会的发展，社会分工日益精细化，法律经由“法律社会化”过程，几乎深入到了社会生活的所有领域。法律的调整无处不在，社会各领域、各行业均需要拥有深厚法律素养并精通法律实践技术的“法律人”来解决不同层次的法律问题。这一趋势对大陆法系传统的法学教育方式产生了严峻的挑战，主要表现在：首先，法律职业活动超出传统法律职业领域，呈现社会化态

〔1〕 何志鹏：“我国法学实践教育之反思”，载《当代法学》2010年第4期。
〔2〕 苏力：“法学本科教育的研究和思考”，载《比较法研究》1996年第2期。

势。法律的社会化导致各社会领域和阶层均需要大量法律服务群体，传统的以法官、律师、检察官为核心的经典小规模法律职业群体培养模式，不能够满足社会需求，要求扩大法律职业共同体的内涵和群体规模。其次，法律职业需求多元化，对法学教育的实践技能培养提出更高要求。传统的法律人培养是以诉讼为业务核心的，但当代社会对法律人的需求增量更多的在于以非诉讼方式提供法律服务。这就要求法学教育必须从培养“争议的裁决者”转换到“法律服务者”和“纠纷的化解者”。最后，法律活动和法律关系的国际化，对法学教育提出国际一体化要求。市场的全球化促使经济关系跨越了国界。经济关系的全球化必然要求法律规范和法律服务的国际化。大陆法系各国的法学教育必须改变传统的为本国培养法官和律师的模式，向法律人才培养的国际化适应方向发展。为此，欧洲各国于 1999 年在中世纪法律大学的发祥地——波伦亚举行法学教育改革集会，讨论欧洲范围内法学教育的一体化可能性。〔1〕

社会和法律市场需求的深刻变化，要求法学教育必须对法学人才培养目标进行调整和重新定位，从关注于以法官为核心的司法官员之培养，转换到为社会提供多元化的服务型法律人才上来，这就要求法学教育实现从师资到教育教学方法的全面转变：首先，从法学教师群体的主体构成上，必须吸纳更多的不同学术背景和实践经历的个体，实现法学教师群体知识结构和社会经历的多元化，从而满足多元化法律人培养的要求。其次，调整以往以学术为重心的“法学家”式人才培养方式，增加法学教育的职业化和实践性色彩。这就必然要求在课程设计上要更大量地增加实践性课程，并在教学过程中充分培养学生的法律调查能力、社

〔1〕 袁治杰：“德国私立法学教育观察”，载《比较法研究》2010 年第 2 期。

会沟通能力和面对不同社会群体的服务意识和服务能力。最后，以知识体系国际化为起点，逐步过渡到法律实践或教育教学过程的国际化，最终实现法学教育和学生培养规格的国际化。在不同层次上有效地回应服务型法律人才需求的国际化趋势。

上述人才培养目标的转换，最终必须通过法学课堂教学方式的转变和革新来实现。传统的以教师为主导的单向度讲授和知识灌输难以实现多元化的服务型法律人才培养的目标。目前在教学内容和方法上，英美法系法学院中常用的案例教学法得到了国内同行较为广泛的关注，但与案例教学相辅相成的小组教学形式却没有得到足够的重视，而实际上，小组教学才是培养和训练法学学生综合服务能力、提升法律素养的关键性因素。

## 二、小组教学的特点及优势

### （一）小组教学的特点

1. 小组教学。小组教学（small group teaching，SGT）是指将教育对象按照特定方式分割成一定规模的“小组”，以小组成员间的合作学习为基础的教学形式。[1]小组教学法的雏形可以上溯至古希腊的苏格拉底时代，因其在激发学生自主学习热情和沟通合作能力培养方面的突出特点，在国外的现代高等教育领域被广泛使用。国内对小组教学法的采用始于外语口语教学领域，[2]后在医学教育、传媒学教学等领域被广泛使用。法学教育界也已经开始尝试采用小组教学方法来改变传统的以教师为中心，注重对法律概念、法律原则、法律规则进行灌输的教学方式。从小组教学的具体实施方式来看，既有在充分资料准备前提下完全交由学

---

〔1〕 张瑞等：“略谈小组教学在现代医学教育中的应用”，载《西北医学教育》2011年第1期。

〔2〕 张永胜、张永玲：“交际策略与小组讨论”，载《外语界》2003年第2期。

生进行自主讨论的开放式小组教学，也有在教师参与和引导下进行的参与式小组教学；既有以特定问题或案例为讨论线索的主题性小组教学，也有不同观点进行比较、争论的辩论性小组教学。

2. 小组教学的方法论特征。从方法论角度来看，小组教学方法充分反映了建构主义教学理念，充分重视受教育主体在教育过程中的主观能动性和需求多样性，强调以受教育者的能力发展和自我提升为核心来进行教学并主导教学实施的过程。

建构主义（constructivism）是20世纪80年代在西方社会流行的一种哲学思潮，[1]该思潮产生以来便以其对客观世界的独特认识方式对社会学、教育学等学科领域产生了深刻而广泛的影响。现代教学理论也经历了从行为主义理论、认知主义理论、情境认知理论再到建构主义理论一系列的发展阶段。[2]建构主义教育学主张，教育本质上是受教育者在教师的引导和帮助下，对知识世界的自主性建构过程。因此教师不能简单地将自己定位于“知识的传授者”，而应当创设路径和环境，激发学生自主探寻的积极性和主动性，帮助学生实现对知识的自主性挖掘和再建构。

小组教学方式充分体现了这样一种“知识助产士”的定位，将法学教师置于与受教育者平等的地位上，不要求学生无条件地接受教师的知识和观点，而是在特定问题或案例的指引下，由学生自主地去寻找相应的法律规范，调查获取支持特定主张需要的法律事实，并通过自主的思维逻辑进行加工，得出符合法律价值追求的结论，并通过自己的语言表达上述内容，与小组成员分享或说服他人接受自己的主张。在这一系列的自主性学习过程中，

---

〔1〕 王彬：《论执业法学教师素质的养成——以建构主义理论为视角》，首都师范大学2007年硕士学位论文。

〔2〕 王彬：《论执业法学教师素质的养成——以建构主义理论为视角》，首都师范大学2007年硕士学位论文。

法学学生既能获得传统教学所传授的规范性知识，还能够对自身的职业价值观念、法律技术、逻辑推理能力和沟通表达能力等进行综合的训练和提升。

（二）小组教学法在服务型法律人才培养中的优势

法学作为一门独立的社会科学，具有非常独特的知识对象，我们可以从形而上的抽象理论、思辨的法律原则或对不可言说知识的实践各个层次对待法学知识的传授。[1]法律是社会秩序和社会结构的固化和显性表达，是人类理性和利益集中博弈的场域，因此必须有广博的知识、丰富的社会经验和科学的理论工具，才有可能深入领悟法律的精神要义，才能传承并丰富共同体的知识信息，为共同体提供共享的价值体系和精神信念；同时法学本身是一个具有独特价值追求、独特理性原则、独特思维范式和独特操作技术的职业领域。因此，法学的教学过程必须是一个法律规范知识、法律实践技能和法律价值追求的三重传授过程，而小组教学方法较之传统教学方式能够更好地实现上述三重传授，从而较为全面地培养学生为不同社会群体提供法律服务的能力。

1. 小组教学有助于学生法律价值观念的形成和塑造。现代法律本身是一个自主的知识体系，有其自身相对独立的价值追求。法律人追求的正义和哲学家、社会科学家追求的正义不同，前者是一种以规则（确切地说是法律规范）为核心的正义。在法学知识传承的过程中，以法律规范的价值立场作为“一种正义”的立场来予以解释和维护。这种以法律规则为核心的价值理性表现为：法律主治、良法善治、保护权利等法治基本理念在法律职业共同体中形成共识性认识，并成为所有法律实践的指导性价值。然而这种有别于一般社会主体的价值观念不可能自发地生成，必

---

〔1〕 翁开心：“论法学院的知识对象与知识目标——对制度变革和社会转型的回应”，载《中国社会科学院研究生院学报》2005年第1期。

须通过专业化的法律训练方能习得。

小组教学的过程中，法学学生带着预先设定的法律问题寻求解决方案，必须经历价值选择和取舍的过程。从客观层面来讲，任何一个案件或法律问题都存在多个解决方案，但符合法律规范所蕴含的价值追求的解决方案却是相对确定甚至是唯一的。小组教学过程是学生自主进行法律价值探寻的过程，同时是一个通过与他人的交流讨论，深入理解甚至是重构法律人价值立场的过程。参与小组教学的法学学生在教学过程中至少要经历以下几个层面的价值思考：①解决本案（或本问题）的法律规范有哪些，这些规范体现出国家法律对待该问题的何种价值立场；②上述规范立场与法治的基本价值原则以及上位法律的价值原则之间是否存在矛盾；③通过与其他小组成员的谈论发现对法律规范价值的其他理解，在探讨中深化或修正对法律价值的认识。

2. 小组教学能促进学生进行系统性知识发掘。与传统的法学教学模式不同，在小组教学的过程中，教师只是给出需要解决的问题或案例，指点寻找资料的方法和路径，并不直接传授任何已有的知识和认识。学生想要最终有效地解决问题，必须根据教师的设计和指点全面搜寻和阅读已有的文献和资料，并将这些已有知识按照一定的逻辑进行提炼、关联，进行系统化加工，才有可能构成解决问题的依据。在绝大多数情况下，教师设计的问题需要占有的资料规模都远远超过单个学生在特定时间内能够有效占有和消化的信息量，因此，小组成员之间需要在初步了解问题结构和资料规模的基础上进行分工合作，然后再将分别获得的知识和信息重新整合起来，建立系统化的知识体系来解决共同面对的问题，这既是协作能力的培养过程，更是一个在个体知识探索基础上的团体知识发掘的过程。以这种方式获得的知识对个体而言具有传统讲授方法不可替代的优点：①印象深刻。经过自主探

索、付出了努力和思考获得的知识相对于外界强行灌输的知识而言，印象更加深刻，因其经过了大脑的加工处理和逻辑筛选，是以理解的方式内化的，印象保持的时间要远远长过死记硬背获得的刻板性知识。②系统性。因为整个知识占有和解决问题的过程是具有内在联系的系统性过程，因而获得的知识的初始印象就是以体系化的方式存在的，有利于在未来的运用中实现相互之间的融会贯通。

3. 小组教学过程本身也是法律技术和职业技能训练过程。根据美国律师协会 1992 年发布的法律职业教育的“麦克格雷报告”，职业律师应当具有十大基本技能。笔者认为，这十大技能较好地概括了法学教育在职业技能培养方面的主要“着力点”，整体上构建起了法学职业技能的“立体化”结构框架。这些技能包括：①解决问题；②法律分析和论证；③法律检索；④事实调查；⑤口头和书面沟通；⑥咨询和建议；⑦谈判；⑧诉讼程序和替代性纠纷解决；⑨组织和管理法律事务；⑩认识和解决困境。[1]上述职业技能的培养和训练，都必须依托长期、规范、有效的实践教学方能得以训练和强化。在小组教学的过程中，除上述第 4 与 8 两项因缺乏实践环境而无法得到充分训练之外，其他的八项能力都可以不同程度地得到锻炼。

## 三、小组教学在法学教学中的应用误区

小组教学法因其上述优势受到了国内一些法学教师的关注，并在实际的教学过程中有所尝试，但从已有的教学研究文献和笔者在多所法学院系调查了解的情况来看，目前小组教学方式在法学教学中的应用还存在一些误区，从而影响了其应有作用的

---

〔1〕 陈实：“困境与出路：论法律职业技能教育的实现”，载刘仁山主编：《法学教育反思录》，北京大学出版社 2011 年版，第 36 页。

发挥。

（一）将小组教学混同于一般的课堂讨论

课堂讨论是传统法学教学过程中较为常用的一种辅助形式，通常表现为将讲授过程中涉及的特定问题，交由学生在课堂上发表不同的看法，再由教师对学生的观点进行总结或评价，得出特定结论。课堂讨论有时也可能采用分组的形式进行，因此可能导致在小组教学应用过程中，将小组教学理解为分组的课堂讨论或规模比较大、时间比较长的讨论课程。这是对小组教学方式的严重误解，小组教学本身是一套体系化的教学方式，与简单的对一个问题的各抒己见之间存在重大区别，课堂讨论通常意在让学生对某一存在争议的问题发表不同看法，进而通过教师的分析得出一个相对确定的结论，其本质上仍然是为课堂讲授服务的。而小组教学是一个完整的交由学生自主学习的过程，但这个过程本身是由教师精心设计的：教师设定问题，指导学生进行小组分工和资料的搜集；每一个学生独立完成自己承担的任务，并与小组成员讨论、分析、共享，形成小组的研究成果；由每个学生（或小组代表）在课堂上展示自己的探索成果，并接受老师和其他学生的提问和质疑；与小组成员一起完善并修正自己的成果或观点。小组教学的目标在于通过协作性自主学习，全面提高学生的法律能力和素养。可以看出，小组教学与传统的课堂讨论完全不同，它是与课堂讲授对应存在的一种独立的教学方式。将小组教学简化为课堂讨论，将使其完全失去自身在法学能力培养方面的综合优势。

（二）小组教学形式化倾向

另外的一些小组教学实践，虽然没有曲解这种教学方法本身的含义，但却出于某种原因导致教师的精力投入不够，使其仅仅保留形式的外壳，难以发挥应有的作用。由于小组教学看上去是

将整个课堂的主动权交给了学生，而教师担任了观察者和监督者的角色，这可能导致部分教师认为，这是节省精力和自身时间的一种方式。因而在缺乏有效设计和驾驭的情况下，将时间交由学生进行漫无目的的讨论和争论，最终导致学生觉得热闹的吵嚷了一场，真正的收获却寥寥。事实上，小组教学中的教师只是看上去在讨论现场退居从属地位，而要形成真正有效的小组教学，则要求教师在问题选择、资料指引、小组分配、成绩考核、讨论的提问和分析等等环节都进行精心的设计。这些大量看不见的幕后工作，才是小组教学取得应有效果的根本保障，而要做到这些，法学教师需要付出的精力和努力很可能要比传统的讲授方式更多。因此，以应付的态度来进行小组教学，只能使其流于形式，教学效果很可能尚不及传统的讲授方式。

（三）小组教学评价方式粗糙导致认同度受损

小组教学的独特性决定其成绩考察和评价模式也必然有别于传统讲授型教学。小组教学通常重视对参与学生两个方面的考察和评价：其一，特定学生在个人和小组的自主性学习过程中付出了多少努力，作出了哪些贡献；其二，特定学生对预设的问题（或案例）给出的解决方案达到了何种水平。上述过程和结果之间，又对过程性的考核更为重视。因此，成功的小组教学必然包含对学生工作的有效评价。然而在笔者了解到的一些小组教学实践中，普遍存在评价方式设计过于粗糙的问题，通常只是教师根据自己的观察给不同小组一个统一的分数。即便我们认为这个评价本身是准确的，但是小组成员中作出了不同努力和贡献的学生成绩完全相同，对小组工作参与度低的成员也坐享完全相同的评价，使得付出更多的成员积极性受挫，从而降低了对小组教学方式的认同程度。

## 四、小组教学应用方式的改进性尝试

### （一）案例教学为内容导向的小组教学法

案例教学是指课堂教学以一系列案例逐渐深入的分析为核心，在此基础上总结出规范的内容，以及规范何以如此的学理根据。“案例－规范－学理”的过程是层层递进的，符合法律规范产生的实际逻辑过程，能够让学生在解决案例的同时，对规范的内容有更深刻的印象，并在潜移默化中形成对规范背后价值理念的心理认同。如果能够将案例教学的内容与小组教学的形式相结合，则能够优势互补，充分发挥两者的优势。

笔者认为应当实施以经典案例为主题的小组教学，具体的做法是：以具有内在关联性的一系列案例为小组讨论的主题；在分别要求不同小组在课前进行充分的资料占有的基础上，以由简单到复杂的顺序展开对系列案例的讨论和分析；由每一个小组派出代表，在集中本小组研讨观点的基础上向其他小组汇报和分享主要观点，其他小组以及教师可以就相关内容向该小组提问，亦可以互相辩论；在提问和辩论的基础上，进行再一轮的小组内部讨论，可以对本组观点进行修正或对质疑进行批驳；教师就不同小组对案例的分析进行点评，综合评述解决方案，并指出各小组进一步完善小组报告的关键着眼点。

### （二）小组教学与模拟法庭等实践训练相结合

如前文所述，小组教学能够提供相当多的法学技术和技能的训练，但唯独对法律实践领域的一些应急性问题的处理无能为力。因此，法学教育过程中的小组教学应当与相对科学有效的实践教学模式相结合，才能最大程度上实现培养多元化服务型法律人才的目标。当前法学教育中，较为行之有效的实践教学方式包括模拟法庭、法律诊所等。

“法律诊所教育”（Clinical Legal Education）发端于美国，现在已被国内许多高校的法学院采用。它是指“借用医科教育中学生在诊所中进行必要实习的教育模式，通过让学生承办真实案件，面对真实的客户和真实的对方当事人，以及教师在学生办案过程中的具体指导，使学生掌握办理法律案件的技巧和技能，使学生了解什么是法律的责任心和敬业精神，学会怎样培养法律人的执业道德，从而为将来成为合格的法律执业人才打下基础”。最佳的方式当然是在有实务经验的教师指导之下，让学生参与实际案件的诉讼过程，或者参加法律援助等相关的法律服务工作。在客观条件不允许的情况下，可以起部分替代作用的方法是：教师在课堂小组教学的基础上，将典型性、综合性的案例转化为可诉讼案件，让学生按照实际的诉讼过程进行分角色模拟演练。通过自主性的小组教学获得的知识和技能，通过模拟法庭和诊所教学的实践教学加以巩固和深化，学生的法律技能和素养能够获得更加全面有效的培养和训练。

（三）完善小组教学评价机制以扩大其适用范围

与案例教学和实践教学的紧密结合，可以充分有效地发挥小组教学方法在培养服务型法律人才过程中的方法优势，但同时也给学生成绩的评定和考察带来了一定的难度。如果想将小组教学作为一种相对成熟的教学方法广泛应用于法学教育过程，就必须针对法学小组教学的特点，设计科学全面的成绩评价体系，主要包括：

1. 学生对自身学习投入和学习效果的自我评定。由于小组教学本质上是一种自发和自主的学习方式，因而学习的投入是否充分以及学习的实际收获是否与投入达到可接受的平衡，每个学生都应当是首要的评价者，教师可以要求学生以分数或等级的方式分别对自己的学习投入和学习效果进行评价，并以此作为小组互

评和教师评定的基础。

2. 学生对小组其他成员在团队中的贡献和表现的相互评价。小组教学是一个团队合作共同完成教学任务的过程，每个小组成员在团队合作过程中的角色和贡献不可能完全相同，因而在评价体系中应当适当地体现这种差距。要求每个小组成员对自身在小组中的角色进行自我评价显然是不科学的，相比而言，小组成员之间的互评能够相对客观地衡量每一个成员在团队之中的作用，而有了互评机制的约束，也可以反过来督促每一个小组成员尽可能在团队中与他人合作，发挥积极作用。

3. 教师对小组和小组中的学生在不同教学阶段学习投入和学习效果的评价。法学教师作为整个小组教学过程的设计者和监督实施者，最为了解整个小组教学的目标和意图，对各个小组的整体表现以及每一个参与学生在各个学习阶段的具体表现，能够进行全面的观察。因而教师可以结合自评和小组互评的结果，对每个参与小组教学的成员的综合学习表现给出一个相对客观和中肯的评价。

## 参考文献


1. 郝川：“法学教育目标与教学方法转变的探索与研究——基于阶段性、分层化法学教育模式的思考”，载《大家》2011 年第 10 期。
2. 何志鹏：“我国法学实践教育之反思”，载《当代法学》2010 年第 4 期。
3. 苏力：“法学本科教育的研究和思考”，载《比较法研究》1996 年第 2 期。
4. 袁治杰：“德国私立法学教育观察”，载《比较法研究》2010 年第 2 期。
5. 张瑞等：“略谈小组教学在现代医学教育中的应用”，载《西北医学教育》2011 年第 1 期。

6. 张永胜、张永玲：“交际策略与小组讨论”，载《外语界》2003 年第 2 期。
7. 王彬：《论执业法学教师素质的养成——以建构主义理论为视角》，首都师范大学 2007 年硕士学位论文。
8. 翁开心：“论法学院的知识对象与知识目标——对制度变革和社会转型的回应”，载《中国社会科学院研究生院学报》2005 年第 1 期。
9. 陈头：“困境与出路：论法律职业技能教育的实现”，载刘仁山主编：《法学教育反思录》，北京大学出版社 2011 年版。

# 论虚拟法律实践教学在法学教学实践中的应用

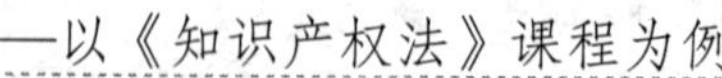

## ——以《知识产权法》课程为例

邢素军*

**摘要**

虚拟法律实践教学是随着互联网技术的发展而出现的一种新型的实践教学模式，是依托多媒体和网络技术支持所进行的法律实践教学活动。虚拟法律实践教学具有传统的法律实践教学所无法比拟的优势，可以充分调动和发挥学生主动参与实践活动的积极性，增强实践教学的有效性。高校的法学教育应通过开发建设网络法律实践教育的平台，充分利用网络信息资源，建立与虚拟法律实践教学相适应的教学管理制度等措施，使虚拟法律实践教学的优势得以充分发挥。

**关键词：** 法学教育　虚拟实践教学　实践教学　知识产权

按照现有法学教育研究成果对法律实践教学的介绍，法律实践教学在形式上主要有案例教学、观摩审判活动、模拟法庭审判、诊所式法律教育、进行法律义务咨询和开展法律社会调查活

* 天津商业大学法学院副教授，主要从事知识产权法学研究。

动等。[1]但是，近几年随着互联网技术的发展，产生了一种新型实践教学模式——虚拟法律实践教学。它的出现，拓宽了法律实践教育的空间，丰富了法律实践教育的内涵，降低了法学实践教学的实施成本，改进了法律实践教学的方式和途径，成为法律实践教学大系统中极富创新性和成长性的一个子系统。本文结合自己在《知识产权法》课程教学中运用网络资源进行实践教学的感受，对虚拟实践教学在法律实践教学中的应用问题做些粗浅探讨。

## 一、虚拟法律实践教学的内涵和主要形式

要对法律虚拟实践教学的概念作出界定，首先要纠正人们在法律实践教学上存在着的一个错误观念。受传统的“社会观”和实践观念的影响，有些教师把法学课程教学划分为“课堂理论教学”和“实践教学”，且对“实践教学”机械地理解为一定是和“法庭”、“社会”这样的“场所”概念相对应。其实，实践教学主要不是从形式上看教学场所是在法庭还是在社会，而是从教学理念和内容实质上看是否具有“法律实践性内涵”。实验性、实习性是一般课程实践教学的外在表现，以“动眼”、“动手”为主，从而提高所谓的动手能力，而“运用和领悟”则为法律课程实践教学的内在要求，它侧重于“动脑”，主要是使学生进行法律活动的体验，培养理论联系实际的能力。法律实践教学不应被片面理解为“法律实践中的教学活动”，而应被理解为“教学内容中的法律实践问题”的教学。质言之，是否做到理论联系实际，能否用法学理论解决实际法律问题是界定法律实践教学的内在标准。因而，法律实践教学不仅有社会性实践教学（虽然现场

---

〔1〕 田圣斌、杨伦：“完善法律实践教学的对策研究”，载《中国大学教学》2008 年第1期。

的教学实践活动也很重要，有时甚至是其他形式不可替代的)，还包括课堂上的实践教学以及近几年出现的虚拟实践教学。

虚拟实践教学是以互联网为载体和平台进行的实践教学，借用当今社会最为热议的概念——“互联网 +”对其进行解读，虚拟实践教学就是实践教学上的“互联网 +”。虚拟法律实践教学是虚拟实践教学的下位概念。作为虚拟实践教学的一个领域，虚拟法律实践教学是指依托互联网技术的支持进行的情景模拟实践活动，即在一定的时空范围内，在充分利用现有法学教学资源的基础上，依托网络媒介，通过多媒体技术，把司法判例、法律事件、法律规范等法学教学资源制作成动画、网页、视频等形式，创设法律教学的逼真情景，从而实施法律实践教学，完成法律实践教学目标。

虚拟法律实践教学主要通过下列途径和形式进行：

第一，虚拟法律实践教学网站。这里所说的“虚拟法律实践教学网站”是指服务于法学类课程教学任务的网络空间。此类网站既可以是服务于某一门课程的实践教学需要的，如知识产权法学教学网站；也可以是服务于所有法学类所有课程实践需要的综合性法学网站。就内容而言，这些网站除了具备一般网站的常规性设计外，还包括其特有的为实现法律实践教学目的所设计的板块，如主要教学资源、经典案例、研究成果展示、分数记录与发布等；就功能而言，这些网站具有较好的交互性，设有疑难法律问题解答等板块；就网站的使用者而言，既包括从事法学专业课教学的老师，也有法学专业的学生。学生不仅可随时通过在线操作进行网络虚拟和情境体验，而且还可以通过虚拟实践教学平台和教师或同学互动，如国家知识产权培训中心的网站就具有虚拟法律实践教学网的不少功能。

第二，法律实践教学。虚拟法律实践教学网站是开放的、无

需教师在场的，学生可在自己选定的时间和地点进行实践教学，而多媒体交互式网络教室的虚拟实践则是在相对封闭的环境中进行的。网络教室需配置教师机、学生机、控制系统、资源系统等设备和设施。任课教师通过主控电脑适时发布实践任务，收到任务的学生在规定时间内独立完成并及时将实践结果提交给教师。需要说明的是网络的开发、维护并不是封闭的。在多媒体交互式网络教室进行实践体验的学生，在利用网络教室资源的同时，随时可接通外部的互联网查询与法律实践教育相关的信息。

第三，依托公共网络的虚拟法律实践教学。前两种实践平台都具有技术要求高、资金投入大的特点，而依托公共互联网则基本不受技术和资金的限制。就知识产权法课程而言，公共网络上有大量真实、生动的知识产权实践教学资源可以利用。如中国知识产权研究网、知识产权司法保护网、国家知识产权官网、国家版权局官网、国家工商局官网、人民网知识产权频道等等。这些网站上有大量的知识产权案例、知识产权研究成果、对知识产权执法现状和前沿问题的报道和介绍。这些都是非常有实用价值的、稍加选择和编排即可使用的现成的法律实践教学资源。如近几年国家版权局每年都要在官网上发布全国大学生版权征文活动的通知，任课教师可以组织正在学习和已经完成了《知识产权法》课程的学生参加征文写作，指导学生选择通知中所给出的某一选题进行研究，并以数字化形式将研究成果提交。

第四，开设法律实践教学主题博客。博客，作为一种网络工具，打破了传统教育在时间和空间上所受的限制，使人们可以跨地域、跨领域的学习，丰富了学习和实践的资源。由于博客所提供的内容可以用来与人进行思想交流和为他人解疑释惑，因而博客可以成为法律虚拟实践教学的有效载体。通过博客平台，教师可以把自己在法律教学过程中的所思所想记录下来，从而促进学

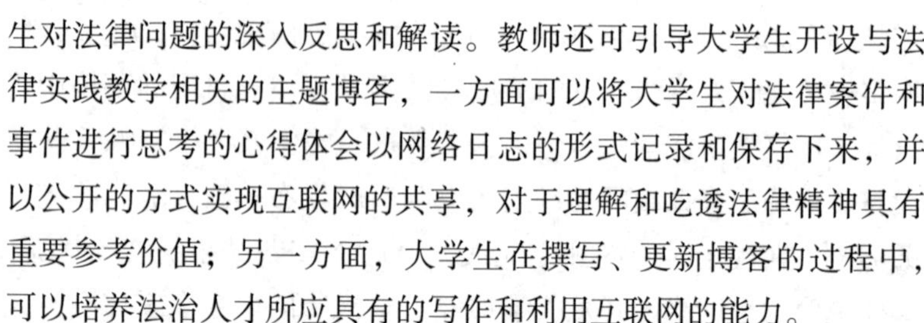

生对法律问题的深入反思和解读。教师还可引导大学生开设与法律实践教学相关的主题博客，一方面可以将大学生对法律案件和事件进行思考的心得体会以网络日志的形式记录和保存下来，并以公开的方式实现互联网的共享，对于理解和吃透法律精神具有重要参考价值；另一方面，大学生在撰写、更新博客的过程中，可以培养法治人才所应具有的写作和利用互联网的能力。

第五，创建课程聊天室。网上聊天室具有在线深度互动交流的功能，利用这一功能可以创设一个方便快捷的思想表达和信息沟通平台。这也为法律实践教学实现从现实到虚拟的目标提供了新途径。创建法律课程聊天室，成为法律虚拟实践教学的崭新形式。如有些知名知识产权学者创建的知识产权法课程聊天室，借此进行知识产权法虚拟实践教学，既可以深入探讨知识产权法的理论和实践问题，又可以培养学生的自主实践能力、创新精神和团队合作意识。

此外，微信、QQ、Email 等社交工具都可以用来作为虚拟法律实践教学的平台和途径，为法律实践教学服务。

## 二、虚拟法律实践教学的特点和优势

虚拟法律实践教学是以网络空间为平台进行的，具有传统的现实世界无法比拟的特殊性。虚拟法律实践教学虽然刚刚起步，但已经显示出传统实践方式所不具有的特点和优势。就知识产权法教学实践而言，其优势十分明显。

### （一）创造了自主学习的教育环境，使实践教学更受学生青睐

当代大学生是伴随着网络成长起来的，无论是阅读、学习，还是聊天、欣赏音乐都离不开网络，可以说是“天然”的网络实践主体。虚拟实践教学正是契合了大学生的这种虚拟主体身份。从某种意义上说，正是大学生的网络情结成就了虚拟实践教学。

在虚拟法律教育实践中，来自网络的热点法律事件和热点法律问题也最易引起学生的关注，以此为实践话题引导他们进行理论分析和价值评价，对学生来讲必然具有巨大的吸引力，同时也能激发其思考和创造热情。就知识产权法教学而言，互联网的发展给知识产权保护带来的冲击是最直接、最大的。比如说，未经版权人许可，将其作品传到网络上的行为是对著作权人信息网络传播权的侵犯，如何制止和避免网络版权侵权问题即是知识产权法课程的重要内容，也是最适合法律虚拟实践教学的内容。在教学实践中，我曾让学生将“百度版权侵权”几个字输入百度上来“百度一下”，结果点击出近二十万条与此相关的条目。这一结果让学生感到十分有趣和不解。我顺势要求学生解释这种现象，并要求学生针对其中的一个案例，依据《信息网络传播权保护条例》去判断在哪些情况下百度的行为才会构成侵权。这种在虚拟空间进行的实践教学，极大地扩展了教学空间，丰富了实践形式，更为重要的是极大调动了学生对实践教学的主动参与性。

（二）提供了多样便捷的学习实践形式，超越了时空的限制

与传统教学相比，虚拟实践教学可以实现时间和空间上的超越。传统教学只能在特定的时间和地点进行，无法“回放”或重复。虚拟技术不仅可以生动形象地再现教育情境，还可在学生选定的时间和地点满足学生的学习和实践需要，使得教学形式和学习形式更加灵活便捷。知识产权中的专利法和商标法，都有相当多的条款是关于申请和审查程序方面的规定，这些程序性规定数量超过全部法条总量的1/4。如此多的关于办事流程、时间期限、文件书写形式等方面的内容，不仅讲解起来枯燥无味，还挤占了大量宝贵的课堂教学课时，同时增加了学生的记忆负担，学生即便是听明白了也很难记住。这成为教学过程中不能不认真解决的一个问题。网络资源为这一实践问题的解决和处理带来了极大的

便利。知识产权的对象本质上是一种信息，而网络是储存和传递信息的最方便、最重要的工具。在我国的专利主管机关——国家知识产权局的官方网站以及其他有关知识产权的网页上，对专利的申请审批程序以及有关专利文献资料的内容有非常详细的介绍，而且有的网站利用动漫等技术手段将有关专利技术的信息演示得生动直观、图文并茂，令人百看不厌。这些本来需在讲台上占用大量时间才能表述清楚的知识，转而要求学生课后去上网浏览这些网站内容，会收到相当好的学习效果。在知识产权法的教学中，学生们打开国家商标局网站有关“商标查询”和“商标注册”栏目，不仅看到了“真实的”《商品分类表》和商标注册用的各种书件，而且能够饶有兴趣地在网上演练从查询到填表申请注册一个商标的全过程。可以说，通过网络实践就能学会如何注册一个商标。笔者认为，使学生学会如何利用好这些网络资源，在某种程度上就相当于交给了他们一把解决知识产权问题的“万能钥匙”，在以后学习和工作中遇到了需要解决的知识产权方面的实务问题时，就可以依靠这把“万能钥匙”释疑解惑。[1]

### （三）使实践教学过程更具探索性，解决了以往实践教学中遇到的诸多难题

网络世界所具有的时空上的延展性和穿越性，可以任凭学生发挥想象力去思考和解决现实社会中遇到的问题。虚拟法律实践教学虽然在很多时候是以多媒体为依托的，但它与多媒体教学最大的不同在于让学生去实践、去探索、去感受。这样就可以解决在传统课堂教学所无法或不易解决的许多难题。如对不少法学专业的学生来讲，专利法是知识产权法中最难学的部分，这是缘于不少文科生对技术问题缺乏理解所致。一般说来，知识产权法中

〔1〕邢素军：“知识产权法教学中技术性难题的破解”，载《科技信息》2012 年第 30 期。

的技术性问题大多出自专利法中。为解决这一难题，在课程设计和教学内容的选取上，任课教师应尽量避开技术问题方面的纠缠。如前所述，对于专利法中复杂的申请和审批程序借助网络演示是可以较快、较容易讲解清楚的。要真正学会专利法，就必须学会阅读专利说明书，否则学生所学的专利法就是一个空壳。专利法学得再熟，如果连一份完整的专利说明书都没见过，那甚至不能叫学过专利法。理解专利说明书的核心是理解其中的权利要求书，权利要求书是一份以技术形式出现的法律文件。而说明书是一份技术文件，同时也是权利要求书的注解。跳过复杂的程序，再学会阅读专利说明书，那么专利法剩下的内容其实已经不多了。传统的课堂教学很难完成好这一任务，而利用网络去阅读专利说明书，则使这一难题得到化解。在国家知识产权局的网站上，不仅可以阅读到大量的专利说明书，而且有如何撰写专利说明书的示例。〔1〕这些内容是无法通过课堂详细讲授的，完全可以作为虚拟实践教学的内容让学生自己去阅读和思考。

再比如，现在的大学生几乎人人都会用微信，从《著作权法》实践教学的角度看，利用微信我们可以让学生认知和印证著作权理论的不少知识和原理。就微信的内容而言，我们可以让学生认知著作权的客体——作品的种类以及作品多样的表达方式；就微信的传播而言，我们可以使学生了解何谓著作权的合理使用，从而加深对著作权的权利限制的理解；就对微信公众号的运作过程的分析而言，我们可以让学生学会辨别哪些行为是对他人著作权的侵权，应该如何承担侵权责任。可以不夸张地讲，虚拟空间有法学实践教学取之不尽用之不竭的资源宝藏。

---

〔1〕关于可测量电压的试电笔申请文献的撰写，就是很好的实践教学的示范。参见 http://www.sipo.gov.cn/zlsqzn/sqq/sqwjzb/201310/t20131025_862569.html，最后访问日期：2015年9月10日。

虚拟法律实践教学特点和优势除上述几点外，还应特别强调的是，法律虚拟实践教学不仅是对互联网技术的运用，也是对互联网精神的接受和发扬。开放、平等、共享、合作、包容的互联网精神，使得利用互联网技术进行的实践教学活动转变为信息量更大、师生互动性更强、教育成本更加低廉、操作更加高效便捷的新型实践教学模式。

## 三、增强虚拟法律实践教学效果的途径和措施

### （一）充分开发和利用网络法律教育的信息资源

随着互联网络技术的不断发展和日益普及，虚拟世界的卓越功能使网络信息资源逐渐成为法学专业师生使用率颇高的教学资源。网络信息资源为法律虚拟实践教学资源的开发、利用和管理开拓了一片崭新的领域和空间。具有“仿真性”、“设计性”、“探索性”的虚拟实践资源开发是进行实践教学的基础性工作，或者说是基础性的“工程”。因为只有让学生产生强烈的角色体验感和“沉浸感”，这类实践资源才能对学生产生较强的吸引力，学生才能乐于进行虚拟实践。为应对法律实践教学发展的需要，作为高校的法学教育工作者，首先，要根据法律实践教学的目标要求，提高与法学课程实践教学有关的各种网络资源如网络实践教学基地资源、实践教学聊天室等的外取和自制能力。其次，要加强各实践教学环节相关网络信息资源的采集、挖掘和存储，建立法律实践教学网络信息资源库，形成一套内涵丰富、种类齐全的法律实践教学网络信息资源系统。在此基础上要根据自身条件与外部环境的限制，准确把握各种网络信息资源的性质、特点及内在联系，充分考虑到配置的时间、空间、成本、功能、效率等因素，然后选择合适的资源配置类型和恰当的配置方式，以实现法律教育信息资源配置结构的最优化。对于知识产权法虚拟实践教

学而言，就是要建立知识产权法虚拟实践教学网络平台，知识产权案例视频资料库，知识产权取得、利用和保护的形象符号和网络支持系统等，以便于学生利用这些资源，进行网络虚拟和情景体验。

（二）充分发挥每位学生自主实践的积极性

大多数法学专业的学生对源于网络的法律信息有着天然的敏感性和易接受性，教师在实施法律虚拟实践教学时，要善于引导学生对信息的甄别、选择和使用。要鼓励学生参与到法律信息资源平台的建设中来。为使虚拟法律实践教学对学生有足够大的吸引力，在实践内容的选择上要注意内容的及时性和新颖性，比如，对当下正在发生的实际案例，如广药集团和加多宝公司对王老吉红罐包装的争夺战、琼瑶与于正关于梅花烙版权纠纷的网络虚拟法庭审理。事实上，学生对这些案例的虚拟法庭审理都抱有极大的兴趣。其实，网上涉及这些真实案例的信息非常多，教师应指导学生如何对这些网络信息进行搜集、归纳和整理，在充分了解案情的基础上，利用知识产权法律和法理对案例的是非曲直作出自己的判断。法律虚拟实践教学的效果取决于教师实践教学经验的积累。教师最好区别对待模拟法律实践教学和理论讲授，以照顾各自的特点。同时，建立专门的学生实践教学档案，适当采取有别于一般课堂教学的激励措施，调动学生参与的积极性。〔1〕

（三）建立与虚拟实践教学相适应的教学管理制度

现行的教学管理制度基本上是根据传统的课堂教学需要而制定的，在教学计划、成绩评价等方面不太符合虚拟法律实践教学的实际。应该看到，现在的实践教学总体上开展得还不尽如人

〔1〕 王华杰："论法律实践教学及其规范化"，载《河南师范大学学报（哲学社会科学版）》2004 年第 3 期。

意，其中主要的原因是还没充分调动起教师参与和投入实践教学的积极性，对学生的实践教学成绩也没有较为客观的评价标准。为保障虚拟法律实践教学活动的有效运行，应对现有的教学制度进行必要的补充和修改。首先，要制定适应虚拟法律实践的教学计划。要以培养学生运用法学原理和法律规范分析和解决网络法律问题和网络法律现象作为教学目的和要求，制定激励性的教学规范。其次，改革成绩评价方式方法，要制定以过程考核为主的教学管理措施，注重学生的团队配合和口试方式。要处理好过程考核与结果考核、考评指标的思想性与技术性、教师考评和学生互评之间的关系。最后，要将教师在实践教学上的精力投入计入一定的课时量，并对实践教学做出突出成绩的教师给予表彰和鼓励。

## 四、结语

党的十八届四中全会通过的《中共中央关于全面推进依法治国若干重大问题的决定》提出了“关于创新法治人才培养机制”的目标要求。据此，高校所培养的法律人才不仅要掌握坚实的法学基本理论，也需要具备熟练的法律实践技能。法律实践教学对创新法治人才培养的重要性更加凸显。随着一些校园网硬件设施和建设水平的不断升级换代，与法律实践教学相关的网站正在或将会相继亮相。这为虚拟法律实践教学提供了良好的物质条件。法律实践教学作为法学课程教学系统不可或缺的重要组成部分，可划分为课内实践教学、社会实践教学、虚拟实践教学三种最基本的形式。虚拟实践教学虽然是新生事物，但已逐渐显现出其不可或缺的价值和作用。我们在进行虚拟实践教学时一定要注意三种方式的相互补充、相互促进，以使法律实践教学产生最佳效果。可以预见，通过虚拟实践教学平台的充实和资源的丰富，法

律实践教学的层次和水平将会不断提升。作为法学专业的教师，一定要充分利用好现有的硬件条件和实践教学资源，在此基础上积极进行虚拟法律实践教学的方法和形式的创新，为培养具有较强实践能力的创新法治人才做出应有的贡献。

## 参考文献

1. 田圣斌、杨伦："完善法律实践教学的对策研究"，载《中国大学教学》2008 年第 1 期。
2. 邢素军："知识产权法教学中技术性难题的破解"，载《科技信息》2012 年第 30 期。
3. 张明仓：《虚拟实践论》，云南人民出版社 2005 年版。
4. 王华杰："论法律实践教学及其规范化"，载《河南师范大学学报（哲学社会科学版）》2004 年第 3 期。

# 非法学专业本科生讲析案例的课堂实践

## ——以公共选修课《经济法概论》为例

陈燕玲*

**摘要**

《经济法概论》是一门实践性很强的课程，为进一步提高课堂教学的质量，切实培养大学生的自主学习能力和知识应用能力，本人在《经济法概论》选修课程中进行了学生上台讲析案例的尝试。本科生课堂讲析案例包括学生的选择、案例的选择、讲析方法的确定，以及老师对案例讲析的点评等几个必要环节。教学实践证明，大学生讲析案例的好处是主讲学生有收获、听课学生有收获、教师也有收获。当然，这种新的教学尝试还不够完善，还需要任课教师通过课外培训、反复练习等方式不断加以改进。

**关键词：** 本科生　讲析案例　课堂实践

对于现代经济工作者而言，以法治为基础的市场经济体制不仅要求他们在经济活动中熟悉和掌握相关的法律法规，能够切实

---

* 天津商业大学法学院副教授，主要从事经济法研究。

做到依法经营、合法营利，同时也要求他们能够运用法律武器维护所在组织的经济权益，以避免不必要的经济损失。为此，在大学经济法课程的教学过程中探索更为有效的教学方法，大力培养大学生的法律实践能力就显得特别重要。近几年，本人在学习和借鉴国内其他高校相关经验的基础上，在所开设的《经济法概论》课程中持续应用了学生课堂案例方法，收到了比较好的教学效果。

## 一、本科生课堂讲析案例的必要性

公共选修课是我国高校课程体系的重要组成部分。作为我校公共选修课程之一，《经济法概论》课程的开设，对于开拓学生视野、增加法律知识、提高学生综合素质都起到重要作用。长期以来，在传统的教学方法中，重视了教师的主导作用却忽视了学生学习的主体地位，学生多在被动的情况下学习，再加上由于我校学生来源广（包括工科类、理科类、艺术类等）、知识结构各异、选课动机不同等特点，这门选修课的课堂气氛并不活跃。这主要表现在上课发言不积极、老师讲课设问没有回应、课后学生提问少等。对此，任课教师在教学中如何既注重知识性又注重实用性、趣味性，激发选课学生学习的内在动力，使学生积极主动地学、有兴趣地学，成为教学改革的重点问题。为了更大程度上激发学生的自主学习性，近几年，本人在全校《经济法概论》公共选修课上开展了学生上台讲析案例的教学实践尝试，受到大学生的普遍欢迎，取得了比较明显的课堂效果。

## 二、本科生讲析案例的实施过程

### （一）讲析学生的选定

《经济法概论》选修课的教学目的是通过学习，使学生掌握

经济法的基本理论、基本知识，能够应用所学的基本理论与知识，分析现实经济社会中发生的案例，提高分析问题和解决问题的能力，在理论联系实际中培养学生基本的经济法律思维。按照教学计划，这门课程主要讲授合同法、产品质量法、消费者权益保护法、反不正当竞争法、工业产权法等内容，教师在讲授完合同法、产品质量法、消费者权益保护法之后，学生已掌握了经济法的基本概念和相关知识，有一定的法律知识储备，并具备一定的分析问题和解决问题的能力了，这时就可以把上台讲析案例的任务布置给学生。一般情况下，案例讲析人员的选定采取自愿的原则，由学生自己报名。当然，为鼓励学生积极参与，教师可以规定：凡是主动讲析案例的学生，其平时成绩可以给到 90 分以上，至于具体多少分，由听课学生选出三人来进行评判。教师可以根据课时，一般选择 6 ~ 10 人（组）学生来讲，1 人一组或两人一组。

（二）讲析案例的选择、讲析方法的确定以及基本要求

1. 讲析案例的选择。讲析案例的学生名单确定下来之后，接下来就是案例的选择。案例的选择至关重要，比如案例的内容是否反映了这门课的重点、难点，涉及的法律是否是学生们学过的或比较接近的，自己的知识能否驾驭等。对此，教师应当在课下召集讲课学生单独进行指导，对案例的选择提出以下基本要求：首先，要求学生选择的案例的内容涉及之前教师讲过的几个部门法，不要选择之后将要学的或教学计划中没有的内容。其次，案例难易要适中，内容不可太难也不可太简单。太难了台下听的学生不会分析，积极性不高；太简单了没有吸引力，也会失去听课兴趣。最后，案例长短要适中。受讲课时间所限，一般来说案例内容不可太长，每个学生讲案例的时间不能超过 15 分钟。当然案例也不能太短了，太短了不能收到应有的讲课效果。

2. 案例讲析方法的确定。由于学生缺乏上台讲课的经验，并不知晓基本教学方法，教师应给他们介绍一些基本的教学方法，帮助他们消除畏难情绪。如讲课中重点、难点的把握，案例讲解中法规的应用，讲课时的声音和语调的掌握，怎样的教态，如何与听课学生互动等。同时，对学生制作PPT作简单要求，比如课件的背景不能太暗、字体不能太小。由于《经济法概论》选修课教室比较大，为了能让每一位学生看得清楚，制作的课件的字体不能太小。

3. 课堂案例讲析的基本要求。由于大学生缺乏课堂案例教学的经验，而课堂教学时间又十分宝贵，应当特别注意防范由于学生准备不充分而使课堂变成辩论会的情况。为此，应当对课堂案例的讲析者提出以下基本要求：其一，课下准备必须充分。对于还没有准备好的备讲学生，可以再给一定时间，推迟讲析；对于延期后还不具备上台讲析条件的学生，一定要取消其课堂讲析案例的资格，以避免“滥竽充数”的现象出现。其二，案例讲析必须规范化。对此，一是案例讲析必须使用正确的法律知识，讲求知识运用的精准性；二是必须使用学术语言分析问题，反对案例讲析口语化的倾向；三是案例讲析程序应当遵循情况介绍、问题分析和结论阐述“三部曲”，不能在案例讲析过程中“天马行空”地讲“故事”。其三，由听众对案例讲析进行“绩效”评价。课堂案例讲析的主要目的是调动学生学习的积极性和主动性，让学生听众对学生案例讲析的效果进行评价，有利于充分调动学生课堂参与的积极性。

（二）课堂案例讲析的课下预讲

案例布置下去之后，学生可以参考教材、图书、报纸、论文数据库、网络等资料，在课余时间备课，最后制作课件，准备时间为两周或三周。在开讲前一周或两周，教师利用课前（或课

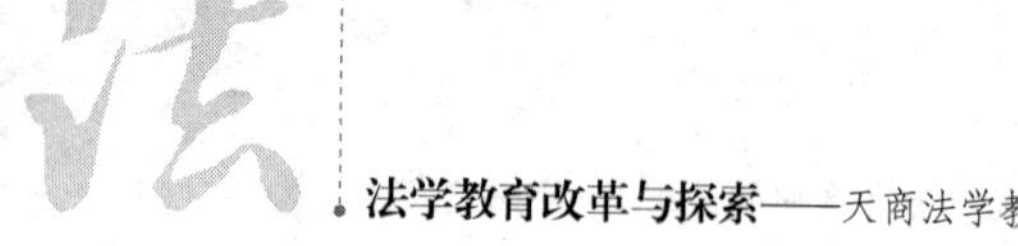


后）的时间听取学生预讲，并与他们进行有效的沟通。基本做法是：每位（组）学生按照排好的顺序，给教师播放课件，并讲解案例的大致案情、争议问题、适用的法律、解决的办法、指出哪些地方设置问题与学生互动等。教师以此可以掌握学生案例选择的是否得当、难易是否适中、长短是否合适、分析是否得当、应用法条是否准确等。教师在看了课件后，对学生课件的制作情况已有了解，对学生课件的背景选择是否美观、字号大小选择是否合适等可以提出自己的意见，让学生再行修改。另外，考虑到讲案例的学生大多从未上过讲台，很多学生对上台讲案例没有信心，心情紧张。在这一阶段，教师应当给予他们一些鼓励。

（三）讲课过程中的引导和点拨

在经历了查找资料、备课、预讲、修改之后，进入到这个关键环节——学生正式开始讲解案例，这实际上是对前期准备工作的一个展示，是考查讲课学生经济法律知识掌握程度、语言表达能力、课堂驾驭能力的一个综合平台。学生讲案例绝对不是完全脱离了教师的学习，恰恰相反，教师在帮助学生实现自主学习、独立学习的过程中起着关键作用。讲课时有的学生表现出比较明显的紧张、有的学生时间把握偏差较大、有的学生详略不明显等，这都需要教师在授课现场随时作出引导，以达到最佳的课堂效果。特别是有的学生讲完案例提出问题让台下学生思考却没有得到回应时，教师可协助讲课学生，运用自己多年的教学经验，以及教师的权威，依据学生的理解力换一种提问方式，以学生较好理解和接受的问句来提出问题。在教师的循循善诱下，以鼓励的方式激发台下学生积极参与，对于台下积极参与互动的听课学生，由临时充当老师身份的讲课学生来打分，教师可作为平时成绩的参考。由此可见，学生讲案例是在教师把控下的充分自主，教师的作用既是对讲课学生的支持也是对整个课堂的管理。

### （四）老师的最后点评

教师的点评也是不可缺少的一个重要环节。因为学生的专业知识水平是有限的，在上台讲案例时必然会存在这样或那样的问题，如果教师不能及时纠正，就会使所有台下听课的学生接受错误的知识，所以每次学生讲完案例后，教师要及时进行点评，比如学生案例讲解适用法律是否准确、分析是否得当、结论是否正确、讲课重点是否突出、讲解是否透彻、课件字体大小是否合适、课件背景是否得当美观、教态是否自然大方、口齿是否清晰、互动把握是否得体、讲课是否生动等等作出即时评价。对于学生的亮点和优点加以赞扬和给予鼓励，使之成为其他学生学习的榜样。对于出现的知识性错误或其他不足给予纠正或提示。当然，教师的点评要客观、公正、具体，应符合学生的个性心理特点和心理接受程度，要爱护学生的求知欲和自尊心，针对不同水平的学生有的放矢地提出不同的要求和建议。这样，不仅讲课学生知道自己今后如何改进，听课的学生也学到很多知识。

## 三、大学生课堂讲析案例的教学效果

### （一）课堂讲析案例可以培养大学生多方面的能力

爱因斯坦曾说："教师的责任，应该是把学生培养成为具有独立行动和独立思考的人。"当教师把教学任务布置给学生后，学生在课后主动查阅大量资料，对资料进行分析筛选，寻找合适案例。备课时先对案例做深入了解并翻阅相应的法条，梳理重点、难点，做笔记直至最后上台讲课。在此过程中，他们搜集、整理、分析资料的能力得到加强，选择哪个案例、如何删减、如何讲解等都需要学生独立思考亲自设计，这充分锻炼了他们的独立思考能力和自主学习能力。在讲课时锻炼了语言组织能力与口头表达能力，还能培养学生的合作精神，同时也有了一次当教师

的人生体验。讲课学生多方面能力得到锻炼和提高。例如，本人在讲公司法某一章时，一位学生把公司案例与哈利·波特中的人物相结合，别出心裁，生动有趣，听课的学生积极参与，气氛很活跃，台上讲解的学生分析得一环套一环，台下的学生听得津津有味，给很多学生留下了深刻的记忆。课后，这位讲析案例的学生很有感触地对我说："老师，非常感谢您给我这个机会，这是我第一次上台展示自己，以前从未有这样的机会，这对我的锻炼很大。"

（二）听课学生可以互动性地学习

由于讲课学生与听课学生的年龄、经历、知识结构、思维方式等比较接近，台下听课学生对讲课学生很有认同感和亲切感，他们在听课时更专注。在讲课学生的调动下，他们积极参与、互动活跃。他们不仅是在听课，而且实时把讲课学生与自己相对照，从讲课学生身上学到很多知识，找到自己的差距，从而增强了学习《经济法概论》这门课程的自觉性，掌握了学习方法。同时也让听课学生树立起"我也能行"的观念。

（三）授课教师可以得到启发

通过学生讲案例，老师可以近距离、全方位地了解学生。如了解学生关注的热点问题、兴趣、思维方式以及知识结构等。比如教师发现学生讲课选择的案例多是与他们生活密切相关的案例，如快递合同案例、网购消费者权益保护、房屋买卖合同等。教师今后讲课举案例时可以多涉及这方面的案例，以牢牢抓住学生的兴趣点，提高学生的注意力。我们常说，教师备课之一是备学生，作为教师首先要有渊博的知识，但有了知识不一定就能把课讲好，还要有好的教学方法，好的教学方法是了解学生，了解他们的接受能力、兴趣所在、对教师的认同感等，这样才能把课讲好。

此外，学生讲课时，教师坐到学生的座位上听课，从学生的角度来体会课堂，并从中受到启发。在今后的教学中，要灵活多样地组织课堂教学，不断加强自己教学与管理的综合能力，正可谓“教学相长”。

## 四、大学生课堂讲析案例所存在的问题与对策

### （一）课堂讲案例只能是少数学生在做

尽管让学生讲案例能培养学生多方面的能力，但由于课时所限，教师在讲完相关经济法理论和知识后，所剩课时并不多，在有限的时间里上台讲案例的学生最多10组（20人），相对于100多人的选修学生而言还是少数，有些学生很想上台锻炼自己而没有机会。今后教师可以采取让学生自己分组在课下讲，拍成视频交给老师，老师看完后选出好的在课堂上播放的方式，尽量让更多的学生得到锻炼。

### （二）台下有些学生积极性不高

少数台上讲多数台下听，台上学生讲得慷慨激昂，台下有的学生却无动于衷，不以为然，或者简单的应付。台上学生讲案例需要台下学生互动时却出现了冷场。究其原因，目前的学生大多对“老师台上讲，学生台下听”的传统填鸭式的教学方法习以为常，很少有自己独立的思考，即使有也很少愿意当众发表自己的见解。因此，让他们突然尝试这种大尺度角色变换，自然有一定的难度。要想改变这种长期形成的习惯需要一个过程，也需要学校其他课程的教育观念的改变。

### （三）讲课学生制作的课件质量不高

课件制作质量不高也是学生讲案例的一个不足。尽管讲课前教师对课件的制作提出了简单的要求，但毕竟很多学生是第一次做课件，加之对选修课重视也不够，学生制作的案例讲课课件字

体偏小、背景昏暗，台下学生看不清楚，影响了讲课效果。要想提高学生制作课件质量就得多练，在反复实践中提高水平，另外教师在学生讲案例之前也应多花一些时间，与学生反复沟通反复修改，直至合格。

（四）讲课方法有待提高

个别学生讲课形式僵化。许多学生虽然为上台讲课在下面作了不少准备，但由于平时缺乏在集体场合下的锻炼机会，一走到讲台腿就发软，心里紧张，本能地只好一味低头念讲稿或面对黑板，加上有时声音细小，时间稍长，下面的学生就会出现负面情绪。课堂一旦出现骚动，讲课学生会更加紧张，课堂会更加混乱，从而会严重打击学生上台讲课的积极性。在遇到互动不积极时，讲课学生在情急之下语言不当也会引发台下学生的不满情绪。对此，任课教师应该多与讲课学生交流，了解他们的心理，及时疏导，克服紧张心理，鼓励他们勇敢面对讲台。

总之，让学生上台讲案例是一种提高学生多种能力的途径，尤其像《经济法概论》这种实践性很强的课，多讲案例、多让学生尝试讲案例，对于拓宽学生的知识面，把学生培养为实践型人才大有好处。但是，还应该看到，这种尝试还需要不断完善。不是所有的课程都适合，也不是所有的年级都适合。学生讲案例的这种新教学模式因为其活动性强，在不同学科、不同师生，或者说不同的学习气氛中都可能会出现不同的表现形式和效果，这种教学模式不应该也不可能有一个固定的套路。

# 管理心理学课程中应用团队训练方法的思考

赵慧敏*

**摘要**

团队训练是感性化的教育方法，可以将参与者的内心世界投射出来，通过这些游戏可以学习处理与他人的关系，学习组建团队。对于管理心理学来说，同学们可以在游戏中了解管理过程中自己以及他人心理行为的特点与变化规律，可以进行实践性、观察性学习。

**关键词：**感性化教育　组建团队　实践性学习　观察性学习

团队训练是心理游戏的一个种类，是一种侧重感性化的教育方法，它应用精神分析、行为主义、团体动力学等理论，以游戏为载体，将参与者的真实想法表现出来，将参与者的内心世界投射出来，进而进行观察、心理分析和辅导。心理游戏与学生们平时的自发游戏、网络游戏性质完全不同，它是通过群体内人际的相互作用，使学生们通过观察、学习和体验来认识自我和他人，反省自我，调整自己的态度与行为，学习处理与他人的关系，学

* 天津商业大学法学院副教授，心理学硕士，主要从事发展心理、心理卫生研究。

习组建团队。对于管理心理学来说，同学们可以在游戏中了解管理过程中自己以及他人心理行为的特点与变化规律，可以进行实践性、观察性学习。〔1〕

在游戏中大家也可以互相支持，相互启发，对于一些需要找到答案的题目，同学们可以集思广益，特别适合于人际沟通、团队建设、领导力等内容。对于提升同学们的心理素质和综合能力具有特别重要的意义。

相对于课堂讲授来说，心理游戏具有一定的趣味性、情境性。因此，本人认为在管理心理学的教学中增加少量心理游戏有一定的意义。同时，教学中也需要增加一些学生自主、合作或创新的学习方法，团体训练是一个不错的选择。

实践表明，在心理学的不少课程中，心理游戏是最受学生欢迎的。因为大部分的题目来源于生活和具体实践，过程具有象征性和趣味性。

因此，老师需要在课前根据同学们的兴趣点和心理特点，挖掘团体心理游戏素材，有针对性地设计题目，选择恰当的内容，设计好整个活动过程，让同学们在轻松愉快的气氛中思考和学习，发现和总结平时不留意的问题和原理。在教学中，老师要积极关注学生的心理状态，注重所学知识的结合点，科学灵活地应用心理学知识，这样，不仅为教学创设良好的育人环境，更能促进学生心理健康成长。

一般情况下，心理游戏的操作过程中老师需要关注以下几个问题：

1. 目标明确。在团体训练中，应围绕本课程和本节课的目的、同学们对题目的熟悉程度和大家的心理特点来设计目标，由

〔1〕 樊富珉：《团体心理咨询》，高等教育出版社2005年版，第5页。

简单到复杂逐步深化，不能简单重复。

2. 关注过程、体验感。游戏中，老师希望每个同学都积极投入，关键是让每一位学生都有体验。例如有的游戏具有竞赛的成分，得分较少的同学可能会有一点不愉快，老师应该作一些相关说明，希望同学们关注象征含义，关注点集中于在实践中获得的相关经验，这就是学习的目的。心理游戏不能仅仅为了某项活动而活动，而是为了获得体验并进行总结和提升。如果有讨论部分，老师应采用各种方法激发大家自由发言并及时引导，把讨论引向深入，将感性认识提升到理性认识。

3. 关注总结。游戏中，老师要仔细观察学生的语言表达、体态语言、提问、反馈等信息，并及时记录。在游戏结束时，老师应该把观察到的现象、过程和感想进行概述，并引导同学们对问题再思考，谈感想，作出自己的评论，老师最后再作一次整体评价，引导以后相关内容的学习。老师评论要客观、清晰、简短，帮助同学们将知识条理化、理性化。

管理心理学是心理学系的核心课程，也是方向课，许多同学抱着很大的热情来学习。我也希望能够和同学们一起再学习，做到教学相长。

管理心理学是研究企业、团体、组织中心理现象的学科，研究对象为个体、群体、领导、组织。以组织中的人作为特定的关注对象，运用心理学的知识和方法，研究分析和指导管理活动中的个体和群体的心理现象、心理过程及其规律的科学，最大限度地调动人们的积极性和创造性，提高个体和组织的效率。前提是以人为本，可以改善组织结构和领导绩效，提高工作生活质量，建立健康文明的人际关系，达到提高管理水平和生产效率的目

的。[1]

在讲到人际沟通及其常见的沟通障碍时，我设计了两个小游戏。第一个是传递一个简单的信息，我在一张纸上写了三句话，只有第一个同学可以看到，然后让他传话给他后排的同学，直到教室最后一排，让最后一位同学大声说出他听到的内容，让第一排的同学验证。[2]结果发现，三句话就有三处错误。其中两处错误是第一个同学弄错的。通过这个游戏同学们非常直观地了解到沟通中常见的障碍及原因，也同时了解了谣言产生的过程。

第二个游戏是事先准备好一幅不规则图形，让一位表达能力较强的同学用口头语言告诉其他同学，最好使用数据来表达，让他们画出这幅不规则图形，大约五分钟后老师查看了同学们的图形，发现只有一两个同学画得比较近似，其他绝大多数同学都是错的。通过第二个游戏同学们也了解了对于较为复杂的信息的传递，错误是在所难免的。

在一个企业或组织中，信息和情感的交流是很必要的，要想做到准确客观，一是要了解接受信息的对象及基本情况，二是表达工具的选择，语言、体态语言的准确使用，必要工具的使用。

这个游戏让同学们印象深刻，比课件或板书的条理化的描述要生动形象很多。

在讲到领导理论时，我设计了两个游戏，一个是无领导小组讨论，另外一个是用扑克牌搭建一个高塔，每组八人。

无领导小组讨论是管理心理学进行人才选拔集体面试的一种方法，也常常被用于职业培训、组建团队和提升领导力的课程。本次讨论的题目为：毕业后是留在天津发展还是回家乡发展。每个小组中的第一轮每一个人都必须发言，第二轮是自由发言，每

---

〔1〕 樊秀南、闻姝清主编：《管理心理学》，大连理工大学出版社 2010 年版，第 7 页。

〔2〕 王子鱼编著：《每天玩一个心理学游戏》，石油工业出版社 2011 年版，第 8 页。

人限时三分钟，第一组发言结束后第二组每一个同学都进行评价并按照语言表达、逻辑思维、个性等标准选出表现好的前三名同学，并谈原因。第二组发言结束第一组做评委，每一组的评价中都有一两位观众发言。

通过这个游戏，大家对于无领导小组的流程、具体的思考方法等有了感性化的认识，第二组从第一组的发言中也提取了一些经验，思路更清晰，总结更有条理。虽然是无领导小组，但是大家也都看出来每个人的差异，有的人善于组织，有的人善于表达，有的人充满善意，愿意等别人讲完，有的人急于表达自己的观点，有的人针锋相对。如何既表达自己又不强词夺理或伤害他人，是非常讲究谈话技巧的。

用扑克牌搭建高塔的游戏为两人一组，在五分钟的时间内搭建一个高塔，形状没有要求，只是以高度为标准，高度最高的一组为获胜组。接下来是原来的两个大组各重新搭建一个高塔，以最高的一个为获胜组。这个游戏是用来发现团队智慧和发挥团队领导组织能力的一个游戏。

结果发现，在较短的时间内同学们的思维同质化明显，最高的只有二层，结构单薄，在最后的几秒钟才做完。两个大组的效果也不理想，最高的也是只有二层。虽然结果不完美，一个是对于新问题的准备不足，另外的集思广益环节也无法推进，但同学们觉得收获很大。

这个游戏用时一节课，同学们都很认真，与平时的课堂讲授时的状态有很大不同。

团体游戏作用很多，可以将理性化的理论还原为实践环节，可以补充个体的实践经验，提供感性认识，培养团队精神，使学生学会如何对待竞争，如何合作共处。另外还有以下几个作用：

1. 明白沟通的重要性，体会沟通的技巧，悟出交往的真谛。

2. 培养组织才能，提高竞争合作意识。组织能力是在任何团体、组织或人群中都需要的一种能力，单靠理论的灌输是无法完成的，心理游戏提供了一个好平台。竞争与合作常被认为是人生发展必不可少的两大基础和基本素质。竞争是希望战胜别人的心理状态和行为，可以提高同学们的参与热情，激发潜能，提高能力，如果获胜则成就感和愉悦感会油然而生，提高年轻人的自信。合作是与他人为了某个共同的目标而进行协作，这样合作互助的过程能使大家体验到团队精神的心理效应，就是管理心理学中提到的社会促进作用，也就是大家常说的 $1+1>2$ 的效应。每个人都亲自体验到团队精神给合作双方带来的好处，感情交流变得流畅。

3. 增强自我意识。在游戏中，每位同学都能看到他人的言行举止，看到他们表达中的长处和缺憾，作为同龄人，游戏给大家提供了一个重新认识自我的好机会，有利于大家取长补短。

4. 调节情绪，引导积极情感的发展。情绪和情感是一个抽象概念，游戏中每个人尽自己一份力，为自己的小组加分，大家找到了归属感，也得到了集体的承认，可以改善大家自己管理自己的习惯，化解嫉妒情绪。

5. 促进教师成长。老师在游戏中是一个指挥者，有时也是参与者。不仅收获了喜悦，也能发现存在的一些小问题，以便于下一次课程作出调整。另外，还能密切老师和同学们的关系。

20 世纪 20 年代，西方许多国家就开始了这方面的相关研究，称其为课堂气氛研究或者和谐沟通理论，他们认为课堂气氛是影响同学们在课堂中的行为和教师教学质量的重要因素，因为课堂气氛可以在班级中形成一种社会压力，从而使置身其中的教师和学生不由自主地受到影响。[1]因此他们把形成积极课堂气氛作为教师培训的重要内容。

和谐沟通理论是由著名临床心理学家戈登（T. Gordon）和心理咨询专家吉诺特（G. Ginott）于20世纪70年代提出的。它是教师效能训练理论和人际沟通理论在课堂教学管理中的具体应用。其指导思想是罗杰斯（C. Rogers）的人本主义发展观，他认为，“儿童天生具有理性潜能，这一理性潜能要在温暖、接纳、支持的环境中才能发展，对于问题可以通过语言沟通达到合理解决。”[2]该理论主张通过创造师生之间的和谐沟通来形成积极的课堂气氛，因为真正有效的课堂来源于学生本人发自内心的兴趣和思考，如果老师可以提供一种支持性而非批判性的情境，则学生能够逐步学会表达他自己理解的、需要解决的问题，然后在老师和同学的影响下解决这些问题，并逐渐培养出一种自制力和责任感。同学们之间可以学习到一些合作、沟通的技能、思路和习惯等良好品德。老师则是通过自身的学术特质和人格魅力来影响学生，而不是用自己的特长或权威去强迫、压制和处罚学生，老师虽然具有一定的专门知识、技能、智慧、经验或职位、职称，但是在教学中需要考虑建立与同学们的相互了解和认同，使权威发挥教化的作用。

他们要求的老师操作程序一般分为以下几个步骤：

1. 倾听同学们的意见和建议。该理论认为课堂学习的目的主要是培养学生的自律和咨询能力，老师必须主动倾听大家的意见和建议并对问题作出恰当的反馈，最终帮助同学们找到解决问题的各种方法。

---

〔1〕 R. Dreikurs & P. Cassel, *Discipline without Tears*, Hawthome Books, 1972, pp. 36 – 38.

〔2〕 J. O. Cooper & T. E. Herson, *Applied Behavior Analysis*, Merrill, 1987, pp. 16 – 17.

2. 逐步形成融洽的师生关系，目的是和谐沟通。在这个过程中，老师不仅要认真了解学生的意见和要求，而且要想办法和每一位同学之间形成融洽的师生关系。因此老师要真诚地关心和尊重学生，了解他们的思维和情绪，并了解每一个人的不同个性特点，坚信他们都可以发挥出自己最大的潜能，成为一个优秀的人，要对他们表现出极大的热情和兴趣，这样同学们就可以感受到老师是真心喜欢他们、接纳他们，愿意帮助他们解决学习甚至生活中的难题。在表达老师自己的感受和想法时要避免使用标签性语言和容易引发大家反感的词汇，真正做到与同学们平等交流。

3. 老师要真实且善意地表达自己。在教学中，老师要多发现同学们身上的优点，以表扬、鼓励和引导为主。批评时要讲究方式、方法，争取做到“对事不对人”，禁止对学生进行人格侮辱和贴出歧视性标记。〔1〕

4. 培养学生的自控能力、自我表达能力和思考能力，学生行为是一个受多种因素影响的复杂变量，教师在对其作出反应时，必须考虑各种因素，使同学们受到启发和教育。

这种偏重民主取向的课堂氛围是教师和学生的共同参与，以学生的需要为中心，也就是考虑同学们的知识积累、兴趣、思维方式、情感表达，以提高他们的各种能力，包括表达能力、考虑问题的角度和分析判断能力等，而不是按照老师的思维和知识结构来主导课堂气氛。课堂气氛是在课堂中经过每一个人的表现而出现的一种心理状态，可能是积极的，也可能是消极甚至是对抗的。如果是积极的课堂气氛，老师和学生就会收获愉悦的刺激，并形成良性循环。

---

〔1〕 D. Holsinger, *The Schooling Environment as a Context for Individual Modernization*, University of Chicago Press, 1999, pp. 215 – 256.

课堂中师生双方都有责任去营造有助于学习的积极课堂气氛。如果学生在课堂上出现一些老师们看起来不是很积极的表现，主要原因很可能是他们认为如果表现过度会被大家认为出风头，或者很有可能出错，即不被认可和被重视。形成积极的课堂气氛，需要老师经常给一些具体可操作的正面意见，例如表扬他们这次取得的进步，不要求完美；了解他们努力克服的那些困难，不在意这次行为的结果；多谈优点，少谈缺点；引导同学们从错误中学习，并指出错误并不是失败；激发同学们的内在的学习兴趣和学习动机，不过多给予外界的结果指向的压力；鼓励同学们独立思考和独立表达；让同学们知道老师对他的能力很有信心；鼓励同学们互相帮助，尤其是有学习困难的同学，这种学习方法让他们印象尤其深刻，同时可以使他们认识到自己的长处；老师要经常对同学们的思维和各种表达表示出骄傲感，并将这种愉快感传递给其他同学；尝试创造各种保证所有同学都能成功学习的氛围；老师要乐观和热情，这是教育中具有传染力的好品质。

这种方式的学习也存在一些问题，如占用时间较多、个别同学作为观众积极性不高，对这些问题需要再思考进行解决。

教学有法，教无定法，贵在得法和创新。同学们在快乐、生动的气氛中对所学的知识会感兴趣是老师们最大的期望。教学实践中，想办法化枯燥为快乐，寓原理于游戏，把心理学知识与教学内容结合起来，构建高效课堂。

## 参考文献

1. 樊富珉：《团体心理咨询》，高等教育出版社 2005 年版。
2. 樊秀南、闻姝清主编：《管理心理学》，大连理工大学出版社 2010 年版。
3. 王子鱼编著：《每天玩一个心理学游戏》，石油工业出版社 2011 年版。

4. R. Dreikurs & P. Cassel, *Discipline without Tears*, Hawthome Books, 1972.
5. J. O. Cooper & T. E. Herson, *Applied Behavior Analysis*, Merrill, 1987.
6. D. Holsinger, *The Schooling Environment as a Context for Individual Modernization*, University of Chicago Press, 1999.

# 《环境与自然资源保护法》课程课件教学的实践

贾国华*

**摘要**

现代信息技术、网络技术在教学中的应用，促进了教育教学方法改革和教学质量的提高。Authorware 软件具有功能强大、设计方便快捷、符合教学使用习惯和广泛的交互性特点，使得课件的制作新颖、便捷。运用该软件设计的《环境与自然资源保护法》教学课件，整体框架结构合理，符合教育教学规律；内容丰富多样，集知识性、理论性、实践性为一体；链接设置精准，实现所有课件内容的任意跳转和播放；教学课件风格清新雅致，富有观赏性。

**关键词：**环境与自然资源保护法　教学课件　Authorware 应用

计算机技术的迅猛发展，互联网的广泛应用，为高等教育教学方法的改革打开了广阔的空间，实现了一次深刻的变革，以计

* 天津商业大学法学院副教授，主要从事环境与自然资源法研究。

算机应用技术为基础、集多媒体为一身的教学课件应运而生。教育部《2003～2007年教育振兴行动计划》的发布，推动了高等学校教学理念和方法的更新，推动了现代信息技术、网络技术在教学中的应用，促进了学校教育教学方法改革，提高了教学质量。《国家中长期教育改革和发展规划纲要（2010～2020年）》第十九章“加快教育信息化进程”中，进一步提出加强优质教育资源开发与应用、加强网络教学资源体系建设；强化信息技术应用，提高教师应用信息技术水平，更新教学观念，改进教学方法，提高教学效果。

《环境与自然资源保护法》教学改革，顺应了时代发展需要，在天津商业大学是第一批实现多媒体课件教学的课程。经过近十年的探索、研究和完善，到目前为止，《环境与自然资源保护法》教学课件已经成为技术先进、内容丰富、资料多样、应用灵活、形式美观的最好课件之一。

## 一、《环境与自然资源保护法》课程课件设计的思路

教学课件的设计必须遵循教育教学规律，必须以国家教育方针为指导，以培养富有创造、创新精神和实践能力的复合人才为教学思想。同时，应当根据课程性质和特点，设计出具有课程特色的、代表性的课件。

### （一）《环境与自然资源保护法》课程的地位

环境保护教育教学是伴随着环境问题的日趋恶化而逐渐被重视起来的。在20世纪80年代，大多数高等学校已经开设了环境法课程，课程内容主要是环境污染防治，课时较少，并且是选修课。1992年联合国环境与发展大会的召开，《21世纪议程》的发布和可持续发展战略的确立，为环境保护教育教学提供了发展契机。1997年，国务院学位委员会和国家教育委员会将环境与资源

保护法学确立为法学十大二级学科之一。2007 年，国家教育委员会进一步将环境与自然资源保护法学定位为法学核心课程，成为法学专业的必修课程，课时增加了一倍。可以看出，作为合理利用、保护环境与资源，保障经济、社会、环境三者之间的协调发展和可持续发展的环境与自然资源保护法获得了应有的学科地位，并且也昭示了该门课程的时代重任。

（二）环境教育的特点

《国家中长期教育改革和发展规划纲要（2010～2020 年）》在第二章战略目标和战略主题中指出：坚持全面发展，重视安全教育、生命教育、国防教育、可持续发展教育。第一次明确提出重视可持续发展教育，这是教育事业立足全面实施科教兴国、人才强国和可持续发展三大国家级战略的全局，在新的历史起点上实现科学发展的重要内容。可持续发展教育是在部分学校环境教育的基础上起步的，是环境教育发展的高级阶段。因此，环境与自然资源保护法教学既是法学教育的一部分，也是环境教育的重要组成部分。

环境教育是一种全面的终身教育，面向各个层次的所有年龄的人，并包括正规教育和非正规教育。而环境与自然资源保护法教育教学只是针对特定专业、特定年龄群体的正规性的环境教育。教育者和教育对象在此问题上应当达成共识，应当明确自身的责任，掌握环境保护方面的必要技能，才能够对这一瞬息万变的世界中出现的各种变化作出反应。

环境教育是以环境问题为教育起点，促使教育对象理解当今世界的主要环境问题，使他们获得必要的技能和品德，为改善环境发挥积极作用，在充分尊重生态道德价值观念的基础上保护好环境。

环境教育不是单一学科或某方面知识、理论的阐释，而是在

广泛的跨学科的基础上，采取一种整体性的观念和全面性的观点，认识到自然环境和人工环境是深深地相互依赖的，揭示今天的行为与未来的结果之间有着永久性的联系，证明人与人、群体与群体、国与国之间是相互依存的。

环境教育是面向社会的，而不是某一区域、某一特定地域或是某一集图。环境教育应彰显公益性，促使个人在现实环境中积极参与问题解决的过程，鼓励主动精神、责任感。

（三）环境与自然资源保护法课程的特点

从学科本身来看，环境与自然资源保护法已形成了较为完善的法律体系，是居于第二层次的法律部门，与其他部门法相比，具有独特的特点。

1. 环境与自然资源保护法是环境科技与法的结合法，即科学技术性，必须体现自然规律特别是生态科学规律的要求。这些要求往往通过一系列技术规范、环境标准、操作规程等形式体现出来，并将环境技术规范作为环境法律法规，使其具有法律效力。各种环境标准在环境法中占有极为重要的地位，它既是制定其他环境法规范的基础，也是环境执法的基础。

2. 环境与自然资源保护法具有社会性和公益性，是社会法。它不同于以“个人权利为本位”的私法和以“行政权力为本位”的行政法，它是以社会责任为本位的法，保障社会公共利益和基本人权，关注和规范的是社会领域的法律调整，以保护环境为己任，以保护公众的环境利益为主要目的。

3. 环境与自然资源保护法是综合部门法，具有综合性。环境保护的对象相当广泛，法律关系主体广泛，环境法调整的内容也相当广泛，从而决定了其所采取的法律措施的综合性。

4. 环境法是以可持续发展为价值的法。现代环境法以可持续发展为基本价值取向，其核心内容是要求既满足当代人的需要，

又不对后代人满足其需要的能力构成危害，这个内涵不是传统公法、私法所能真正包容的。只有独立的社会利益并且形成公共社会力量，才会以社会的持续发展为最大关怀。

在课程课件设计时，应当充分认识环境教育和环境与自然资源保护法的学科地位、任务和特点，将环境教育的政策、理念融入设计中去，通过教学课件反映教育教学思想和目标，促进大学生环境意识的培养和良好环境行为的养成。

## 二、《环境与自然资源保护法》教学课件的设计

### （一）教学课件应用软件的选择

教学课件应用软件的选择是关系到课件教学能否取得良好效果的关键。选择应用软件，既要符合教学规律、要求及课程的特点，也要考虑教师所具备的计算机知识和能力水平。同时，更应当充分体现设计者的思想，充分展现设计者的设计理念、设计风格和审美情趣。

目前，大多数的课件教学所选择的应用软件是“microsoft powerpoint”。该应用软件是计算机办公系统的自带软件，使用方便，不受任何环境的限制，制作简单、快捷，对设计者的技术要求不高。使用该软件制作的教学课件，只能起到教学辅助作用，因为它的最大弊端是幻灯片式的展现，图标间的链接关系和交互性比较差，不可能包含大量的信息。如果环境与自然资源保护法课程使用该软件设计教学课件，要想把各种教学内容、图片、知识链接和视频资料置于其中，需要非常复杂的幻灯片之间的链接和跳转，结果就是教师一节课中在不停地点击鼠标。

根据环境与自然资源保护法的课程特点，笔者建议选择 Authorware 作为应用软件。Authorware 是先进、丰富的视音频、可视媒体集成制作解决方案，可用于制作网页和在线学习的应用软

件。运用其制作教学课件，功能强大，课件流程设计方便快捷，支持直接拖放图标，符合教学使用习惯，能使图标间产生链接关系，具有广泛的交互性，并且支持各种媒体文件，从而使得课件的制作具有新颖性、便捷性，易于学生理解课程的背景资料，课件界面显示简单。Authorware 主要具有以下优势：

1. 改进用户界面。Authorware 使流程设计更加方便快捷，支持直接拖放图标，从而使图标间产生链接关系。如可以把图标拖进群组图标作为下一级图标；使框架页面和导航图标链接；使显示对象和移动图标链接；使擦除图标和群组图标链接。

2. 增强的媒体支持。Authorware 支持 Macromedia Flash MX 文件和 Windows Media Player 所支持的媒体文件，也可以动态地加载标准 XML 文件中指定的外部文件。

3. 支持 XML。在已经拥有这项功能的同时，更新了 XML parser，支持大的 XML 文件以及与 XML 文件进行交互。

4. Authorware Application Accessibility。使用该项功能可以使程序更加人性化，界面更友好。它可以用于知识对象、命令、模块，以及使文本发音，为视频添加标题；创造更友好的用户界面、菜单和测试。

5. 增强的计算图标编辑器。支持动态高亮显示脚本、显示格式等等，在编写脚本程序时更方便。

6. 用户自定义脚本函数。设计者可以将其他自定义函数保存在 Authorware 内部或者另外保存起来，这将大大方便用户进行函数的管理，也使得 Authorware 的脚本语句变得更强大了。

7. 图标控制属性。图标的可控制属性达到 150 个，而且每个属性几乎都可以使用对话框来进行设置。

（二）教学课件设计方案

1. 教学内容。设计、制作的教学内容应完整和系统，符合教

学要求，体系规范、完整，结构严谨，知识点无遗漏；观点正确，无政治性、科学性错误，避免严重的文字错误；用语、符号、图表符合国家规范；有相当充分的资料或网络资源链接的储备，所用资料来源清楚，避免侵权。

2. 教学设计。教学目标清晰，定位准确，启发引导性强，有利于激发学生学习兴趣；师生与课件间应具有良好的切换性、交互性，以现实的环境问题为中心，注重能力培养；每章配有适当思考题和习题，借助天津商业大学的网络教学平台，逐步实现对习题的在线评判或学生自学的效果评价，建立作业提交和反馈功能。

3. 技术性。设计合理的安装、启动和退出方式；课件界面人性化，操作方便、灵活；总纲、章、节、目之间导航功能齐备，避免链接错误；启动、链接转换时间短；具有良好的稳定性与安全性；能根据需要选用最适当的制作工具，应用效果好；充分利用多媒体技术，如视频、声音、动画，并具有相应的控制功能；素材结构规范合理。

4. 艺术性。操作界面应做到布局合理、整体风格统一、色彩搭配协调，符合视觉心理；文字、图片、音频、视频、动画配合恰当，符合教学主题；制作精细，吸引力强，能激发学生学习兴趣。

（三）教学课件设计特点

环境与自然资源保护法课程的讲授需要依托大量的自然环境资料，通过真实自然环境状况的介绍，文图并茂，便于学生认识环境基本理论，并加深对环境法律制度的深刻理解。在制作方式上，将大量背景资料运用文本和视频资料的方式链接，情景交融，形象生动，易于互动式教学；由于相关资料多直接来源于现实生活，真实性强，更适合启发式教学。该课件具有链接方便、

讲授清晰、提高单位时间的利用率等优点，有别于传统的课件制作。

1. 整体框架结构合理，符合教育教学规律。整体框架承继了传统教学习惯，按照总纲、编、章、节、目编排设计。环境与自然资源保护法总共分为四编共35章，在每编中，列举各教学章内容。在每个教学章中，设置了内容提要、教学重点和难点、复习与思考等各个环节，符合教学规律和习惯。教学体系完整、清晰和统一，便于学生了解和掌握课程内容。

2. 内容丰富多样，集知识性、理论性、实践性为一体。课件总纲中，设计了环境视频栏目，以介绍自然环境、资源为主，如《动物世界》，一般在课余时间播放，起到娱乐、放松作用。在每一教学章中，设计了视频观点、法律法规、典型案例三个栏目。视频观点栏目以反映最新环境动态为主，包括专家访谈及观点、典型环境问题、环境政策与时事等，使学生了解学科前沿。法律法规栏目主要是各教学章所适用的法律法规和司法解释等，方便教学运用。典型案例栏目中展示的是与各教学章、节相匹配的环境案例，便于教学中的案例分析。除此之外，在每章之首设置了环保知识栏目，介绍中国和世界的自然风光、野生动植物、中国历史文化遗产，特别介绍有关的环境保护纪念日，如世界环境日、水日、地球日、保护臭氧层日等，增加学生的知识，激发学生学习的兴趣，培养他们环境保护的意识。

3. 链接设置精准，实现所有课件内容的任意跳转和播放。首先在整体框架中设计了教学章的导航图标，通过点击就可进入下一章的内容。另外还设计了内容搜索图标，只要输入相关词，便可显示搜索结果，并进入所需的教学内容中。其次，在各章中设计了教学节之间和教学辅助资料的导航图标，教师可根据教学的具体情况，任意跳转到相关内容，也可以任意调出教学视频、法

律法规和典型案例评析，方便组织课堂教学。

4. 教学课件风格清新雅致，富有观赏性。教学课件在总体风格上设计为深蓝色，既庄重，又与课程特点相一致。在各个教学章中，依据内容不同，可设计不同的色彩风格。字体以幼圆为主，视觉效果较好。所有教学章的标题，都是以动画形式展现出来的，主题鲜明、突出。每一个教学章中，都配备了与教学内容一致的图片和视频，反映环境现状，产生强烈的反差效应，引发学生的兴趣和思考。

## 三、《环境与自然资源保护法》课件教学的实践

自 2007 年《环境与自然资源保护法》被确立为法学核心课起，经过五年的不断探索和完善，教学课件的应用取得了较好的效果，获得了学生的一致好评。2012～2013 年度，对环境与自然资源保护法教学班的 160 名学生进行了问卷调查。结果显示，“课件总体效果”满意率为 90%，“设计结构合理性”满意率为 94%，“课件内容丰富度”满意率为 86%，对“知识含量与理论深度”评价为较好的达到 85%，对“课件艺术性”评价为较好的占 82%，对“课件技术性”评价为较高的占 96%。

环境与自然资源保护法课件教学问卷调查汇总

| 评价指标 \ 评价效果 | | 较好或满意 | | 一般或尚可 | | 较差或不满意 | | 很差或很不满意 | | 合计 |
|---|---|---|---|---|---|---|---|---|---|---|
| | | 问卷数 | 比例 | 问卷数 | 比例 | 问卷数 | 比例 | 问卷数 | 比例 | |
| 1 | 课件总体效果 | 144 | 90% | 11 | 7% | 5 | 3% | 0 | 0 | 160 |
| 2 | 设计结构合理性 | 150 | 94% | 10 | 6% | 0 | 0 | 0 | 0 | 160 |
| 3 | 课件内容丰富度 | 138 | 86% | 17 | 11% | 5 | 3% | 0 | 0 | 160 |

续表

| 评价指标 \ 评价效果 | | 较好或满意 | | 一般或尚可 | | 较差或不满意 | | 很差或很不满意 | | 合计 |
|---|---|---|---|---|---|---|---|---|---|---|
| | | 问卷数 | 比例 | 问卷数 | 比例 | 问卷数 | 比例 | 问卷数 | 比例 | |
| 4 | 知识含量与理论深度 | 136 | 85% | 13 | 8% | 11 | 7% | 0 | 0 | 160 |
| 5 | 课件艺术性 | 131 | 82% | 26 | 16% | 3 | 2% | 0 | 0 | 160 |
| 6 | 课件技术性 | 154 | 96% | 6 | 4% | 0 | 0 | 0 | 0 | 160 |

注：问卷调查对象为法学2011级学生，共160人。

为了进一步完善教学课件，不断提高教学质量，对教学班的学生又进行了一次“意见和建议”的征求活动。大多数学生对环境与自然资源保护法的教学效果给予了肯定，并且提出了一些合理的意见和建议。学号为20110023的学生认为：“从总体来说，我非常喜欢环境法课，因为这门课程的课堂教学内容丰富多彩，与现实生活联系密切，并且课件的形式更是吸引人的目光，唯一遗憾的是由于课件播放速度非常快，有很多内容没有记下来，所以感觉自己的笔记有点不够详细。”学号为20110156的学生认为：“总的来说环境法讲课是很有条理的，节下面还有各自的分目，一目了然。不过内容实在是太多了，希望老师能标注出哪些应该重点看。”学号为20110127的学生认为：“存在的问题是笔记有点多，上课来不及记。对于上面问题，一方面课程内容较多，另一方面自己速记功夫不到家。课堂上案例挺好，课件也丰富，获益匪浅。”

以上评价反映了大多数学生的看法和感受。可以说，教学课件从设计到应用都取得了较大成功，得到了学生的一致认同，对提高教育教学质量产生了积极作用，也为解决长期困扰环境与自

然资源保护法教学质量和教学秩序问题探索出一条切实可行的方法。

从收集的资料看，在环境与自然资源保护法课程教学中，突出存在的问题有以下几个方面：①教学内容太多，涉及的法律法规较多，给记笔记带来了较大困难；②教学案例不够多，由于环境法本身是比较枯燥的学科，在案例选择上要有针对性，应当进一步增加案例数量；③增加环境视频的播放时间和内容，以提高学生的注意力；④建议增设环境保护的实践课，走出去了解环境现状；⑤授课内容上，尽可能地与司法考试联系起来，有针对性。

对于这些意见和建议，有的问题是课程本身的原因，如教学内容繁杂、法律法规多；有的问题是在今后教学中需要不断改进和完善的。笔者有充分的理由相信，在今后的教学中，通过教师的不断摸索和学生的密切配合，环境与自然资源保护法的课件教学会取得更大的成效。

# 大学生进行法律援助志愿活动的意义与效能

李玉杰*

**摘要**

法律援助是帮助社会弱势群体维护合法权益，实现社会公平正义的一项重要法律保障制度。法律专业大学生进行法律援助志愿活动，具有无需国家人力和物力资本投入、人力资源充足和服务质量有保证的优势，有助于弱势群体通过法律手段维护自身合法权益，并能通过自愿服务于社会的实践活动，激发学生的人文关怀精神和社会担当意识，帮助学生理解法治理念，树立和坚定法治信仰，训练法律职业技能。

**关键词：** 大学生　法律援助　意义与效能

法律援助通常是指由政府设立的法律援助机构的律师，为经济困难或法律规定必须有律师提供帮助的特殊案件的当事人提供无偿法律服务的一项法律保障制度。大学生法律援助中心则是我国近十几年出现并蓬勃发展起来的一种社会法律援助机构，是依

* 天津商业大学法学院副教授，主要从事刑事诉讼法研究。

托大学法律教育资源、面向社会弱势群体提供专业法律援助的公益性学生组织。在我国全面推进依法治国的大背景下，对大学生的法律援助志愿活动在为社会提供法律服务和法学人才培养方面的意义与效能的深入剖析，有利于这一新生事物的健康和可持续发展。其意义与效能体现在以下三个层面：

## 一、国家和社会层面

法律援助制度是人类社会文明进步的重要体现，是国家法治文明和经济社会发展到一定阶段的必然产物。法律面前人人平等是法治国家的根本要求，人人享有平等的受法律保护的权利是其应有之义。但在任何社会，总会存在一些由于自然、经济、社会和文化、个体等方面的原因而致自身陷入困境，从而处于不利社会地位的人群或阶层，即所谓的弱势群体，当他们的合法权益受到侵害时，其自身往往欠缺维权的能力和手段。如果一个国家和社会不能为这样的弱势群体提供免费的法律帮助，“人人享有平等的受法律保护的权利”就会落空，各种社会矛盾和冲突不能以法律手段有效地解决，国家和社会也不会有安定和谐的有序状态，因此，当国家的法治文明发展到一定阶段时，必然会产生法律援助制度，以实现社会的公平和正义。

法律援助制度诞生于15世纪的英国，其已经有了几百年的历史。作为一种司法救济制度，法律援助在发达国家社会形态的完善过程中起到了极其重要的作用。因此该项制度得以推广至全球，“获得法律帮助的权利”也成为一项基本人权。英国著名法官丹宁勋爵（Lord Denning）曾对此评说，“自第二次世界大战以来，法律方面最重要的革命就是法律援助。”〔1〕我国从1994年开

〔1〕［英］丹宁勋爵：《法律的未来》，刘庸安、张文镇译，法律出版社1999年版，第1页。

始法律援助的试点工作，目前从司法部到省、市、县均建立有法律援助中心，专职从事法律援助工作。法律援助虽已初具规模，但离社会实际需求还有较大的差距，由于经费严重短缺，人员严重不足，导致法律援助的对象远远不能覆盖全部有法律援助需要的弱势人群。为此，国家“十五”计划纲要将“建立法律援助体系”确定为“十五”社会发展目标，党的十六大明确提出“积极开展法律援助”，并将其作为建设社会主义政治文明的重要内容。而高等院校作为培养法律人才的摇篮，拥有为社会提供法律服务的先天条件，完全可以成为政府法律援助工作的重要补充力量。因此，高等院校的法律援助工作得到了国家层面的认可。2003 年修订的《法律援助条例》第 8 条规定：“国家支持和鼓励社会、事业单位等社会组织利用自身资源为经济困难的公民提供法律援助。”《司法部关于贯彻落实〈法律援助条例〉促进和规范法律援助工作的意见》第 5 条也规定：“积极开辟法律援助的社会资源。各级司法行政部门要采取切实措施，鼓励和支持工会、共青团、妇联、残联等社会团体和组织以自身人力和财力资源为本社团特定对象提供免费法律服务；鼓励和支持法律院校高年级学生在教师的指导下为经济困难的公民提供与其业务知识和工作能力相适应的法律援助；探索建立法律援助志愿者队伍，动员社会各界符合条件的人士自愿参与，扩大法律援助的社会资源。”可见高校参与法律援助活动得到了国家的认可，具有法律和政策依据。

法律院校师生进行社会法律援助工作的优势在于：

1. 无需国家人力和物力资本投入。大学法学教师和法律专业的本科、研究生，作为研习法律的专业人士，为社会提供法律服务是学以致用，且其无需以此谋生，因此国家不需要增加编制、经费，也没必要提供额外的办公设施，因此，国家无需投入任何财力、人力，就可以缓解国家专职法律援助律师人手和编制严重

不足，远远不能满足社会实际需求的困境。

2. 人力资源充足。我国自改革开放以来，高等教育也进入发展的快车道，法学教育也从过去的精英教育过渡到大众教育，目前，全国有600多所法律专业院系，在校本科生、研究生30余万名。

3. 服务质量有保证。大学教师术有专攻，很多拥有律师资格并从事兼职律师工作，法律专业学生虽然专业知识和能力尚有欠缺，但有极大的服务于社会的热情，因此，在有律师资格和办案经验的教师的辅导、把关下，可以保证法律援助服务的质量。

目前，我国仍然处于社会转型所致的各种社会矛盾和利益冲突的集中爆发期，财富分配不公、贫富两极分化问题十分突出，环境污染、犯罪率高企、失业率上升、官员腐败、司法不公、公共服务短缺、社会保障薄弱等社会问题十分突出，虽然这是大多数国家转型期都曾经遭遇过的境况，是现代化很难避免的代价和过程，但若不能有效应对解决，其产生的破坏力将是十分巨大的，不仅导致社会长期处于混乱和无序状态，更会严重阻滞现代化的进程，掉入所谓“中等收入陷阱”中而难以自拔。因而任何一个处于传统社会向现代社会转型期的国家，都必然面临如何处理既得利益群体与利益受损群体的冲突所致的各种社会问题。其中在法治的管道内解决各种社会问题是已被发达国家实践所验证的正确的途径。为避免社会冲突演变为社会动乱，冲突各方都应当遵守最基本的法律规则，国家也应提供最基本的法治环境。由于我国长期的人治社会历史，导致法治建设未能跟上社会飞速发展的进程，在受损害的弱势群体身上的表现之一，即是他们中的大多数没有获得过法律帮助，其维权的途径、手段及效果远远不能与法治国家的要求相吻合。在法律援助的经费和人员短期内仍无法获得根本性解决的现实下，大学法律专业的教师和学生无疑

可以成为国家法律援助制度的重要生力军，事实上，他们已经活跃在法律援助的前沿。目前，全国绝大部分法律院系都建立了法律援助机构，在教师的辅导下，学生们在学习之余积极投身于帮助社会弱势群体维权的法律援助活动中，为国家和社会担当着法律人应当有的担当和责任，这对于转型期的中国来说显然是有百利而无一害的。

## 二、社会弱势群体层面

社会弱势群体，是一个用来分析现代由于社会经济利益、社会权利分配不公平而致的社会结构不协调、不合理的概念，是社会学、政治学、社会政策研究领域的核心概念。这一群体以经济上的贫困性、生活质量的低下性及承受灾难能力的脆弱性为基本特征，他们凭借自身力量往往难以维持一般的社会生活标准，因此特别需要社会给予特殊的关爱和援助。处于剧烈社会变革中的中国也形成了一个数量庞大的弱势群体，诸如城市下岗工人，农村贫困、失地农民，进城务工人员，农村留守妇女、老人和儿童，残疾人，罹患职业病而得不到医治和赔偿的劳动者等等，其中贫困是这一群体的最主要的生活状态，按联合国每人平均每天 2.5 美元的生活标准，我国处于贫困线以下的人口达一亿以上。

国家发展经济的终极目的应当是让所有国民都过上自由、平等、富足、有尊严的生活，特别是现代社会以宪政为国家的基本政治治理模式，在此前提下，能否保障社会弱势群体的生存权和发展权，成为一个国家政权是否具有正义性和合法性的重要衡量标准之一。虽然对于宪政的表述各有不同，但“在民主、法治的基础上，通过权力制约的手段，达到基本人权保障的目标”是其本质所在。作为人类政治文明的结晶，宪政制度把实现对所有社会成员基本人权的平等保障作为社会治理的根本目的。作为一个

相对的概念，弱势群体在任何一个国家、任何一个社会都必然存在，因为它是相对于强势群体而言的，它是指在政治、经济、文化、体能、心智、境遇等方面处于相对不利地位的人群。如果依丛林法则，优胜劣汰，适者生存，则人类社会也就成为无异于动物界弱肉强食的虎狼之地。现代文明社会区别于野蛮落后社会的标志之一就是要以国家和社会的力量保护弱者，因为国家若不以立法和司法手段保障弱者的基本生存和发展，帮助他们提高生活水平，改善生活境遇，那么他们自身是没有能力改变自身的处境的。

对弱势群体的保护是现代法治的价值追求。人类历经几千年的历史发展，最终抛弃人治选择法治作为国家的治理手段，是因为人类孜孜以求的正义、自由、平等、人权等理想唯有依靠法治才能得以实现。在自然法则下，人的差别决定了在社会资源占有和支配上的不平等的必然性，而一个正义的国家就应当承担起保护所有社会成员都能平等、自由地享有基本人权，过上有尊严的生活的责任。为此，法治国家就会通过立法以各种合法手段从所有社会成员中征取一定的资源，分配给弱势群体，使他们不致因社会和自身原因而陷入贫困的泥淖无法自拔，由此才能实现整个社会协调、健康的发展，也即实现人类对自由、平等、正义的价值追求。

作为一个有着十几亿人口、曾经十分贫穷落后的大国，要保障所有国民的生存和发展权，保障社会全体成员的各项基本人权，使全体国民都能分享发展的成果，非厉行法治别无他途。改革开放三十多年来，我国的立法工作取得了巨大的进步，保护弱势群体方面的立法也有重大突破，如《老年人权益保障法》、《妇女权益保障法》、《未成年人权益保护法》、《残疾人权益保障法》、《侵权责任法》、《环境保护法》、《劳动法》、《劳动保险

法》、《社会保险法》、《社会保障法》等法律相继颁行，但有法律并不代表有法治，有法不依，执法不严，违法不究的非法治现象还比较普遍和严重，特别是当弱势群体的权利遭到侵害时，维权之路往往走得十分艰辛，这也是近几年社会矛盾和冲突愈演愈烈，群体性事件愈发频繁的重要根源。“无救济即无权利”，法律对公民权利、自由的规定无论多么完备，如果在这些权利和自由受到侵犯之后，受害人无法获得有效的法律救济，也即无法依法得到应有的权利恢复和补救，那么这些法律上的权利和自由也就成为一纸空文。在法治不彰的社会中，权利受到侵害的公民常常会有“有冤无处申”、“有苦无处诉”的感觉，甚至会面临“状告无门”、“申诉无路”的困境，长此以往，国家权力必然丧失其合法性和正义性。因此，国家绝对不能仅仅满足于在立法上规定公民的各种权利，必须建立健全各种权利救济的途径，特别是要保障那些权利被侵犯、自由被剥夺的公民，能够无障碍地诉诸法律，获得司法审查和司法救济的机会。因为司法救济是对公民权利保障最终也是最具执行力的手段，获得庭审的权利——“诉权”——被视为第一人权，就在于它是法律得以发挥作用的唯一途径。

自2015年5月1日起，我国开始改革法院案件受理制度，由立案审查制改为立案登记制，对依法应该受理的案件，做到有案必立、有诉必理，这对于保障当事人的诉权具有重大现实意义，是实现依法治国方略的重要举措。为此，除还必须继续深化司法制度改革，确保实现司法公正之外，加强和完善法律援助制度也是应有之义。获得法律援助的权利之所以被视为一项基本人权，是因为司法活动是一项专业性活动，若无专业人士的帮助，当事人会面临较大的困难。弱势群体往往经济条件有限，无力聘请律师，为其提供免费的法律援助成为法治国家实现司法公正、维护

社会正义的必然选择。

## 三、法学教育层面

改革开放以来，我国的高等教育迅猛发展，特别是在20世纪90年代教育产业化的指导思想下，大跃进式扩招使我国的高等教育迅速由精英教育变为大众教育，教育部网站2015年7月30日公布的2014年全国教育事业发展统计公报显示，全国共有普通高等学校和成人高等学校2824所，比上年增加36所；各类高等教育在学总规模达到3559万人，高等教育毛入学率达到37.5%；1977年恢复法学教育时，全国只有3所大学设有法律系，每年招收200多人。而至2001年，全国设有法学本科专业的高等学校已增加为292所，2005年更增长到559所，如今全国已有600多所高校开设法学专业。2012年法学专业全国普通高校毕业生规模为75 000～80 000人。

伴随着大学规模急剧扩张的却是"大学精神"的陷落。作为以创造和传承人类文明为根本宗旨的大学，"大学精神"是大学在其存在和发展中形成的独特精神气质，是大学的灵魂。虽然由于历史、传统的不同，各大学会形成不同的大学精神，但被公认的不可或缺的精神，非"自由之思想、独立之人格，批判精神、创新精神、社会人文关怀精神"莫属。究其实质，正如爱因斯坦所指出的："学校的目标应该是培养有独立行动和独立思考的个人，不过他们要把社会服务看作自己人生的最高目的。""一个由没有个人独创性和个人志愿的规格统一的个人所组成的社会，是一个没有发展可能的不幸的社会。"但多年的背离教育目的与宗旨的应试教育模式和教育体制的种种弊病，已使我们的大学与"大学精神"渐行渐远。北京大学钱理群教授在武汉大学老校长刘道玉召集的"理想大学"专题研讨会上曾经如此评价现在的大

学教育："我们的一些大学，包括北京大学，正在培养一些'精致的利己主义者'，他们高智商、世俗、老到、善于表演、懂得配合，更善于利用体制达到自己的目的。这种人一旦掌握权力，比一般的贪官污吏危害更大。"如果我们培养的学生毫无社会责任感和社会担当，没有社会人文关怀精神，那剩下的当然只有唯利是图了，其对社会所产生的影响一定是败坏和销蚀，不可能是文明和进步。

法治国家的建设离不开具有坚定的法治信仰的法律人，他们必须发自内心地认同法律、信赖法律、遵守法律，捍卫法律和正义。法律专业学生如果也被培养成"精致的利己主义者"显然无力担当此任。为弱势群体提供法律援助，有助于激发学生的人文关怀精神和社会担当意识，通过对社会现实的亲身经历和体验，更有助于学生理解法治理念，树立和坚定法治信仰。

"高分低能"是多年来大学毕业生广受用人单位抱怨的一种现象，主要源于我们的大学教学偏重理论讲授，欠缺实务训练，其结果就是学校与社会的严重脱节。学生毕业后面对具体工作，即使是本专业的工作，也常常是一头雾水。虽然说大学教育并非纯粹的职业教育，但若大学毕业生连本专业最基本的职业素养和职业技能都不具备，还必须在入职后去补课，不能说不是对社会资源的一种极大浪费。作为实践性极强的法律专业，该问题就更加突出，很多法律专业学生刚工作时甚至连基本的法律文书写作都很难完成。因此，如何加强实践性教学始终是高校教学改革的重点议题。发端于美国的"诊所式法律教学模式"对解决这一问题很有启发、借鉴价值。所谓诊所式法律教育，就是借鉴医学院学生的实践教学模式，在大学法学院中设立法律诊所或曰法律援助中心，学生在有法律实务经验的教师的指导下以法律援助形式办理真实的案件。在办理案件过程中，学生不仅可以训练职业技

能，而且可以体验职业价值。这一教学模式已被引进我国高校法律院系十余年了，已有上百所的法律院系开展了这项教学活动，取得了令人欣喜的教学效果。这种教学方式将法学教育与社会服务无缝对接，不失为 一种全面培养法学学生法治信仰、人文关怀和职业技能的教学方法。

笔者所在的天津商业大学法学院 2009 年成立了法律援助中心，开始了上述法律诊所式的教学实践，也取得了令人满意的效果。几年来，学生们积极下社区开展法律宣传和法律咨询，并通过大量发放法律援助服务联系卡，使越来越多的人知晓了这一法律援助机构的存在，来法律援助中心寻求法律帮助的人也越来越多。在老师的指导下，同学们以极大的热情为这些需要帮助的社会弱势群体提供了力所能及的法律帮助。为他们提供法律意见，撰写法律文书，代理诉讼，不仅服务了社会，也锻炼提高了自己。几年来，参加法律援助的学生的司法考试通过率都维持在较高的水平，如 2014 年司法考试通过率为 42%，远高于没有参加过法律援助活动的学生的通过率，这从另一侧面验证了这一教学活动的良好效果。

## 参考文献

[英] 丹宁勋爵：《法律的未来》，刘庸安、张文镇译，法律出版社 1999 年版。

# 论商法课程教学中的三个基本矛盾及其解决方法

刘 涛*

**摘要**

商法课程的教学效果有赖于对其基本矛盾的正确认知与合理解决。从整体上看，商法课程教学中存在着三个基本矛盾，即商法理论的系统性与商法渊源的庞杂性之间的矛盾、商法规范形式的法律性与商法规范内容的经济性之间的矛盾、商法制定法的形式理性与商法习惯法的经验理性之间的矛盾。商法课程中基本矛盾的解决之道，既要尊重上述三个基本矛盾本身内在的规律性，又要考虑到商法课程教学目标、对象、学时等基本约束条件。基于上述逻辑与对个人授课经验的反思，问题导入法、知识融合法、案例辅助法应成为解决商法课程教学中基本矛盾的三个基本方法。

**关键词：** 商法课程　法学教育　基本矛盾

商法作为商事交易的直接规则，是市场经济最直接、最重要

---

* 天津商业大学法学院讲师，法学硕士，主要从事公司法、证券法研究。

的法律形式，商法知识已成为法学、财经、管理等相关专业研习者知识结构中的必备要素。在这个意义上，商法课程教学的重要性毋庸多言。

由于历史和现实的复杂原因，我国商法课程经历了从无到有、从外国法到中国法、从民商合一到民商分立、从整体商法到部门商法、从选修到必修、从简单到丰富的快速发展过程。〔1〕在这一发展过程中，商法课程教学中的科学性问题、特殊性问题开始得到越来越多有识之士的关注，一些研究者以商法的内在品性与规律性为根据，结合我国高校法学课程教学的实际，提出了不少真知灼见。〔2〕沿着先见者开辟的道路，结合个人在商法课程教学中的经验反思，本文拟从商法课程教学中的基本矛盾分析入手，就其解决方法谈一些个人的思考。

## 一、商法课程教学中的基本矛盾分析

按照现代教育理论，教学内容、教学目的与教育对象是决定教学方法的三要素，而笔者认为，教学内容与教学对象又是其中的重中之重，是教学任务基本矛盾构成的基础因素。其中，教学内容本身的特殊性、教学对象本身的特殊性又需要在授课过程中给予特别重视。进一步看，如果说，作为教学对象的主体，也就是学生方面的特殊性对于所有本科法学课程的教学是一个共性问题的话，那么，作为教学内容方面的制度的特殊性则将决定整个商法课程教学的基本矛盾的内容和性质。以商法课程教学为例，其在教学内容方面的特殊性具体表现为以下三个矛盾：

---

〔1〕 赵旭东：“商法课程的历史、现状与未来”，载《中国大学教学》2009年第9期。

〔2〕 王涌：“我们需要怎样的商法教学——全国商法教学与课程建设研讨会述评”，载《中国大学教学》2009年第9期。

（一）商法理论的系统性与商法渊源的庞杂性之间的矛盾

从目前我国商法课程的构成来看，商法总论是教学内容的一个基本组成部分，其主要承担着商法理论系统化的任务。尽管在实际的教学过程中，商法总论往往沦为一个可有可无的“帽子”，其对后续商法分论的学习的助益功能极其有限，但是直到当下，不管是在整个法学教材的撰写上还是在法学课程教育的过程中，这种基于潘德克顿法学构建论的、体系化的思维仍然根深蒂固，乃至于实现“商法理论系统化”的努力仍成为一种在事实上具有深重影响力的思想取向与行为取向。这种影响力现实化的结果直接表现为作为商法教材中的总论部分在形式上日益“系统化”，这种“系统化”不仅体现为对商法的特征、基本原则的演绎归纳，更体现为对商主体、商行为等基本概念的抽象化与规范化。如果不是刻意的挑剔，仅仅从形式上观察，这种形构商法理论并努力使其“系统化”以至于终要使其达到“类民法总论”高度的工作方向已经明明白白。客观地说，这种努力在一定程度上推动了商法研究与教学的理性化水平，但也随之产生一个越来越严重的问题，那就是这种“系统化”与商法渊源的庞杂性之间的矛盾。按照传统的认识方法，可能大多数人难以认同这一观点，因为辩证法讲究对立统一，越是渊源庞杂则越有系统化之必要，两者即便可称之为“矛盾”，但也恐怕是统一高于对立。笔者认为，这样的思维方式用于民法尚可，用之于商法却悖。为什么？归根到底，要考虑到商法的特殊性。商法渊源的庞杂性是指商法渊源不仅包括商制定法，也包括商判例法；不仅包括成文法，也包括习惯法；不仅包括商主体法，也包括商行为法；不仅包括国内商法，也包括国外商法等等。单就上述内容来看，要在这些具体制度规范之上抽象出系统化的商法总则、总论谈何容易。更为重要的是，商法制度具有更高的灵活性与易变性，市场中潜在的、新

兴的商业模式、商业主体、商业行为使得任何抽象、归纳都充其量只能是“有限抽象”、“不完全归纳”。如果在商法课程中，把这种“有限抽象”、“不完全归纳”以“商法总论”、“商法原理”等“高大上”的名义教授给学生，其结果利弊如何呢？就笔者的教学实践来看，只有两种可能：一是带来更多不必要的迷惑。因为商法总论形式上的系统性、授课时的先入性导致学生在后续商法具体制度规则的学习中有意无意地去对照对比，这种“套公式”的思维与行为本身就背离了商法的精神和商法的本性，影响学生对商法微观规则背后制度成因、价值等具体问题的思考与分析。二是导致“两张皮”。学生基于后续的商法具体制度规则的学习一旦认识到商法总论部分理论“系统性”的无效与虚假，就会自然选择“分而治之”，这在客观上实际等于因无效知识系统而增加了学生的课业负担，削弱了商法课程教学的针对性与实效性。

（二）商法规范形式的法律性与商法规范内容的经济性之间的矛盾

商法规范是商法课程教学中的核心内容，但是商法调整对象的特殊性决定了其规范形式的法律性与其规范内容的经济性之间存在着矛盾。这种矛盾首先表现为规范的表述形式即所谓“法言法语”与规范的内容的经济性的对立。比如，我国《公司法》中的公司资本在法律形式上一般被确认为“注册资本”，那么，这种主要是在公司章程与工商登记材料中存在的静态记载在经济上有何意义？其被法律关注是否意味着它对各利益相关者是非常重要的？上述问题在授课过程中如果仅仅从法律解释学的角度考虑恐怕难以回答，必须从经济上或者市场实践角度来加以理解，而这是所谓“纯粹的法学”教学教育所力所不及的。其次，这种矛盾表现为规范的逻辑形式的法律性与规范内容的经济性之间的对

立。换句话说，商法规范中的公平、公正等法律逻辑与作为其调整对象的市场关系据以建立和维持的成本计算、利益博弈等这样的经济逻辑之间存在着紧张关系。比如，我国《企业破产法》中由法院指定破产管理人的规定，抽象地看，法院作为司法权主体在破产关系中具有超越性、中立性，由法院安排管理人有利于充分保障债权人与债务人双方利益的公平与公正。但是，如果考虑到我国具体的制度环境，考虑到债权人与债务人作为市场主体的自利动机及其将与不利于其利益实现的制度反复博弈的可能性，那么上述制度安排所存在与衍生的问题将可能导致其在实践中失效，而这在授课过程中同样难以仅仅从偏向于静态的法律逻辑的角度去给予充分的解释与回应。实际上，类似问题在商事合同、证券、保险等其他商法具体规范的课程教学过程中随处可见，不胜枚举。在传统的商法教学观念下，由于固守法学纯粹化的观念或者缺乏知识融合的能力，这一矛盾的存在直接导致了学生在理解上的表面化、静止化与片面化，由于不能或无力从规范内容的经济性出发来理解和思考商事制度的安排，使得大量的时间被浪费在法条对比、语义分析、立法目的解释等枝节问题上，实质上抹杀了商法与经济对象和市场实践之间内在的紧密联系。

### （三）商法制定法的形式理性与商法习惯法的经验理性之间的矛盾

众所周知，商法起源于商人习惯法，商法的生命也根植于商人习惯法。这里的商人习惯法宜取广义的理解，可视为支配市场主体交易行为的那些直接市场规则，既包括已经被法律化的，也包括尚未被法律化的。我国的商法渊源主要是制定法，这在客观上就导致商法作为制定法的形式理性与商法作为习惯法的经验理性之间的矛盾，当然，这一矛盾可以通过立法程序、立法机制的调整得到一定程度的缓解和改善。从商法课程教学过程来看，限

于学时、授课人数等因素，目前普遍采取的也是以制定法为主体的系统性、讲授式的教学方法，不论从教师的角度还是从学生的角度，这种授课模式都在一定程度上放大、加剧了商法制定法的形式理性与商法习惯法的经验理性之间的矛盾，容易产生两种不利后果：一是难以形成“自下而上”生成制度的商法思维观念。面对白纸黑字的制定法文本，听着讲台上正襟危坐的专家的权威讲解，难免会让人陷入“权威出商法”、商法“自上而下”而出的思维误区之中，最后完全形成一个颠倒了的商法世界观，忘记了不论在历史上还是在现实中，商人习惯法、市场主体的自发行为才是孕育发展商法的母体。二是难以形成“经验理性优先”的商法思维观念。在商法制定法的讲授中，通行的模式是一个典型的形式理性的演绎过程，即开始于一般概念、特征、原则，结束于具体法条规则要件的阐述。该模式下，师生的思维方式必然趋于收敛，对作为演绎前提的概念、原则的追问与反思必然趋于消极，且不论最终对规则中权利义务等问题理解得是否到位，其对商法制度生成逻辑的理解观念必然趋向于一个类似几何学中的演绎的公理系统，而这对以经验理性、实践性为精神的商法本身来说无异于一场灾难，尽管这种模式可能在短期内是最有效率的一种授课模式或学习模式。

## 二、商法课程教学中基本矛盾的解决方法

商法课程教学中的三个基本矛盾，从根本上说，是商法实践性的本性与商法在特定时空下的存在形式之间的矛盾，只要商法还是商法，上述基本矛盾就必然存在，其不以人的意志为转移。传统的教学方法与模式的问题在于无意识地加剧了矛盾双方的对立程度，最终使得教学结果与“全面、准确认识商法、合理地运用商法”这样的基本教学目标严重背离。因此，最重要的一步是

意识到基本矛盾的存在，然后根据矛盾本身的性质去寻找相应的解决方法。结合个人在商法教学中的经验反思，笔者认为有以下三个方法值得重视：

（一）问题导入法

问题导入法是指针对商法理论的系统性与商法渊源的庞杂性这一矛盾，弱化商法总论部分的抽象功能，强化其问题发现功能，跳出商法课程的形式化系统，将授课内容从观点、理论还原为问题，并结合学生兴趣与社会生活实际情况，进行内容与形式上的提炼与修饰，力争内容上“有货”、形式上“有趣”，然后将授课过程由单向度的讲授灌输变为双向度的问题抛出与发现、分析与解决。比如，在讲公司设立程序时，将枯燥的法律规定尽可能问题化为“你知道个人如何开公司吗?”“市场上有没有办公司的快速通道?”“你知道开公司最合算的方法吗?”等等，由这些可能激发学生主动学习兴趣的问题开始，导入对具体制度安排的学习，导入对具体制度安排的反思。问题导入法取得成效的关键是既要“有货”又要“有趣”。“有货”的实质是指问题本身能够容纳、包含拟授课的相关商法制度的主要部分，在此基础上，问题具有的开放性、延伸性越大越好；“有趣”是指问题有一定新奇性，能够激发学生学习、思考意愿。兴趣是最好的老师，这个道理如果具体化在商法课程的教学过程中，我想就是“问题导入”这四个字，用好、用活问题导入法可以达到事半功倍的效果。

（二）知识融合法

知识融合法是指针对商法规范形式的法律性与商法规范内容的经济性这一矛盾，不惧怕对其背后非法学因素的挖掘分析，积极主动地运用经济学、社会学等跨学科的知识对商法规范内容的形成与演化、价值与逻辑进行多维度、多层面的立体思考。知识

融合是20世纪以来在知识生产方式上出现的对传统专业学科跨域、交叉、综合的潮流与趋势，也是对法学教育整体的内在的要求。〔1〕就商法课程教学而言，其对知识融合所应达到的广度、深度的要求也许是所有法学课程教学中最高的。比如，上市公司财务造假的法律规制问题，不仅涉及多个法学的分支学科的知识，诸如公司法、证券法、会计法、民法、刑法、民事诉讼法、证据法等，而且涉及这些法律制度背后或与之相关的会计的、财务的、税收的、金融的等多方面的经济知识。这就要求商法教师首先要具备开放的、知识融合的心态与胸怀，彻底摆脱“法学纯粹论”的思想羁绊，博览群书，从而形成一个开放的、复合的知识结构与思维结构。从更高意义上说，这种知识融合不仅要包括法学学科内部各分支学科之间的知识融合，而且要包括法学学科与非法学学科之间的知识融合；不仅要包括逻辑推导与实务经验之间的知识融合，而且要包括科学教育与人文教育之间的知识融合四个方面。〔2〕

### （三）案例辅助法

案例辅助法是指针对商法制定法的形式理性与商法习惯法的经验理性这一矛盾，由所要发现或分析的问题入手，从市场实践、法院判例中精选典型案例、差异化案例等原始素材供学生研讨，作为问题导入法的辅助，增强学生学习的主动性，并借此在学生头脑中强化商法作为习惯法“自下而上”的衍生逻辑与观念。案例辅助法可以用于商法课程教学的全过程：在新问题学习之前，可以分析型的案例开路，激发学生学习兴趣，促使学生自

〔1〕 刘涛：“论‘知识融合’观念下的法学教育”，载《首都法学教育研究》2015年第5期。

〔2〕 刘涛：“论‘知识融合’观念下的法学教育”，载《首都法学教育研究》2015年第5期。

主思考，挖掘、提炼出所要解决的问题；在新问题学习过程中，可添加讨论型的案例，鼓励学生分组讨论，活跃学习气氛，强化多角度、多层面思考的求变、求新意识；在新问题学习之后，可借描述型的案例联系市场实际，加深对刚刚学过的问题与知识点的理解。案例辅助法取得成效的关键在于课前准备。在准备工作中，教师除了要熟悉案例本身的内容结构，还要着重把握案例中的重点与难点，以便上课时将其充分呈现给学生，以此激发其分析兴趣与思维的主动性；在此基础上，教师应明确与案例有关的基本原理，明了案例背后可能涉及的基本问题及其主要观点，根据商法课程的课时与学生人数，就其中适宜深入分析、思考的问题作充分的准备，在授课过程中引导学生给予关注，并在最后给出清晰的回应与讲解。值得强调的一点是，作为案例辅助法运用的起点，商法课程案例本身的筛选与发现应满足典型性、新颖性、丰富性三个标准，即通过典型性来提高案例教学的针对性，通过新颖性提高案例教学的趣味性，通过丰富性提高案例教学的思想性。

## 参考文献

1. 赵旭东："商法课程的历史、现状与未来"，载《中国大学教学》2009年第9期。
2. 王涌："我们需要怎样的商法教学——全国商法教学与课程建设研讨会述评"，载《中国大学教学》2009年第9期。
3. 刘涛："论'知识融合'观念下的法学教育"，载《首都法学教育研究》2015年第5期。

# 我国法学教育与法律职业的衔接

贺晋红[*]　张云平[**]

**摘要**

党的十八届四中全会要求全面推进依法治国，建设社会主义法治国家。同时提出要推进法治专门队伍正规化、专业化、职业化，完善法律职业准入制度。当前，我国法学教育与法律职业呈现出割裂的局面，法学伦理教育缺失，如何实现法学理论与职业技能的契合，是当前法学教育亟待解决的问题。

**关键词：** 法学教育　法律职业　职业教育　对策

法学教育是高等教育的重要组成部分，它是以传授法律知识、训练法律思维、培养合格法律专业人才为内容的教育活动。法学教育承担着法治人才的培养，法律文化与法治精神的传承的重任。世界法治发达的国家都十分重视法学教育，注重法律文化

* 天津商业大学2014级民商法学硕士研究生。

** 天津商业大学高职与继续教育学院教师。

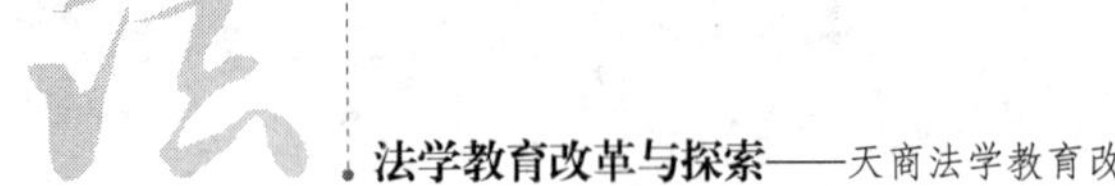



的积淀，注重法律人才的培养。十八届四中全会对法治发展作出了科学的判断，在此背景下，法学教育更关注的是法律人法学理论素养的培养、职业技能的提高、伦理道德素养的培养。近年来，我国的法学教育取得了重大进步，但仍然有许多不足之处。法学教育与法律职业衔接上出现脱节，因此，改革法学教育，实现法学教育与法律职业的衔接十分必要，也具有重大的现实意义与实践意义。

## 一、法学教育与法律职业的关系

从法律科学在人类文明中诞生的那一天起法学教育与法律职业就水乳交融不可分离，二者对于法治状态的实现相辅相成、共同促进。[1]首先，法学教育是从事法律职业的前提和基础，良好的法学教育对于法律人才的培养、法律人的素养以及法治的发展至关重要。从我国当前法律职业的准入来看，从事法官、检察官等工作需要接受系统的法学教育，其准入门槛为本科，只有在适用《法官法》、《检察官法》规定的学历条件确有困难的地方，经最高人民法院确定，在一定时期内，可以将担任法官的学历条件放宽为高等院校法律专业专科毕业。由此可见，从事法律职业至少要具备一定的法律知识，大多数法律职业都要求通过国家司法考试，接受正规化的法学教育。以美国为例，美国对法学教育要求极为严格，美国法学教育主要分三个层次：法律博士、法学硕士和法学博士。美国的法学教育为典型的职业教育，一般要修够一定的本科学分之后才能接受法学教育。其职业准入的基本条件是取得法律职业资格的法学院毕业生。其次，法律职业对于法学教育具有导向作用，随着我国加入世界贸易组织以及经济全球化

〔1〕 罗子琪：《中国法学教育与职业教育衔接》，吉林大学2012年硕士学位论文。

的发展，出现了大量的涉外案件，因此，对于法律职业人的素质要求提高，越来越趋向精英化。此外，基于我国国情，西部法律人才紧缺，经济发达地区高端法律人才缺乏，这使得法学教育趋向精英化与大众化之争。当前的诸多法学职业要求，使得法学教育不得不进行改革，国家顺应需要，提出卓越法律人才培养计划，这也正是法律职业对法学教育具有导向作用的一大体现。

## 二、我国法学教育与法律职业现状分析

### （一）我国法学教育现状

传统的“五院四系”是指新中国建立的五所律师学院及四所大学的法律系的统称。目前五院已经晋升为大学，分别是中国政法大学、西南政法大学、中南财经政法大学、西北政法大学、华东政法大学。四系为北大、人大、吉大、武大法律系。本文通过对传统五院四系的法学本科教育及普通本科学校的法学本科教育进行分析来看我国目前的法学教育现状。

1. 培养目标存在差异。法学教育的目标是法学教育所要达到的境地或结果，是法学教育的方向所在。在我国，不同层次的法学院校培养目标及定位不同。传统的法学教育属于通识教育、素质教育。因此，一般院校的法学教育培养目标为：培养适应社会主义市场经济的需要，具有良好的人文素养和法学知识，了解法学理论、方法和手段，具备法律思维能力和法学研究基础，能够从事法律事务和相关工作的应用型人才。但是，随着我国社会的发展，出现了不同层次的法律人才需求。因此，法学重点院校进行了法学教育改革的实践，出现了分类培养，如中国政法大学将其培养目标定位为法学精英人才培养，西南政法大学为应用型、

复合型卓越法律人才培养，[1]华东政法大学对接了上海建设国际金融、国际航运中心对国际化、应用型法律人才的需求，成立了国际金融法律学院和国际航运法律学院，将其培养目标定位为应用型、复合型、开放型人才培养。

2. 学制、修业年限与学位授予。我国的法学本科教育学制一般为4年；修业年限3~6年。完成学校培养方案规定的课程和学分要求，考核合格，准予毕业并授予法学学士学位。

3. 课程设置。根据专业培养目标的要求，结合社会需要，专业课堂教学课程体系由通识课和专业课构成，通识课和专业课均分别由必修课和选修课组成。必修专业课主要涉及法学十四门核心课程，十四门最基本的核心课程以法学基本理论为主。但选修涉及法学专业的种类较多，各个学校规定不一。从总体来看，传统的五院四系的目标定位高，其注重培养高素质人才，其选修课种类多，包括律师学、法律行为规则等，同时外国法律选修、双语教学也较多。但是法伦理学、法心理学设置较少，较少涉及法学人才伦理素质的培养，只有一些简单的法律职业规则，而且也没有纳入专业必修课的范围。

4. 职业技能培养。从培养方案来看，目前法学教育中涉及职业教育的并不多，大多数法学院校仍以通识教育为主，只有部分院校开始实施卓越人才培养方案，重视职业技能培训，法学教育中职业教育并没有普及。此外，社会实践旨在引导学生了解社会，掌握社会调查的基本方法。目前大多数高校组织的实习大多流于形式，并不能达到真正的学习目的。法学毕业生并不能通过专业实习掌握实际工作中所需要的职业技能。虽然大部分本科院校在授课方面采取了案例教学法、诊所法律教学模式、模拟法

---

〔1〕蒋后强、章晓明：“应用型、复合型卓越法律人才教育培养的理论与实践——以西南政法大学为例”，载《西南政法大学学报》2015年第1期。

庭、专业实习，此类教学虽有助于培养法学毕业生的职业技能，但从法学教育整体来看收效甚微。

（二）我国法律职业现状分析

1. 我国法律职业的基本要求。“法律职业”又称法律行业，是法律工作各个专业的总称，有广义和狭义之分。〔1〕广义的法律职业被等同于人们所从事的与法律相关的各种工作，比如从事法院审判工作、刑事检控工作。狭义的法律职业是指以专业法律知识为基础的法律工作，比如法官、检察官、律师。现代社会，法律职业与医师、建筑师、会计师等职业相同，都是一种专业化程度很高的独立的职业，从发展的历程看，其形成的标志主要有：“①系统的法学理论知识、法律知识；②正规的法学教育体系；③法律职业人员专职从事法律活动，具有相当大的自治性；④法律职业作为统一的共同体，内部传承其特有的职业伦理，从而维系着这一共同体成员及共同体的社会地位和声誉；⑤加入法律职业必须接受现有成员或行业协会的认真考核，获得许可证，得到头衔。”〔2〕由此可以看出，从事法律职业需要具备基本的业务素质，具备一定的职业技能，同时伦理道德素质也是必不可少的。具体来说，首先，法律职业者必须具备一定的专业素质。专业素质要求具备一定的理论知识，熟悉法律法规以及背后的法律精神、法律价值。其次，从职业技能来看，法律职业技能，按照苏力教授的定义，是指从事某项具体的法律实务时所必需的技术性能力，包括：①针对具体法律纠纷提炼法律争点，撰写法律文书的能力；②针对具体法律或者诉讼问题，整合法律和相关材料的

〔1〕 蒋兆乾、郭海洋：“论我国法律职业准入制度”，载《公民与法（法学版）》2012年第8期。

〔2〕 孙笑侠：《法律职业及其形成标志——中国法律硕士专业学位教育的实践与探索》，法律出版社2001年版。

能力；③同客户以及其他法律人谈判和交往的能力；④解决具体纠纷的能力；⑤在具体案件中熟练运用诉讼程序应对诉求的能力；⑥就具体案件在法庭辩论、说服法官的能力；⑦在立法中就特定法律事项游说和推动法律变革的能力。[1]此处的职业技能更多的是针对律师，不同的法律职业者需要不同的法律职业技能。接受一定的法学职业技能培训，使得法学毕业生在毕业之初就具备一定的职业技能，以便更好地投入工作，但在当前的法学教育中这一问题并没有得到有效的解决。最后，伦理素质。之所以说法律职业者要具备一定的伦理素质，是因为它关系到法律职业者的职业道德以及职业操守。

2. 社会对法律人才的需求分析。法律人才的需求总是和一个社会的法治发展状况密切相关，随着改革开放、入世及国家大力倡导法治国家建设，法律服务市场也在不断地形成和扩大。近年来，在建设社会主义市场经济的过程中及中国加入世界贸易组织的情况下，传统的法律人才结构已经发生了重大变化，对法学专业人才的需求也比较大，目前，法律职业存在以下几种趋势：经济发达地区应用型复合型法律人才、涉外法律人才需求较大；我国中西部省份、偏远的贫困地区，法律人才严重不足，存在缺口。不同的职业需求使得我们不得不考虑如何改革法学教育，使得法学教育和法律职业能够更好更深地衔接。

## 三、我国法学教育与法律职业衔接中存在的问题

通过对我国法学教育和法律职业需求的分析，我们可以看出，在当前法学教育和法律职业衔接过程中存在以下几个问题：

### （一）培养目标定位不准确

法学教育培养目标问题，即培养什么样的法律人才。目标的

---

〔1〕 苏力："中国法律技能教育的制度分析"，载《法学家》2008 年第2 期。

定位关乎法律人才的培养，是实现法学教育与法律职业衔接的重大举措。如不对法学教育正确定型，法学教育就会迷失方向，误入歧途，势必制约我国法学教育的发展，就不能培养出满足法治国家要求的合格的法律人才。〔1〕当前，我国法学教育培养目标参差不齐，有通才型、专才型、复合型、应用型和其他。目前大多数本科院校的法学教育多为通识教育，实践中对复合型、应用型人才的需求比较大，但此种培养目标并不具有普遍性，传统的五院四系和一些985、211院校已经进行改革，但是多数还处于试点阶段。培养目标不明确、层次不齐，会导致法学教育的投入、产出与需求之间失衡。

### （二）法学教育与法律职业脱节

法学教育担负的是为法治建设培养大批人才的重任。当前我国法学教育设置了本科、硕士（法学硕士和法律硕士）、博士、博士后等学位。大多数大学开设的法学十四门主干课程，修完相应的学分即可毕业。从上文的法学教育现状可以看出，在国内大多数的法学院，法学人才的培养多为通识教育，涉及职业教育的很少，这就导致相当多的受过系统法学教育的毕业生不能从事法律职业。另一方面，又有相当多的从事法律职业的人却没有受过或者没有系统受过法学教育。这种不正常现象的存在，既造成法学教育资源的浪费，又不利于国家厉行法治。以法官、检察官、律师准入为例来看，由于司法考试是法律职业准入的重要门槛，大多数法学本科生以通过司法考试为目的，诸多法学院也以司法考试通过率来衡量教学质量，进行招生。此种情形导致刚入职的法官、检察官缺乏职业技能，其所接受的理论知识一时间也难以运用到实际工作中。律师的实践性较强，律师在学校接受的职业

〔1〕焦富民：“‘法治中国’视域下法学教育的定位与人才培养机制的优化”，载《法学杂志》2015年第3期。

技能培训较少，大多是后天的“师徒制”，在“师徒制”下，没有完备的实习制度，也无完备的培训与考核制度，在此种情况下，会导致律师“先天不足，后天缺营养”。

（三）法律职业人的伦理素质教育缺失

孙晓楼先生曾指出，法律人才“一定要有法律学问，才可以认识并且改善法律；一定要有社会的常识，才可以合于时宜地运用法律；一定要有法律的道德，才有资格来执行法律”。〔1〕法律伦理教育有利于法律人才素质的提高及法律理想的重建，同时也有利于推进依法治国的进程。司法实践中，法官、检察官的职业道德操守、社会形象直接影响着社会的公平与正义。而当下出现的很多问题都与法律职业伦理教育的缺失有关，这不仅损害了个人利益及形象，从更高层面讲更损害了国家的利益和司法公信力。当前，最高人民法院和最高人民检察院先后出台了《法官职业道德基本准则》、《检察官职业道德基本准则》等有关职业伦理的规范性文件，全国律协也出台了《律师职业行为规范》。这一系列的行为规范标志着我国法律职业伦理规范体系的初步形成与发展。法治的发展不仅要求法律职业者具备基本的职业素养，还需具备良好的职业操守。我国法学教育很少涉及伦理素质教育，其很少受到重视，没有完备的法学伦理教材，也没有系统的课程，一些院校开设法律行为准则课程也是将其纳入专业选修课，法律职业伦理教育也无完备的考核制度。法学伦理教育的缺失也是法学教育和法律职业衔接过程中的一大障碍。

---

〔1〕房绍坤、房文翠：“法学教育对法律职业道德意义的探讨”，载《中国大学教学》2004年第10期。

## 四、法学教育与法律职业衔接的合理构建

### （一）明确目标定位

法学教育明确目标定位才能培养出合格的法律人才，要实现法学教育与法律职业的衔接，法学专业的院校必须和社会的需求相符合，当前，我们不仅需要高端的法律人才，而且普通的法律职业人才需求也存在缺口，因此，法学教育的培养目标不能一味地定位于高端的精英教育。以本科为例，我国的法学专业院校大概分为以下几类：①传统的五院四系；②985 重点院校，如北京航空航天大学；③211 工程院校；④普通一本、二本院校。因此，在制定培养目标时应该结合院校的办学条件、办学能力等主客观因素，采用相对分层的培养方案和培养目标，比如传统的五院四系，法学历史悠久，师资力量雄厚，此类院校，应该将培养目标定位于复合型、高端法律人才培养；985、211 工程的院校，学校软硬件设施较齐全，虽不是传统的法学院校，但是由于学校整体实力较强，吸引了大批高素质教师，且有丰富的教学资源，因此法学专业发展较快，同时此类院校的学生整体水平较高，因此院校以复合型人才为主要目标，实施卓越人才培养计划；对于其他本科院校，应当立足于应用型培养，使得学生既具有扎实的理论功底，又具有一般的职业技能，使得此类学生在毕业后能够迅速地从事法律职业。

### （二）改革法学教育，增加职业教育

范愉教授认为，大学的法学教育中，必须通过学术传统保持和发扬一种体系性的，以学术规范为基础的、批判性的法学，又必须时时将司法实践中的鲜活的经验和新的问题、规则、原则和理念引进到法学体系中，使法学保持经世致用的生命力。在法律职业准入过程中，一个明显的缺陷是法学教育与法律职业脱节，

缺乏法律职业技能培训。要解决这一问题，必须加强职业技能培训，将素质教育与职业教育统一起来。当前，在确保素质教育的基础上，延伸职业教育。对此，我们认为首先应当区分在法学教学体系下的职业教育和就职前的职业技能培训。其次，在统一职业技能培训的基础上，注重职业定位，培养与其从事职业相关的职业技能。这样既保证了法学毕业生具有一定的职业技能，也能确保未通过司法考试的法科毕业生可以从事与法律有关的职业。进行职业定位，保证了术业有专攻，有利于促进法律职业的职业化、精英化。最后，职业教育与职业技能培训，要立足于国情。当前的法律界出现高端法律人才及基层法律人才的缺位。因此，职业技能培训要立足于精英化与大众化，实现二者的有机结合。

（三）法律职业伦理教育

针对法律职业人的伦理素质教育缺失问题，我们认为应该从以下几方面进行完善：

第一，法学教育中囊括法律职业伦理教育。当前，我国法学专业院校普遍没有重视法律职业伦理教育，这已经成为法学教育与法律职业深度衔接的障碍。所以法学教育中必须重视伦理素质教育，提高法律人的职业道德素质。就学校来讲，首先，应当将法学伦理教育纳入法学教育中，将其作为法学必修课。其次，改进教学方法，除了基本理论的讲授，还要增加实践性教学，使得学生于潜移默化中接受职业伦理素养的培养，防止职业伦理教育形同虚设。

第二，法律职业伦理实践。法律职业伦理应当与法律实践相结合，通过诊所法律教育、法律援助服务等手段，将法律职业伦理培养延伸到学校以外的司法机构、律师事务所、社区街道等场所，为学生法律职业伦理培养提供广阔的实践平台。

第三，增强法律职业伦理考核。这一点可以借鉴美国。美国

的大部分州都要求学生在参加职业资格考试之前必须通过全国统一的职业伦理考试。我国的法律职业资格主要通过司法考试取得，在司法考试中虽有法律职业道德的内容，但是分值比例较小，往往得不到重视，因此，改革司法考试，增加职业伦理的比重，无疑是一种促进法学专业学生学习法律职业伦理的有效措施。

第四，拟设置统一的职业伦理记录系统。道德很难衡量和把握，通过设置与个人诚信系统一样的法律职业人职业伦理系统，定期对法律职业人进行考核和评价，记录其重大的违反职业道德事件，以敦促法律职业人重视自身职业素质。

## 五、结语

法学教育的目的在于培养合格的法律人才，为法治建设储备法律人才，弘扬法律文化。实现法学教育与法律职业的衔接，形成具有共同法律语言、共同价值取向和共同思维模式的，全国统一的法学教育团体和法律职业团体，这是全国法律职业统一所必需的，也是社会主义市场经济发展的必然要求。当前，实现法学教育与法律职业的衔接，既是机遇，又是挑战。实现二者的深度衔接，任重道远。

## 参考文献


1. 罗子琪：《中国法学教育与职业教育衔接》，吉林大学 2012 年硕士学位论文。
2. 蒋后强、章晓明："应用型、复合型卓越法律人才教育培养的理论与实践——以西南政法大学为例"，载《西南政法大学学报》2015 年第 1 期。
3. 蒋兆乾、郭海洋："论我国法律职业准入制度"，载《公民与法（法学版）》2012 年第 8 期。

4. 孙笑侠：《法律职业及其形成标志——中国法律硕士专业学位教育的实践与探索》，法律出版社 2001 年版。
5. 苏力："中国法律技能教育的制度分析"，载《法学家》2008 年第 2 期。
6. 焦富民："'法治中国'视域下法学教育的定位与人才培养机制的优化"，载《法学杂志》2015 年第 3 期。
7. 房绍坤、房文翠："法学教育对法律职业道德意义的探讨"，载《中国大学教学》2004 年第 10 期。

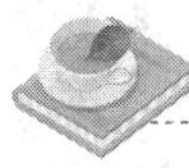

# 论法学教育与司法考试的关系

张馨方[*]　张云平[**]

**摘要**

我国法学教育与司法考试的关系脱节现象明显，但是不能否定二者之间同样存在着紧密的联系。法学教育为司法考试提供基础，司法考试能够使接受过法学教育的学生实现进入律师行业、法检系统、公务员队伍从业的目的。没有法学教育，司法考试无法体现其价值。同时，离开了司法考试的检验，法学教育的目标也无法实现。研究法学教育与司法考试之间的关系，将法学教育与司法考试更好地衔接起来，能够促进二者共同发展。

**关键词**：法学教育　司法考试　司法考试改革　法学教育改革

* 天津商业大学2013级民商法学专业硕士研究生。

** 天津商业大学高职与继续教育学院教师。

## 一、法学教育的现状分析

目前，我国法学教育形式主要有全日制以及非全日制（电大、自学考试、党校）法学教育，教育层次主要分为法学专科、法学本科、法学硕士研究生、法学博士研究生。我国最高法、最高检和司法部联合发布的《国家司法考试实施办法》中规定：只有具备本科学历以上（含全日制本科大三学生）才具有参加司法考试的资格。[1]因此，本文将本科以上法学教育作为重点讨论对象，论述其与司法考试的关系。

我国目前的法学教育现状：

### （一）以培养专业法学人才为主要目标

本科阶段的法学教育主要以通识教育模式为主，使学生具备基本的法学基础知识、法律分析能力以及价值判断能力和社会适应能力。研究生阶段的法学教育侧重于更深层次的法学理论知识的学习和研究。不论哪个阶段的法学教育，其主要目标均为为国家和社会培养专业的法学人才，为学生将来能够顺利进入法律领域或其他领域就业提供基础。

### （二）教学课程设置较为全面合理

从课程的讲授顺序角度划分，本科阶段的法学教育课程主要分为公共课和专业课。公共课主要包括政治理论类课程，不但法学专业学生开设此类课程，非法学专业学生同样将此类课程列入考核目标。专业课是法学专业学生必须具备和掌握的法学专业基本知识，主要包括民法、刑法等十四门核心部门法。研究生阶段的法学教育课程同样可以分为公共课和专业课。不同之处在于其

---

〔1〕《国家司法考试实施办法》第15条规定：“符合以下条件的人员可以报名参加国家司法考试：……④高等院校法律专业本科毕业或者高等院校非法律专业本科毕业并具有法律专业知识。”

根据不同的专业方向设置有不同内容的专业课。例如将法学专业分为民商法、经济法、法理学等研究方向，在不同方向的课程领域设置各自侧重的专业课程。

（三）毕业生从事本专业工作就业率低

2002年国家实行统一的司法考试之后，除律师行业外，入职法检等部门也必须通过国家统一的司法考试，由此，大大增加了法学专业学生的就业难度和就业压力。〔1〕加之近年来，国家将司法考试通过率严格控制在10%左右，近90%的考生在司法考试中被淘汰。同时，司法系统的录用量又十分有限，因此，当前很多法学专业毕业生很难顺利进入司法系统，实现一次性就业，从而不得不选择其他就业领域，或者选择再次参加司法考试。〔2〕

## 二、司法考试的现状分析

到现在司法考试已经进行了14年，命题模式逐步确定，命题内容逐步统一，形成了较为固定的考查重点和考查题型，司法考试制度逐步成熟和完善。

（一）以选拔合格的法律从业者为主要目标

司法考试是一种职业资格准入考试。通过司法考试，是进入律师行业、法检部门、公务员队伍的必备条件之一。司法考试的主要内容包括十四门部门法及社会主义法治理念、司法职业道德等内容，尤其是每年新出台的法律法规及其相关的司法解释掌握的程度以及对法律问题的分析能力，并且与国内外热点事件紧密联系。司法考试通过与否，可以作为检验一个考生法学基本素质

〔1〕朱颖俐："司法考试冲击法学本科教育的原因及对策"，载《韶关学院学报》2010年第10期。

〔2〕梁开银："法律思维：法学教育与司法考试的契合点——论法学教育与司法考试的互动与改良"，载《法学评论》2011年第4期。

高低的标准之一，也可以作为检验一个法律从业者是否合格的标准之一。

（二）逐渐注重理论知识的考察

由于不同的法学学者之间存在不同的法学观点，其可能存在共通之处，也可能存在矛盾之处，从不同的法学观点出发会得出根本不同的结论，例如在刑法中的定罪方面，存在具体符合说与法定符合说两种观点；在共同犯罪中，存在共犯从属性理论、部分犯罪共同说。不同的法学观点及学说理论都具有合理性，我们不能只学习一家之言而摒弃另一种可能的结论。[1]因此，近年来的司法考试命题更加注重法学理论知识的考察，这就要求考生能够深入理解并熟练运用不同的法学理论原理得出不同的结论，同时能够进行详细的原因阐述。

（三）报名人数多，通过比例低

据统计，自2002年司法考试改革以来的14年考试中，报考人数基本呈逐年上升趋势，尤其是近两年，报考人数更是连创新高，2015年以48万再度刷新了2014年45.4万的报考纪录。随着司法考试制度、考试内容、考试方式的不断完善，提高考试难度、抬高报考准入门槛等改革措施呼之欲出，广大考生都希望尽快通过司法考试，这也是司法考试升温的一大原因。这一现象从一定程度上加大了司法考试通过的难度，司法考试淘汰率极高，近几年我国司法考试通过率控制在10%左右。

## 三、法学教育与司法考试脱节

（一）法学教育与司法考试的主要目标不同

社会提供给法律职业者的职位是多层次、宽领域的，不仅公

---

〔1〕孙笑侠："法学教育的制度困境与突破——关于法学教育与司法考试等法律职业制度相衔接的研究报告"，载《法学》2012年第9期。

检法系统、律师行业需要法律人才，企事业单位、司法、行政、教育等领域同样需要法律从业者。与之相应，法学教育以培养多方面、复合型的法律人才为核心目标。[1]在法学本科教育阶段，主要向学生传授法学相关的专业基础知识，使学生具有基本的法律素养、法律基础、法律思维能力以及社会适应能力。在法学研究生教育阶段，应对相关法律理论进行深入讲解使学生的法学理论功底更加扎实。而司法考试的主要目标是为检法部门及律师等行业提供合格的法律从业者，更具有针对性。

（二）单纯依靠法学教育不足以应对司法考试

经过短短四年的本科法学教育，学生掌握的法学专业知识量十分有限，法学理论功底仍不扎实，即使经过了硕士研究生阶段或者博士研究生阶段的法学教育，仍然很难达到司法考试对法学知识深度和广度的要求。此外，从我国法学教育及司法考试现状不难看出，目前，我国的法学教育与司法考试对法律思维的重视程度不同。法学教育偏重于法律知识的传授和考查，忽略了对学生分析解决法律问题能力的培养。而司法考试则从法律实践的角度出发，侧重于考查应试者对法律事务的分析、判断、处理能力，要求考生不仅具备扎实的法学理论功底，更要有敏锐的法律思维能力。

（三）法学教育水平与司法考试通过率无必然联系

目前司法考试的考查范围广、考查内容细，前三卷的客观题目很大一部分侧重考查对各部门法及其司法解释基本内容的掌握程度，对时间、数字及期日的记忆程度。这样仅考查了考生的记忆能力，很难考查出考生对法律问题的分析能力、推理能力、判断能力。加之目前司法考试并未对非法学专业的考生进行限

[1] 罗锋懋：“国家统一司法考试背景下的法学教育改革初探”，载《品牌（下半月）》2015年第6期。

制，可能会有部分无法学基础或法学基础较为薄弱的考生，经过几个月的死记硬背而顺利通过司法考试。相反，一些学习成绩较好或学历较高的法学专业考生败北。因此，司法考试通过与否，并不能反映出学生专业成绩好坏及法学院校法学教育水平高低。

## 四、法学教育与司法考试衔接的必要性分析

### （一）教学内容与司法考试内容相互渗透

大部分法学院校的法学课程设置比较全面，包括民法、刑法、民事诉讼法、刑事诉讼法、行政法与行政诉讼法等主要部门法学科。司法考试分为四卷，前三卷以客观题的形式进行考查，第四卷以主观题的形式进行考查，总体的考查内容主要包含大多数法学院校设置的十四门核心部门法课程。司法考试命题人结合考试大纲以及每年司法考试的命题规律，从十四门核心部门法内容中选择各部门法的恒重点内容并结合当年新出台的重要的法律法规进行命题。由此可以看出，法学教育的教学内容基本涵盖了司法考试的绝大部分内容，二者是相互渗透的。

### （二）法学教育是司法考试通过的基础和前提

法学专业所包含的每一门部门法都具有其自身独特的专业概念、专业术语、专业理论。司法考试的考查范围较法学教育的授课范围更加全面、广泛。要求考生不仅需要具备全面、系统的法学理论知识，还需要具备深入理解并熟练运用专业的法律术语进行表达、分析的能力。接受专业法学教育的学生更易达到司法考试所要求的对大量的法学知识较为明确、系统地掌握的标准。若没有前期专业的法学教育，应试人员无法掌握并灵活运用专业的法学术语，对于一些复杂的法学理论也根本无法在短时间内理解

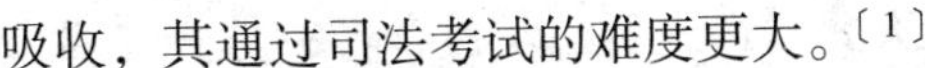
吸收，其通过司法考试的难度更大。[1]

（三）法学教育与司法考试相互促进

尽管法学教育无法完全检测出学生法学知识的应用能力，司法考试也无法完全检测出学生法学理论的研究功底，但是，法学教育作为司法考试的前提和基础具有不可忽视的作用，司法考试作为选拔法律领域专业人才的方式对法学教育的影响同样巨大。法学教育能够为司法考试提供充足的具备考试资格和能力的应试者，除此之外，法学教育还能够促进司法考试制度本身的不断改革和完善。反之，司法考试作为法学教育制度十分重要的环节，同样有助于法学教育的教学内容的不断创新、教学方式的不断完善和管理模式的不断改进。将法学教育与司法考试有效地衔接起来，各自发挥自身的积极作用，共同致力于将优秀的法律人才选拔到法律职业队伍中来。

## 五、如何实现法学教育与司法考试的衔接

（一）法学教育进行适当改革

1. 拓宽法学教育内容。其一，将法学教育的重点放在讲解法学理论，侧重于应然法与实然法的比较，并善于总结和发现现有法律条文的缺陷和不足，培养学生的法律分析以及论证能力。其二，将授课内容结合司法考试中具有代表性的重点、难点的经典题目进行讲解，提高学生适应司法考试命题的能力。其三，在进行课堂教育的同时，注重教学实践的作用，通过对具有代表性的法学案例进行分析，提高学生自主分析问题、解决问题的能力，通过有效的教学实践，提高学生的法学思辨能力、沟通协调能力以及谈判能力，使其能够适应司法考试的改革趋势。

---

〔1〕李自玉、黄宏起："我国司法考试背景下的法学教育改革"，载《西南石油大学学报（社会科学版）》2011年第2期。

2. 改变法学教育考查方式。传统的法学教育考查方式主要以开卷或闭卷考试、撰写论文等为主，有时为了保证专业课程的通过率，这些所谓的考试、论文撰写便流于形式，根本无法使学生的专业知识得到有效运用。随着法学教育方式的变革，考查方式也应该与之相适应，笔者认为若以闭卷考试的方式考查，那么试卷中的题目可以根据司法考试中具有讨论价值的案例或者教学实践中的相关案例来设置题目，此外，还可以采取口语考试的方式进行考查。〔1〕采取以上考查方式，除了能够考查学生的专业知识掌握的程度外，还能够考查学生的法律思维、法律分析、法律判断能力。〔2〕尽可能使法学教育多样化、全面化、系统化、深入化，才更能够适应司法考试中有关法学理论的分析、运用能力的要求。

3. 将司法考试培训机构引入校内。司法考试培训机构是专门针对司法考试进行的专业性辅导，其所聘请的授课老师大多数都能够较好地把握出题规律及命题方向，能够在最短的时间内提供给考生最系统的学科讲解、最重要的学科考点、最有效的记忆方式，让考生经过几个月的复习能够最大限度地掌握司法考试的重点和难点。法学院校也非常重视司法考试的通过率，因此，笔者认为，将司法考试培训机构引入校内，同时与学校的法学教育内容相结合，一方面能够提高法学教育的教学质量，另一方面能够提高司法考试通过率，使法学教育与司法考试起到相互促进的作用。

### （二）对司法考试进行适当改革

2008 年对司法考试进行一定程度的改革，放宽报考条件，允

---

〔1〕 吴志云：“司法考试与法学本科教育的良性互动研究——兼论司法考试大背景下我校法学专业的完善之路”，载《华北科技学院学报》2013 年第 2 期。

〔2〕 刘军：“法学教育与司法考试关系再检讨——以法律思维的培养为视角”，载《法律方法》2013 年第 4 期。

许大三本科专业学生报考，这是法学教育与司法考试相衔接的表现之一。[1]2014 年十八届四中全会提出了针对司法体制改革的内容，司法考试再次改革也成为必然趋势。[2]此次改革有利于法学教育与司法考试更好地衔接起来，并提高司法系统从业人员的整体专业素质。

1. 限定报考条件。法学如同医学，是一门专业性要求较强的学科，从事法律职业的法律人必须经过系统的法学专业的学习，并经过长期的法律训练才能有效地处理法律执业过程中的事务。而目前希望进入以上领域从业的人不在少数，并且目前报考司法考试的条件并不限于法学专业的学生，但是，没有经过系统的法学教育，其所掌握的专业知识的基础并不扎实，即使通过司法考试也并不意味着其能够成为合格的法律人。[3]因此，应对司法考试的报考条件进行一定的限制，规定仅允许法学专业的本科以上学历的人参加考试，使报考司法考试的人员具有大致相同的教育背景，这样能够在一定程度上保证通过司法考试后进入法律职业的从业者具有较强的法学基础，能够更好地适应法律工作，处理法律事务。

2. 改革考试方式。目前我国司法考试的方式为笔试，只要达到国家规定的司法考试分数线（360 分）即可。笔试的考查方式足以测试应试者法学专业知识的掌握程度，但是并不足以显示出其法律实务的处理能力。笔者认为应在笔试的基础上增加面试，

---

〔1〕 王东伟、王雪梅、王晓燕：“司法考试背景下的法学本科教育改革”，载《河北科技师范学院学报（社会科学版）》2010 年第 4 期。

〔2〕 十八届四中全会中指出：“推进法治专门队伍正规化、专业化、职业化，完善法律职业准入制度。建立从符合条件的律师、法学专家中招录立法工作者、法官、检察官制度。健全从政法专业毕业生中招录人才的规范便捷机制，完善职业保障体系。”

〔3〕 倪秉才：“试论我国法学教育与司法考试的关系”，载《教育教学论坛》2014 年第 30 期。

以此来考查一个法律从业者是否具备优秀的法律思维能力和法律实务处理能力。[1]但是增加面试这一环节并非易事，因为其主观性太强，需要精心设置考核内容与程序以及通过标准，等到面试环节设计成熟之后结合笔试部分共同进行考核。法学院校组织的教学实践等活动能够为学生顺利通过面试提供一定的基础。这也是将法学教育与司法考试相衔接的意义所在。

法学教育的主要目标是培养高素质的法律职业人才，其为司法考试提供具有扎实法律功底的优秀应试者，同时，国家统一的司法考试相对于高校法学教育而言，为法学教育提供了新的改革方向与发展思路，司法考试制度的实施对促进法学教育制度的发展具有积极意义。我们必须正确认识和处理法学教育与司法考试之间的关系，在党中央深化司法体制改革的基础上，通过改革法学教育与司法考试，使二者良性互动，更好地促进我国法学专业人才的培养。

## 参考文献

1. 朱颖俐："司法考试冲击法学本科教育的原因及对策"，载《韶关学院学报》2010 年第 10 期。
2. 梁开银："法律思维：法学教育与司法考试的契合点——论法学教育与司法考试的互动与改良"，载《法学评论》2011 年第 4 期。
3. 孙笑侠："法学教育的制度困境与突破——关于法学教育与司法考试等法律职业制度相衔接的研究报告"，载《法学》2012 年第 9 期。
4. 罗锋懋："国家统一司法考试背景下的法学教育改革初探"，载《品牌（下半月）》2015 年第 6 期。
5. 李自玉、黄宏起："我国司法考试背景下的法学教育改革"，载《西南

〔1〕王爱群："从日本法科大学院看我国司法考试与法学教育之关系"，载《大连大学学报》2014 年第 1 期。

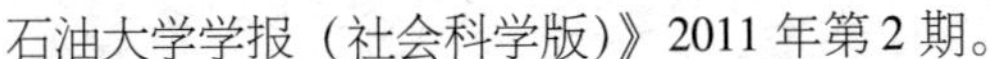
石油大学学报（社会科学版）》2011 年第 2 期。

6. 吴志云：“司法考试与法学本科教育的良性互动研究——兼论司法考试大背景下我校法学专业的完善之路”，载《华北科技学院学报》2013 年第 2 期。
7. 刘军：“法学教育与司法考试关系再检讨——以法律思维的培养为视角”，载《法律方法》2013 年第 4 期。
8. 王东伟、王雪梅、王晓燕：“司法考试背景下的法学本科教育改革”，载《河北科技师范学院学报（社会科学版）》2010 年第 4 期。
9. 倪秉才：“试论我国法学教育与司法考试的关系”，载《教育教学论坛》2014 年第 30 期。
10. 王爱群：“从日本法科大学院看我国司法考试与法学教育之关系”，载《大连大学学报》2014 年第 1 期。

# 教学方法

# 大学生参照性交流合作学习方法认知特点的实验研究

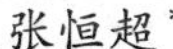

张恒超*

**摘要**

参照性交流社会互动体现了一种“社会公共认知”过程，是各种社会组织中人际互动的一种典型形式，也是教育教学领域合作学习的一种有效组织形式。结合以大学生为被试的四个实验的研究结果系统探讨了“参照性交流合作学习的认知特点”：参照性交流社会互动优势源于参照惯例对活动中交流者间认知和行为的协调作用；参照性交流社会互动的认知协调优势显著表现为交流者选择性注意的指向性水平更高；参照性交流社会互动的认知加工过程受到活动对象结构复杂性的影响。

**关键词：** 大学生　参照性交流　合作学习

* 天津商业大学法学院副教授，主要从事应用心理学研究。

## 一、引言

学生合作学习的典型特征和重要媒介是参照性交流，合作学习和传统个人学习的不同在于引入了人与人互动或合作的机会。在教育领域中，与个人学习相比，对于参照性交流合作学习的研究存在两种观点之争：一种观点认为参照性交流合作学习可以联合和集中学习者彼此的认知资源，有助于学习者间认知的协调，促进提高学习效率；另一种观点则认为参照性交流合作学习是以大量认知资源损耗为前提，特定学习条件下可能抑制合作学习过程。

在现实社会情境中，当人们从事新的或不熟悉的活动时，他们经常通过交谈协调他们的行动。认知心理学中，这种基于特定情境针对特定对象的参照性交流社会互动过程通常被表述为一个“游戏”：“游戏者”——参照性交流者，彼此设定“游戏规则”——问题解决的可能性策略，不断尝试对各种指称对象及它们对活动的重要性作出共同解释。一个谈话回合中，双方彼此提出有关活动的参照性解释，可能彼此认同，也可能彼此提出相反的建议，参照性交流活动持续到共同解释的达成并解决实际问题。〔1〕参照性交流者彼此期望、彼此理解和彼此认同的共同解释是一种基于特定情境针对特定对象的“参照惯例”。〔2〕

参照性交流合作学习过程体现为一种“公共认知”过程，这一过程影响随后的个人相关社会活动中的“个人认知”过

---

〔1〕 D. J. Barr & E. Kronmuller, “Conversation as a Site of Category Learning and Category Use”, *Psychology of Learning and Motivation*, 47 (2006), pp. 181 – 211; A. V. Pietarinen, “The Evolution of Semantics and Language – games for Meaning”, *Interaction Studies*, 7 (2006), pp. 79 – 104.

〔2〕 J. Corter & M. Gluck, “Explaining Basic Categories: Feature Predictability and Information”, *Psychological Bulletin*, 111 (1992), pp. 291 – 303; D. Wilkes – Gibbs & H. Clark, “Coordinating Beliefs in Conversation”, *Journal of Memory and Language*, 31 (1992), pp. 183 – 194.

程。〔1〕近十几年来，参照性交流合作学习的认知特点研究成为研究者关注的一个热点。现实中，共同活动的成功执行以合作者之间意图、假设和信念的协调为前提，与个人学习相比较，参照性交流语言是一种有效灵活的社会协调形式，可以促进多水平的认知协调。〔2〕近几年部分研究者又针对参照性交流合作学习的效率问题做了一定的研究：布伦南（Brennan）、陈（Chen）、迪金森（Dickinson）、奈德（Neider）和泽林斯基（Zelinsky）的研究采用了搜寻任务，并配以眼动观察，发现参照性交流者之间能够更有效地协调彼此的行为，任务搜寻中表现得比个人活动更有效率。〔3〕布朗 - 施密特（Brown - Schmidt）的研究表明，参照性交流过程中交流者彼此借用了大量丰富的背景信息，形成了更为符合实际的表征，使合作任务得以高效率完成。〔4〕

本研究者在对以往研究综述进行分析时发现，对于参照性交流的探讨近乎一致地认同参照性交流语言在合作学习中具有举足轻重的作用，并进一步推论出互动中彼此形成的参照惯例使得交流者间的认知更为协调，认知协调促进行为协调，但是缺乏对于参照性交流合作学习过程特点的直接探查，以及对交流合作学习

---

〔1〕 A. B. Markman & V. S. Makin, "Referential Communication and Category Acquisition", *Journal of Experimental Psychology*: *General*, 127 (1998), pp. 331 - 354; B. C. Malt & S. A. Sloman, "Conversation and Convention: Enduring Influences on Name Choice for Common Objects", *Memory and Cognition*, 32 (2004), pp. 1346 - 1354.

〔2〕 A. Bangerter & H. H. Clark, "Navigating Joint Projects with Dialogue", *Cognitive Science*, 27 (2003), pp. 195 - 225; R. C. Stalnaker, "Common Ground", *Linguistics and Philosophy*, 25 (2002), pp. 701 - 721; K. Tyl'en, E. Weed, M. Wallentin, A. Roepstorff & C. Frith, " Language as A Tool for Interacting Minds", *Mind & Language*, 25 (2010), pp. 3 - 29.

〔3〕 S. E. Brennan, X. Chen, C. A. Dickinson, M. B. Neider & G. J. Zelinsky, " Coordinating Cognition: The Costs and Benefits of Shared Gaze during Collaborative Search", *Cognition*, 106 (2008), pp. 1465 - 1477.

〔4〕 S. Brown - Schmidt, "Partner - specific Interpretation of Maintained Referential Precedents during Interactive Dialogue", *Journal of Memory and Language*, 61 (2009), pp. 171 - 190.

中选择性注意特点的探查，并且忽略了具体合作情境中学习对象的结构特点对参照性交流合作学习认知加工过程的影响。为此，本研究重设实验条件，分别从参照性交流合作学习中参照惯例形成认知过程特点、参照性交流合作学习中的选择性注意认知特点、合作学习对象结构复杂性对参照性交流合作学习认知的影响特点三方面做出进一步的实验研究。本文结合四个实验研究的结果，综合分析讨论大学生参照性交流合作学习方法的认知特点。

## 二、大学生参照性交流合作学习中参照惯例形成的认知过程特点

尽管以往研究认为参照性交流合作学习对于认知和行为的协调源于“参照惯例”的形成及其对于学习的指导作用，但是大多是从参照性交流合作学习结果进行推测，缺乏对于交流过程的直接的分析探查。本研究者对这一问题做了实验探查。

### （一）研究方法

将招募的96名天津市高校在读大学生被试随机分为两组——参照性交流合作学习组（以下简称“参照条件”）、个人学习组（以下简称“个人条件”），均男女各半，并且参照条件同性别随机配对；为了克服日常生活经验和理论知识的影响，实验设计了四特征维度的虚拟生物作为实验材料，每个特征具有两个值，进一步在生物前三个特征维度间人为设计两种功能：简单功能——吸收水分和复杂功能——产生电流。并将简单功能嵌套在复杂功能之中，即要具备产生电流的功能，必须首先具备吸收水分的功能。第四个特征维度为与功能无关的干扰特征维度，以有无的方式呈现。各种组合筛选出8个样例——4个有功能（2个简单功能，2个复杂功能），4个无功能。被试的任务是以交流或个人的方式判断电脑随机呈现的生物具有的功能关系，判断行为伴随反馈。功能预测实验任务，共10个阶段，每个阶段中8个样

例的每一个随机呈现两次，记录每阶段的活动成绩，并使用SPSS16.0 for windows 统计软件统计分析。整个实验操作过程通过聘请专人编制的电脑实验程序实现。

（二）研究结果统计分析

对功能预测正确率做了2（学习条件：参照条件和个人条件）×10（学习阶段）重复测量的方差分析：活动条件主效应显著，$F(1, 46)=4.20$，$p<0.05$，参照条件下被试功能预测成绩高于个人条件；活动阶段主效应极其显著，$F(9, 414)=52.73$，$p<0.01$；交互作用显著，$F(9, 414)=1.94$，$p<0.05$。进一步进行简单效应分析结果表明，从活动阶段5开始参照条件下被试功能预测成绩显著高于个人条件。

（三）讨论：大学生参照性交流合作学习中参照惯例形成的认知过程特点

实验结果表明：功能预测任务中参照条件下的成绩显著高于个人条件，与个人条件相比较，参照性交流对功能预测活动产生促进作用，具体从阶段5显著地表现出来。通过对功能预测整体过程的分析发现，阶段1～4两条件间成绩差异并不显著，表明被试处于对功能的探索时期，不同之处在于：参照条件下交流双方不断尝试建立关于活动对象的共同语言解释——参照惯例，并采用各种认知策略对其进行检验，以使参照惯例指示的精确性不断提高；个人条件下被试进行着功能的自我探索。统计数据显示参照条件下阶段4的正确率为50.00%，从阶段5开始两种条件出现了显著性差异（参照条件：58.59%；个人条件：47.14%）；从参照条件本身看，阶段4～5成绩（50.00%～58.59%）跃进幅度也明显大于个人条件（48.17%～47.14%）。据此本实验发现参照惯例形成于阶段4～5的过程中。从认知加工角度分析，参照惯例形成过程体现了认知“冲突－协调”的转换：在任务之

初交流者在每次判断中集中认知资源关注自己的知识和策略，随着交流任务的进行，双方知识的多样性和差异性引起彼此不同的解决问题的策略与启发，这种分歧不断鼓励同伴提出更简单有效的假设，即双方努力建立参照惯例时既专注自己的知识又考虑对方的知识，既使双方发散性思维得到更好的激发，又能够在不断的彼此评价中实现双方思维的更好聚合，表明参照惯例的形成有一个困难的阶段，具体到本实验中，其表现于阶段 1～4 的活动过程中。本实验中参照条件阶段 6 的成绩为 69.01%，个人条件阶段 10 仅达到 67.71%，可以看到阶段 5 参照惯例形成后对认知和行为协调的促进优势得以充分体现。本实验分析中发现了一个有意义的变化，即参照条件阶段 4、5、6 中连续出现了两次成绩跃进，显示了交流者认知“冲突－协调”转换的完成过程：第一次标示了参照惯例的形成过程，第二次则标示了参照惯例开始明确形成到相对稳定的过程。另外，社会合作活动的其他方面也可以一定程度上解释参照性交流优势：交流任务中会产生互应效应，激发更高水平的活动动机，这种压力使双方不断尝试提出任务的满意解决方案。

## 三、大学生参照性交流合作学习中的选择性注意认知特点

关于参照性交流的研究认为，社会互动中交流者会建立起对活动对象相关特征的共同注意，[1]参照性交流过程中双方通过语言引导彼此共同注意于推理对象对于活动的重要性。[2]基于此，

---

〔1〕 F. Kaplan & V. V. Hafner, “The Challenges of Joint Attention”, *Interaction Studies*, 7 (2006), pp. 135－169.

〔2〕 E. Kronmüller & D. J. Barr, “Perspective－free Pragmatics: Broken Precedents and the Recovery－from－preemption Hypothesis”, *Journal of Memory and Language*, 5692007), pp. 436－455; C. Metzing & S. E. Brennan, “When Conceptual Pacts Are Broken: Partnerspecific Effects on the Comprehension of Referring Expressions”, *Journal of Memory and Language*, 49 (2003), pp. 201－213.

本研究者进一步对参照性交流社会互动中的选择性注意特点做了实验探查。

（一）研究方法

在以上实验基础之上，功能预测任务之后，让参照条件、个人条件被试分别完成一个针对生物的维度选择任务，任务呈现同功能预测，不同的是生物特征维度被灰色的覆盖物遮盖，被试功能判断之前先用鼠标点击认为必须要看的特征维度，点击的覆盖物会自行消失，认为对判断无关的维度不要揭开。该任务只有1个单元，8个样例每个随机呈现两次，不提供反馈。通过记录被试行为反应，分析选择性注意特点：揭开一个与功能有关的维度计为1个，揭开一个与功能无关的维度计为 -1 个，再将两者相加，对揭开维度的平均数量进行 $t$ 检验，作为选择性注意总体水平的指标；再对揭开有关维度（选择性注意指向性指标）和无关维度（选择性注意集中性指标）的平均数量分别进行 $t$ 检验。

（二）研究结果统计分析

对两种条件下被试选择性注意总体水平的 $t$ 检验结果表明：$t\ (26.375) = 2.70$，$p < 0.05$，参照性交流活动中被试选择性注意的总体水平显著高于个人条件，具体分析发现这种差异主要表现在选择性注意指向性水平上，$t\ (59) = -3.80$，$p < 0.01$，而不表现在选择性注意集中性水平上，$t\ (59) = 0.88$，$p > 0.05$。

（三）讨论：大学生参照性交流合作学习中的选择性注意认知特点

本实验从选择性注意角度也发现参照性交流互动活动相比于个人活动的优势作用。按照巴甫洛夫的学说，大脑皮层上对于相应刺激兴奋区域的集中和其他区域的抑制体现了大脑皮层暂时神经联系的分化水平。实验结果证实了参照性交流互动中交流者对于活动对象的意义理解更为准确和清晰，表现为活动中选择性注

意总体水平显著高于个人活动者。近些年神经心理学通过 ERP、MEG、PET 和 fMRI 等技术研究发现，选择性注意可以改变相应大脑功能区的激活水平，对认知活动产生影响，典型表现于提高目标对象认知活动对应的神经功能单元的激活水平和抑制目标周围起干扰作用的神经功能单元的活动，即选择性注意的指向性和集中性。但是在本实验条件下进一步发现参照性交流社会互动中选择性注意总体水平的优势仅显著地体现于选择性注意指向性水平方面，而不表现于选择性注意集中性水平上，显示了参照性交流互动中交流者对于活动对象具有的与活动情境相关的特征理解更为准确，进一步体现了交流者参照性交流过程中语言交流的情境相关性和针对性。

## 四、学习对象结构复杂性对大学生参照性交流合作学习认知的影响

学习对象的结构特点对于学习存在影响作用的观点在认知心理研究中是一个客观存在的事实，但同时也是以往合作学习研究中常常忽略的一个问题。以往研究常采用单一实验材料，关于学习对象结构影响作用的相关研究较为缺乏，基于此，本研究者实验中变化学习对象的结构特点，在前两个实验的基础上，进一步通过两项实验研究，探查了“学习对象结构复杂性对大学生参照性交流合作学习认知的影响”。

### （一）研究方法

两个实验是在如上实验基础上增加了两种实验材料，不断提高生物的功能复杂性：一种材料，生物具有六个维度的身体特征，每个维度的特征具有两个值，具体来讲，在其五个特征维度间人为设计了三种功能：其中的前三个特征维度之间设计两种功能（同上），在另两个特征维度间设计单独的简单功能——产生电流，与前三个维度中的复杂功能相同。第六个特征维度为干扰

维度，也以有无的方式呈现。另一种材料，不同之处在于将单独的简单功能设计为“产生食物”，与前三个维度中的复杂功能不同（之所以没有再增加维度或功能数量，是因为实验中被试完成时间最长达到120分钟左右，再增加维度或功能数量，被试产生的疲劳效应会干扰实验数据的收集和结果的可靠性）。这样两个实验中的材料均为三种，结构复杂性不断增加，被试数量相应增加为216人。实验操作过程同以上两个实验。

两项研究分别着眼于两个角度：生物结构复杂性对功能预测活动过程的影响、生物结构复杂性对维度选择过程中选择性注意的影响。

（二）研究结果统计分析

1. 对三种材料功能预测过程的成绩做3（复杂性）×2（学习条件）×10（学习阶段）的重复测量一个因素的三因素方差分析（活动阶段为被试内因素），结果表明，学习条件和复杂性间交互作用极其显著，$F(2, 138)=8.66$，$p<0.01$。简单效应分析结果表明：当材料复杂性较低时，参照条件成绩极其显著高于个人条件，$F(1, 478)=13.42$，$p<0.01$；当材料复杂性较高时，两条件不存在显著差异，$F(1, 478)=1.32$，$p>0.05$；当材料复杂性高时，个人条件极其显著高于参照性条件，$F(1, 478)=81.44$，$p<0.01$。在个人条件下，三种复杂性材料的功能预测成绩不存在显著差异，$F(2, 717)=2.65$，$p>0.05$。参照条件下，三种复杂性材料间存在极其显著差异，$F(2, 717)=120.01$，$p<0.01$。学习阶段、学习条件和复杂性三者间交互作用极其显著，$F(18, 1242)=2.65$，$p<0.01$。简单效应分析结果表明：当材料复杂性较低时，从阶段5开始参照条件成绩显著高于个人条件；当材料复杂性较高时，各阶段两种条件成绩不存在显著差异；当材料复杂性高时，从阶段2开始个人条件成绩显著高于参

照条件。

2. 对三种材料维度选择结果做了3（复杂性）×2（学习条件）方差分析。结果表明，参照条件的选择性注意总体水平显著高于个人条件，$F(1, 155)=12.83$，$p<0.01$；参照条件的选择性注意指向性水平显著高于个人条件，$F(1, 155)=20.42$，$p<0.01$；参照条件的选择性注意集中性水平与个人条件无显著差异，$F(1, 155)=0.03$，$p>0.05$。

（三）讨论：学习对象结构复杂性对大学生参照性交流合作学习认知的影响

1. 对功能预测实验结果的分析发现，对象结构复杂性对参照性交流活动的影响作用显著，随着复杂性的提高，活动效率效果呈显著下降趋势，表现出由对活动的促进作用向阻碍作用的转换。参照性交流互动活动优势仅在活动对象复杂性较低的情况下存在。参照性交流社会互动的一个显著特点是任务由两人或多人合作完成，交流者需要通过语言逐渐形成针对对象的一致性解释，具体包含合作性知识建构和合作性理解监控两个过程。合作性知识建构过程要经历彼此个体知识建构阶段到合作性联合建构阶段。合作性理解监控过程则要求合作者在彼此不断地认同和批判中逐渐形成关于活动对象共同一致的解释。本实验发现当复杂性增高时，交流者对对象的理解难度将增大，语言表述和理解也将变得更为复杂和困难，合作性知识建构和合作性理解监控过程也逐渐变得复杂和困难。表现出交流者间的发散性思维得到很好的激发，但思维聚合变得困难，难以对对象形成一致的理解，认知难以协调，行为效率降低，表现为随着对象结构复杂性的增大，彼此认知负担不断增大。

2. 对维度选择实验结果的分析发现，尽管学习对象的结构复杂性影响到参照条件的学习过程，但是并不影响参照条件下选择

性注意的总体水平，其一致表现出显著高于个人条件，进一步分析发现这一优势集中表现为选择性注意指向性水平更高，而不表现在选择性注意的集中性水平上。这与功能预测的实验结果分别显示了参照性交流互动中社会认知的不同方面，研究角度、研究指标的不同，所代表的认知加工过程和心理含义是不同的。注意的基本功能是对信息进行选择，但是特定的任务可能给人们提供大量的刺激，包括对任务有意义的刺激和无意义的刺激，人们要保证任务的顺利完成就必须选择重要的有用信息，排除无关信息的干扰。实验表明虽然参照性交流活动过程的成绩变化出现随复杂性增高而下降的趋势，但是这并不影响活动中参照性交流者的选择性注意指向性水平更高，表明参照条件下被试在学习过程中能更有效广泛地注意到与对象相关的信息，而之所以在功能预测过程中表现出下降趋势，则是来源于学习对象无关特征维度以及有关特征维度间关系复杂性对于交流者互动中公共认知的干扰和公共认知负担的增加。

## 五、大学生参照性交流合作学习方法认知特点的教育启示

学习认知过程传统上是在个人学习过程中进行研究的，个人被孤立在一些机会之外不能与他人互动或合作。但许多认知过程——不论是语言、注意、记忆还是思维等——的研究发现，合作学习互动中的集体“心理产品”并不是简单的个人“心理产品”的组合。参照性交流合作学习中的一个显著特点是语言的参与和对于交流者认知与行为的协调，语言在合作学习中可以起到信息的提示作用、活动内容理解的具体化作用，并通过自上而下的思维激活，影响到活动中彼此的注意、感知和记忆过程，表现出认知控制作用。先前研究更多关注了参照性交流合作学习活动的产品结果，但是语言协调作用的过程特点和程序方法仍然没有

很好地被理解。本研究者探查的参照性交流合作学习中参照惯例形成的认知过程特点具有重要的现实意义，未来参照性交流合作学习的语言认知研究有待于在研究方法、研究过程等方面做进一步的尝试和探索。

注意的认知特点，是学习认知研究中不可回避的一个问题，注意表现于人的任何认知过程、认知活动和任何一种认知心理现象之中，注意总是伴随别的心理现象而存在，因此研究参照性交流合作学习过程的选择性注意特点有助于洞察互动中的认知机制和认知过程。本研究的一个重要发现在于具体分离出参照性交流学习中选择性注意的指向性水平显著更高于个人。

尽管已有研究表明，参照性交流合作学习活动效率效果优于个人学习，但也有研究证明这一结论并非绝对成立。参照性交流者的认知因素、学习内容的特点、学习对象的特征等均对学习中的认知产生重要的影响，虽然这些因素对参照性交流合作学习的影响特点和模式至今为止并不是很清楚，但是这里呈现的两个实验再一次证实了学习对象的结构复杂性影响参照性交流的认知过程——语言、思维和选择性注意。参照性交流合作学习并非在任何条件下都是最佳的社会组织形式；其也不是一个单纯的过程，而是包含了复杂的认知加工过程和多因素的协同影响。但参照性交流合作学习的适用条件到底是什么，以往的认知研究相对较少，对此没有一个统一的认识，这有待于未来研究在研究思路、范式和方法等方面进一步尝试和创新。

大学生参照性交流合作学习认知特点的探讨对于教育领域学生合作学习的组织实施具有重要的启示作用。显然，参照性交流合作学习和个人学习在认知加工过程和加工机制方面具有显著的不同之处，即学生从参照性交流的合作学习中取得的“个人”知识不同于在个人学习中形成的“个人”知识。如上所述，不论是

行为研究取向，还是认知研究取向，研究者已经逐渐意识到合作学习并不是在任何情境下、任何活动中，对于任何认知风格的学生来说，均优于个人的独自学习。这既是一种理论观念的挑战，也是对实际研究工作和教育教学的挑战。因此，教师在组织学生合作学习时，应当充分考虑学生已有的学习经历、具体的学科特色以及各种复杂因素，如感知水平、注意水平、语言水平、记忆能力和年龄特点等等。同时，不可否认的一点是，参照性交流合作学习中语言沟通对认知的协调作用是巨大的，语言交流能够通过自上而下的思维激活作用，影响到学习中的注意、感知和记忆过程，表现出认知控制作用。因此，教育教学中教师应重视学生语言交流功能的运用和适当控制，面对传统集体讲授和鼓励个人竞争的教学模式，教师应该注重创造更多语言交流学习的机会，这些语言互动中会绽放出越来越多意想不到的璀璨的思想火花，使得学习不仅成为一种乐趣，也成为一种机会——学生知识增长、认知发展、个性发展的机会，是知识、能力和个性等共同发展的良好契机。合作学习的适用条件到底是什么？这里也仅从参照性交流“听者设计”观的角度对已有研究作出归纳。参照性交流认知研究的复杂性和困难性一定程度上限制了合作学习心理机制探讨的深入，这对于未来认知与行为研究的结合、研究与实践的结合都提出了更高的要求和新的挑战。

总之，参照性交流合作学习体现了一种“社会公共认知”过程，是学习活动中的一种常见形式。对参照性交流合作学习认知特点的探查，一方面可以为科研院所的相关研究（社会认知、语言认知、合作学习认知等）提供客观的佐证，有助于各相关研究结果的相互对照和解释，丰富彼此的研究结果结论；既协调各专业研究方向研究结果的分歧，综合各研究结果，又推动理论的进一步发展。另一方面也为教育部门以及一线课堂教学提供有关

“学生课堂合作学习”具体组织指导方式方法的依据和认知心理学依据。

## 参考文献


1. D. J. Barr & E. Kronmuller, “Conversation as a Site of Category Learning and Category Use”, *Psychology of Learning and Motivation*, 47 (2006).
2. A. V. Pietarinen, “The Evolution of Semantics and Language – games for Meaning”, *Interaction Studies*, 7 (2006).
3. J. Corter& M. Gluck, “Explaining Basic Categories: Feature Predictability and Information”, *Psychological Bulletin*, 111 (1992).
4. D. Wilkes – Gibbs & H. Clark, “Coordinating Beliefs in Conversation”, *Journal of Memory and Language*, 31 (1992).
5. A. B. Markman & V. S. Makin, “Referential Communication and Category Acquisition”, *Journal of Experimental Psychology: General*, 127 (1998).
6. B. C. Malt & S. A. Sloman, “Conversation and Convention: Enduring Influences on Name Choice for Common Objects”, *Memory and Cognition*, 32 (2004).
7. A. Bangerter & H. H. Clark, “Navigating Joint Projects with Dialogue”, *Cognitive Science*, 27 (2003).
8. R. C. Stalnaker, “Common Ground”, *Linguistics and Philosophy*, 25 (2002).
9. K. Tyl'en, E. Weed, M. Wallentin, A. Roepstorff & C. Frith, “Language as a Tool for Interacting Minds”, *Mind & Language*, 25 (2010).
10. S. E. Brennan, X. Chen, C. A. Dickinson, M. B. Neider & G. J. Zelinsky, “Coordinating Cognition: The Costs and Benefits of Shared Gaze during Collaborative Search”, *Cognition*, 106 (2008).
11. S. Brown – Schmidt, “Partner – specific Interpretation of Maintained Referential Precedents during Interactive Dialogue”, *Journal of Memory and Language*, 61 (2009).

12. F. Kaplan & V. V. Hafner, "The Challenges of Joint Attention", *Interaction Studies*, 7 (2006).

13. E. Kronmüller & D. J. Barr, "Perspective – free Pragmatics: Broken Precedents and the Recovery – from – preemption Hypothesis", *Journal of Memory and Language.*

14. C. Metzing & S. E. Brennan, "When Conceptual Pacts Are Broken: Partnerspecific Effects on the Comprehension of Referring Expressions", *Journal of Memory and Language*, 49 (2003).

# 论情景教学法在消费心理学课程中的应用

慕德芳*

**摘要**

情景教学法通过将学生引入与所讲授课程内容相关的特定情景，让学生在看、听、表达和表演中不知不觉地实践课程内容，在消费心理学课堂教学中具有广泛的应用空间。本文阐述了情景教学法的特点及优势，分析了消费心理学课程应用情景教学法的必要性和重要性，并从创设适当情景，进行模拟表演；采用问题或任务的案例式情景教学；在社会实践中开展情景教学三个方面提出了情景教学法在消费心理学课程中的具体应用。

**关键词：** 情景教学法　消费心理学　教学模式

## 一、情景教学法的特点及优势

情景认知理论认为，人类的知识基本都来源于各种活动和情

* 天津商业大学法学院副教授，心理学博士，主要从事心理学研究。

景互动，情景教学法就是基于情景认知理论发展起来的一种实践教学方法。具体是指在教学活动中给学生提供特定的活动场景和学习资源以激发学生主动学习的热情，提高学生的学习兴趣和效率的课堂教学方法。它要求教师在教学过程中，有目的、有步骤地创设或者引入一些真实性的情景，让学生积极主动参与，并借助学生的直观感受培养其发现问题、分析问题和解决问题的能力，从而进一步增强学生的课堂思考能力和课外实践能力，最终实现课程的教学目的。

情景教学法通过将学生引入与所讲授课程内容相关的特定情景，让学生在看、听、表达和表演中不知不觉地实践课程内容，使学生对该课程内容产生浓厚兴趣，触景生情，激活思维，让学生在真实或模拟情景中锻炼、强化、提高运用该课程相关知识的能力，并加深理解相应的知识内容。该教学法能够让学生在更高、更深的层次上遵循“实践－认识－实践”的认知过程，比较而言，是一种更为科学的课堂教学方法，尤其是对实践性较强的课程来说，更是如此。

## 二、消费心理学课程应用情景教学法的必要性和重要性

消费心理学是一门应用性很强的心理学课程，它既是心理学研究的一个重要分支，也是市场营销研究领域的重要组成部分。消费心理学有机结合了普通心理学的基础知识和市场营销的相关理论，将心理学基本原理应用于市场营销实践，是对消费者在消费活动过程中的一些常见的心理现象和行为进行的研究，以提升消费者的利益或心理感受，提高商品经营者的经营利润或经济效益。

1. 消费心理学应用情景教学法的必要性。消费心理学课程教学中引入情景教学法，在很大程度上可激发学生的学习潜能，促

进学生们从整体上理解和运用该课程的相关知识，使学生们在知识、技能和素质方面得到全面协调发展。

（1）激发兴趣，增强信心。有些学生在经历一定量专业课程的学习后，早已对其他许多专业课丧失了最初的好奇心和原有的兴趣，尤其一些基础较差的学生更是如此，有些学生甚至都感觉失去了学习的自信心。而对消费心理学这种应用性较强的课程来说，如果纯粹停留于枯燥的理论，学生会更没有兴趣。因此，需要采用直观性强的情景教学法重新激发他们的学习热情，增强其学习兴趣，切实帮助学生们重塑努力学习的自信心，让学生能够在具体场景中寓学于乐，进而从总体上改善学生学习消费心理学课程的状况。

（2）提升体验，促进思考。通过情景教学，让学生深刻体会到在消费的各种情境下，作为消费者和经营者不同的感受，并切身体会到不同消费心理对消费的影响，能够认识到消费者和经营者因其角色不同，所考虑所关注的内容也是不同的，从而加深学生对消费心理理论的理解。学生通过情景教学的深刻体验才开始进行真正的思考，作为消费者如何买到适合的产品，如何理性对待消费；作为经营者，应该如何吸引消费者，打动消费者，最终促成消费行为。

（3）提高团队合作精神，培养竞争意识。情景教学法经常需借助团队模式来实现，而团队模式又是现实生活和日常工作中普遍存在的一种模式，但在以往的消费心理学课堂教学中却十分缺乏。运用情景教学，可将学生分为多个小组，并为小组的每位成员分配特定的任务，需要他们集体讨论、相互协作、共同完成某项任务，以提高学生的团队合作精神，同时，对走上社会后所需的沟通能力和公共关系处理能力都有所帮助。在消费心理学课堂教学团队分工合作过程中，学生也会产生在团队中脱颖而出的思

想，或者产生试图充当团队的领导者，带领本小组战胜其他小组的想法，这恰恰就是市场竞争意识的雏形，良好的竞争意识可使学生积极进取，提升多方面的素质和能力。

2. 消费心理学应用情景教学法的重要性。

（1）增强学生对所学知识的记忆和理解。思维理论认为，人类的大脑记忆可分为瞬时记忆、短时记忆以及长时记忆。而知识的巩固则主要是长时记忆在发挥作用。同时，人类的这三种记忆的效果与记忆内容和记忆材料有关。在消费心理学的讲课中，教师讲解的语言稍纵即逝，这导致学生往往借助瞬时记忆和短时记忆接受知识，这不利于知识在学生头脑中的巩固。若采用情景教学法，将消费心理学的知识点融入具体的相关消费场景中，通过具体场景形成的鲜活形象则可实现长时记忆，他们在这种真实或模拟的体验中，对所学内容的理解也更加具体和鲜明，从而增进理解的准确度和深度。

（2）促进学生理论联系实际，提高实践能力。在消费心理学教学中，教师将消费者和商家买卖物品的实际场景引进课堂，让学生在实际场景中把理论知识与实践知识结合起来，形成感同身受的切身体会，提高学生们在实际商品购买中灵活地运用消费心理学的课程内容的能力。比如，在消费者的实际消费中，会遇到商家为商品制定的各种价格，哪种定价更能让消费者乐于接受；消费者面对什么样的定价能体会到物美价廉的消费感受。在课堂上，教师把这些实际的消费场景通过模拟的情境呈现给学生，让学生在实际场景中更好地掌握相关技能。

（3）形成学生主导与教师引导相结合的互动教学模式。建构主义学习理论认为，学生的学习过程不是一味地被动接受知识，而是对知识积极主动建构的过程。情景教学法与传统教学法的区别中，关键的一点是教师的作用，也就是教师占主导还是学生占

主导。在实际情景教学中，往往由学生占主导，教师只发挥着引导、评论和纠正的作用。学生在整个情景教学中，要不断地发现问题，对问题进行深入细致的分析，并运用专业知识，经过小组讨论，最终解决问题。学生要在整个教学活动中充当主体地位，教师只是在学生有疑问时去加以引导。情景教学法强调的是教与学的协同互动。如果不能充分激发学生的主动性和积极性，那么整个教学过程则是低效的，甚至是徒劳的。

## 三、情景教学法在消费心理学课程中的具体应用

消费心理学课程中，情景应用既可是真实的场景，也可以模拟或仿真的场景替代，最终目的都是通过实际或模拟的情景环境培养学生学习该课程应具备的知识，提高他们相应的能力。情景教学法在消费心理学中的具体应用主要有：

1. 创设适当情景，进行模拟表演。情景创设就是在消费心理学的课堂讲授中，设法运用各种道具创设生动有趣的模拟购物环境，以及在消费的过程中消费者与商家进行价格谈判的各种场景，并让不同的学生担任不同的消费角色进行模拟表演，诱发学生的学习兴趣，调动他们的积极性，并使其乐于参加各种情景下的消费心理训练。在模拟场景中，让学生通过扮演不同的角色，亲身体验所扮演角色的消费心理、态度、情境等，使学生了解课程学习的要求，并可以布置一定的任务给学生，要求学生依据给定的条件和特定的情境进行选择和判断。比如在学习有关“营销服务与消费心理”的理论知识时，将情景创设与角色扮演结合运用，可大大提高教学效果。

2. 采用问题或任务的案例式情景教学。案例式情景教学是指对于具体的实际应用案例，通过任务或问题的形式传达给学生，以培养学生综合解决实际问题的能力。比如在讲到“商品设计与

消费心理”时，许多学生对商品设计与消费者的心理之间是什么关系、进行商品设计时为什么要充分考虑消费者的心理因素并不清楚，更没有直观的感觉，因此教师可以在课堂上给学生布置一个任务，要求学生做一个实际商品，制作商品的同时就要考虑该商品的市场销售，考虑消费者是否愿意购买该商品，当这些任务布置给学生后，学生在完成任务的过程中就能切身体会到商品设计与消费心理之间的内在联系。同时，也可使用一个完整的典型的案例来完成某一部分教学内容的讲授。如在讲到“消费者的个性心理特征”中的气质类型时，以某一名牌商品的服务策略为例，生产该商品的公司和服务人员深入分析消费者心理，根据消费者不同气质类型（多血质、粘液质、胆汁质、抑郁质）采取不同的服务和营销策略，则会取得良好的经济效益和社会效益。通过此类理论与案例的分析，可使课堂教学内容丰富、生动、鲜明而具体，以便让学生乐于接受所教内容。

3. 在社会实践中开展情景教学。当讲完当代中国社会消费心理和消费行为后，教师可将学生循序渐进地引入社会大课堂，参与实际的社会实践活动。如针对消费心理中的个性追求、绿色消费等特点，对大量普通的消费者进行抽样调查，然后引导学生分析实际调查样本，客观了解社会上消费者在消费中对个性追求、绿色消费等理念的认同程度。另外，在考察消费者消费行为时，可以深入社会，详细了解我国居民消费的地区差异和城乡差异，接触和掌握第一手的资料，在具体实践活动中充分了解课堂所学内容，让学生不仅真正理解和掌握相关知识，而且能够快速应用于生活实践。最后，让学生将个人的消费经历进行总结写成文章，进行交流和讨论。学生可以总结实际消费中的消费动机、消费体验、消费过程、消费决策，总结出在实践中消费心理的特点、作用，让学生通过实践更好地理解和运用消费心理的理论和

知识，可使学生真正在实践中体会学习消费心理学带来的益处。

总之，情景教学法应用于消费心理学课程的教学具有许多优点，情景教学采取以学生为主体，教师加以引导的教学方式，由学生参与进行情景设计、模拟活动、角色扮演等，从而为学生提供更多实践机会，提高学生参与课堂教学的兴趣、提升学生对理论知识运用的实践体验、培养团队合作意识和能力、促进人际沟通与合作能力。希望相关学校和教师能够不断推广这种教学模式，使学生不仅牢固掌握相关理论知识，也能提高实践能力和综合素质，以实现我们的教学目标。

## 参考文献


1. 孔祥金："情景教学法在 CAD 教学中的应用"，载《中国职业技术教育》2007 年第 25 期。
2. 陈文英、陈晓春："情景教学法在概率统计课程中的应用"，载《教育探索》2009 年第 4 期。
3. 雷晓慧："情景教学法在高职旅游英语口语教学中的应用"，载《和田师范专科学校学报》2010 年第 1 期。
4. 曹海仙："情景教学法在教学中的运用"，载《文学教育（上）》2011 年第 5 期。
5. 苏唯珂："情景教学法在人力资源管理教学中的应用"，载《成功（教育）》2012 年第 7 期。
6. 周怡："《消费心理学》教学改革思考"，载《北京农业职业学院学报》2012 年第 6 期。

# 网络时代下刑法学“翻转课堂”初探

蔡文霞*

**摘要**

翻转课堂是一种新出现的课堂教学组织形式。这种教学模式将课堂教学变为课下自学，课下讨论变为课堂讨论，实现了传统教学模式无法达到的教学效果。为了突破传统教学模式的弊端，在网络信息化的今天，法学专业的学生在学习刑法学这门课程之时可以尝试采用“翻转课堂”的教学模式，由学生在课前通过各种教学视频对教学内容进行自学，在课堂上运用所学知识对实践案例进行较为深入的讨论，课后通过网络教学平台实现对案例的延伸讨论和对知识的进一步检测，以培养学生自主学习意识和探索精神，实现良好的教学效果。

**关键词：**翻转课堂　刑法学　网络　自主学习

* 天津商业大学法学院讲师，法学硕士，主要从事刑法学、犯罪学研究。

## 一、"翻转课堂"的基本理念

翻转课堂（Flipping Classroom，也译作颠倒课堂、颠倒教室）是一种新出现的课堂教学组织形式，起源于美国科罗拉多州落基山林地公园高中的乔纳森·伯尔曼（Jon Bergmann）和亚伦·山姆（Aaron Sam）这两位化学老师，他们将结合实时讲解和PPT演示的视频上传到网络而引起众人关注。[1]这两位老师本是为了帮助生病的学生及时学习课程而制作视频并上传网络，但这种新颖的教学模式却引起了萨尔曼·汗（Salman Khan）的关注，在他所创立的汗学院（Khan Academy）的推动下，这种教学模式开始为众多教师所熟知，并在某些教学领域开始逐步尝试实践。

现在人们所提及的"翻转课堂"已经不仅仅是将教学视频上传到网络而已，还需要在课堂上进行相应的配套教学活动，以期达到并超过传统授课模式的教学效果。这种教学模式将传统的课堂讲授内容通过视频教学的形式呈现给学生，让学生课前自学，而原先在课堂讲授后的课后讨论内容却在课堂上完成，实现了传统课堂教学模式的课上和课下内容的翻转，因此被称为"翻转课堂"。

之所以将传统教学模式"翻转"，课堂教学变为课下自学，课下讨论变为课堂讨论，不外乎是在网络信息化时代的今天，这种"翻转课堂"不仅能够依靠网络技术予以实现，而且还具备传统教学模式无法实现的教学效果：

第一，可以随时、多次学习基本教学内容。传统课堂教授教学内容的模式，使得众多学生受到教学时间和地点的限制，一旦错过授课内容，课后难以弥补。但通过网络将教学视频上传，则

〔1〕 Katie Ash, "Educators Evaluate 'Flipped Classrooms' Benefits and Drawbacks Seen in Replacing Lectures with on-demand Video", *Education Week*, 10（2012）, pp. 6-8.

不受学习时间的限制，只要能连接网络就可以随时随地地学习基本教学内容，而且学习一遍之后对尚未掌握的内容，还可以多次学习，直到掌握为止。

第二，将学习过程由“被动”变为“主动”。传统的课堂讲授知识模式使得学生处于被动接受知识的状态，而“翻转课堂”要求学生通过网络上的教学视频自学基本知识，处于主动探索知识的状态。在这种探索过程中，要求学生不仅要能够掌握所学的基本知识，还要善于发现不理解的问题，在课堂上提出，与老师和其他学生讨论解决。在整个过程中，学生始终处于一个主导学习过程的中心地位，教师仅是一个辅导和帮助者的角色，真正实现了教学过程的“以学生为中心”。

第三，实现了个性化教学的目标。传统的课堂讲授知识模式千人一面，在选择讲授内容、讲授方式时尽量兼顾大多数学生的理解能力，但难以实现“因材施教”。“翻转课堂”却较为容易实现个性化的教学，因为学生自主选择教学视频的过程就是一个根据个人学习喜好、学习能力、学习水平而个性化学习的过程。现在网络视频教程众多，各位老师教学风格迥异，学生自主选择喜欢的教学风格学习，既提高了学习兴趣，也提升了学习效率。

第四，通过课堂讨论强化了学习效果和提升了学习深度。在学生已经对基础知识进行了自学的基础上进行课堂讨论，讨论显然有知识底蕴，而且讨论的内容是学生感到疑惑的问题，在这种强烈求知欲驱动下的讨论，必定会激烈而有深度，能将自学过的知识重新巩固和挖掘深度，其学习效果自然不言而喻。

基于“翻转课堂”的种种优势，国内外教学者逐步尝试推广这种新颖的教学模式，越来越多的学科在教学过程中运用这种模式开展教学工作。

## 二、刑法学引入“翻转课堂”的必要性

刑法学这门课程是法学专业学生的必修课程，是储备法学基本知识，提高法学素养所必不可少的课程。因这门课程的教学内容丰富，在大多数学校里都设置为一学年的教学时间。无论是教师，还是学校对这门课程的重视度都相当高，但在实践教学中沿袭传统的教学模式，导致教学效果不尽人意，主要反映在以下几个方面：

第一，教学内容丰富而教学时间有限，教师在有限的时间内难以对全部教学内容做详细的讲解，以致学生对知识的掌握有限。刑法学总论分为二十章的内容，教学时间却只有十六周，平均下来一周要讲授一章多的内容，这就导致教师不可能对全部教学内容做充分详细的讲授，只能退而求其次地讲解重点内容，其他内容则要依靠学生自学掌握。分论内容虽然只有十章，但涉及四百多个罪名，在有限的教学时间里也只能给学生讲解重点罪名。这样就导致学生对所学内容掌握得不够全面和细致。

第二，学生的学习始终处以一种被动的状态。传统的讲授模式使得学生习惯于被动接受知识，惰性强而学习的主动性不强，往往是老师讲到哪里就学到哪里，不讲就不学，完全依靠老师的指挥前进，缺乏积极性和主动性。这种学习气氛下的学习效果可想而知。

第三，学生重在掌握理论知识而忽视了对实践案例的研究。法学专业实际上是一门实践性非常强的学科，今后的就业方向多是司法实践部门，即使是从事理论研究，也需要对实践案例具有较强的处理能力，以便于理论与实践的结合。但传统的讲授模式是以理论讲授为主，案例讲解为辅，所有的案例都是为了说明理论的，学生对案例的分析也是为了更好地巩固所学的理论知识。

这样的过程看起来合情合理，但是把学习的目标集中在“学习知识”而不是“解决问题”上，导致学生在今后的司法实践工作中解决问题的能力不强。

第四，学生的学习深度有限。在有限的教学时间内，教师仅能完成基本的刑法教学任务，往往没有机会对知识进行拓展和延伸。最多能提供一些案例供学生们课后讨论，却无暇在课堂上详细讲解。每当学生进行司法考试等综合性考试复习之时，往往会发现对多个罪名交织的复杂案例无从下手，仅限于能够分析课堂上所讲的涉及一两个罪名的简单案例。每当学生进行考研复习之时，才发现某些基本理论还有很深的挖掘空间，平时教师在课堂上的讲授仅仅是点到为止。

面对刑法传统教学模式所陷入的困境，“翻转课堂”的引入带来了解决之道。“翻转课堂”的诸多优势已然详述，更为重要的是，在刑法学课程引入这种教学模式有着得天独厚的条件：其一，大学生已经具备初步的自学能力，通过观看视频学习基本的教学知识不成问题。其二，当今发达的互联网为广大学生提供了大量的视频课程，有微课、慕课等多种形式，且刑法学作为法学的主干课程在某些精品课网站上也有大量的教学资源供学生免费下载。其三，教学网络平台的建立为广大师生通过网络进行联系提供了极大的便利。教师可以通过教学网络平台及时了解学生的学习情况，纠正学习误区，引导正确的学习方向。

## 三、刑法学“翻转课堂”的实践探索

刑法学这门课程引入“翻转课堂”的教学模式，必须改变原有的教学过程进行重新设计，将课前预习改为课前自学，将课堂听讲改为课堂讨论，将课后复习改为课后总结。这种颠覆性的改变，要求教师和学生都必须投入相当大的精力来改变原有的教学

方式和学习习惯。在具体实践中，可以考虑进行如下的探索：

（一）课前利用网络自学

在第一堂课上课伊始，教师应对学生明确解释“翻转课堂”的教学模式，并阐明实践“翻转课堂”的意义，鼓励学生自此开始，在每堂课上课之前通过网络上的各种教学视频自学教学内容。在网络信息化的今天，不仅是免费的教学网站会提供刑法学课程的教学视频，而且国家精品课程资源网上也会提供一些教师的教学视频。众多的视频课程会使得学生眼花缭乱，不知选择何种视频更适合自己学习。教师可以先提供一些和自己教学内容相吻合的教学视频供学生参考，由学生根据自己的喜好选择适合自己的教学视频观看学习。当然，学生完全可以自由选择其他教学视频进行学习，因为刑法学这门课程相对比较成熟，整个学科的体系较为固定，尽管各个教师的教学内容会有些微差别，但整个体系内容上不会有太大变化。不同的教学视频的学习可以让学生了解到学界不同的观点，反而更有利于学生发现问题和思考问题。

目前，各大网站上的教学视频基本上都是整节课的完整教学视频，有些是教师上课的实况录像，有些是教师独自授课的讲授录像。在视频中，教师对课程的内容讲解详细，不时穿插一些小案例，以助于学生对内容的理解。这样的教学视频便于学生接受，有一种重温课堂的感觉。但是，观看这种教学视频的时间较长，自然导致学生课前自学的时间也较长，同时学生还会延续被动接受教学知识的学习习惯，不过由“课堂听讲”变成了“课前听视频讲”。当然，对于初次接触刑法学这门课程的学生而言，这样的学习方式在初学阶段是必不可少的，毕竟在对刑法学的研究对象和研究方法一无所知的情况下，需要对本门课程的基本概念和体系、研究方法等问题有一个较为深入的领会。但是，在学习一段时间之后，学生可以尝试自己理解和学习教材所述知识，先自学，发现不懂的问题后再力图通过各种教学视频的讲解为自身解惑。一般来讲，一节课的教学视频长达45分钟，不便于学生从中快速寻找疑难问题的讲解片断，这就需要通过任课教师制作的“微课”来解决这一问题。

“微课”即微型课堂，是指在应用多媒体技术就教学过程中的某个知识点或教学环节进行针对性讲解的一段音频或视频。“微课”所讲授的内容呈点状、分割状或碎片状，讲授也只是针对大课堂教学上的某些疑惑所进行的教学，可见它与传统的大课堂教学是完全不一样的。[1]在微课中教师完全可以根据自身对难点和重点的掌握，针对疑难点问题进行有针对性的重点讲解，讲解视频的长度一般不会超过15分钟，短的知识点的讲解可以把时间控制在3～5分钟。学生完全可以根据自身的需要，快速寻找到疑惑问题的讲解片段，并在短时间内学习理解，提高自身的学习效率。为了帮助学生进一步提高学习效率，教师最好是提供短的讲解视频，开门见山地提出难点问题，简洁凝练地对问题进行分析，画龙点睛地对问题进行总结，整个视频的时间控制在5分钟左右。如对“正当防卫的成立条件”这部分内容进行课堂讲解的时候，一般教师需要用一节课的时间对五个成立条件进行详细的讲解。如果采用“微课”的形式，教师完全可以将对每一个成立条件的讲解录制为一个教学视频，每一个视频中都省去教师导入问题的时间以及教师发问等待学生回应的时间等等，五个视频加在一起的时间将大大少于原有的课堂讲授时间，为学生自学节省时间。

实际上，学生自学的形式是多种多样的，每个学生的理解能

---

〔1〕钟显添：“‘微课’小环境下教师的教学探讨”，载《中国现代教育装备》2013年第16期。

力不同，自学的方式自然有所差异。教材是学生自学的基础，网络的各种教学视频是帮助学生深入理解教材的有效工具。如何更好地利用这种工具，提高自身自学的能力，尽快并且准确地掌握学习内容，还需要学生经历一个长期的锻炼过程。

（二）课堂讨论解决难点

在学生对教材所述知识有所理解的基础上，开展课堂讨论是“翻转课堂”的核心内容，也是有效地检验学生自学成果和提升学习深度的一个重要过程。课堂讨论主要是帮助学生解决在自学过程中遇到的困惑和考查学生运用基础知识解决实践问题的能力，因此，课堂讨论应该主要围绕答疑和分析案例展开。一般而言，课堂讨论，尤其是对案例的深入分析和讨论，要求上课人数不宜多，应控制在 30 人左右。这也是“翻转课堂”实现良好教学效果的必然要求。

考查学生运用基础知识解决实践问题的能力主要是通过案例分析的形式。案例的分析应以真实案例为主，由教师收集相关的案例在课堂上展示出来，学生则对案例进行分析。实践案例短小的，可以通过 ppt 课件展示出来，由每个学生独立思考并进行发言；实践案例较长的，可以将案例的复印文本发放给学生，并以小组为单位进行讨论发言。实践案例的案情中必然有一些情节是与法律无关的，而其中又有一些情节对案件的定性量刑起着至关重要的作用。学生分析案例时，首先，必须明确哪些情节是法律人所关注的情节，从纷繁复杂的案情中抽丝剥茧出法律关系予以分析；其次，必须辨明案例中各个行为人的行为的定性；最后，根据案例提供的情节确定行为人的具体量刑，并与法院的真实判决进行对比分析，发现自身的问题或司法实践中存在的问题。

案例分析的过程应该是学生积极运用所学知识解决实践问题的过程。在这一过程中，学生可能会发现在自学基础知识时忽略到的问题，并积极地通过学生之间思想的交流和碰撞去解决这些问题。因此，在整个讨论过程中，学生作为讨论的主体，尽情地阐明自身对问题的理解；教师作为辅助者，只有当学生的讨论偏离了方向时，才及时指出并引导他们自我纠正方向，并且及时帮助学生总结和发现讨论中出现的问题，引导学生进行深层次的讨论。讨论的形式可以多种多样，可以对案例形成不同观点后，以各自观点为阵，形成小组对战；也可以以控辩双方的形式对案例进行辩论；还可以随机发言讨论。不论采取哪种形式，最终都应尽量形成结论。如果实在争执不下，可由教师进行相应的总结归纳，帮助学生形成结论。难以形成定论的问题可以由学生在课下继续展开延伸性的研究。

当然，课堂讨论不仅仅是对实践案例的分析，还应该对学生在自学过程中发现的问题进行解答。答疑环节可以安排在案例分析讨论之后，因为案例分析的过程是学生自我运用知识解决问题的过程，在学生思想的火花碰撞之际，某些疑惑可能会迎刃而解，但是仍困惑学生的问题就需要教师进行解答。

### （三）课后通过网络教学平台巩固知识

课堂上时间有限，学生对案例的讨论可能意犹未尽，完全可以继续利用网络教学平台的讨论吧等空间对案例延伸讨论，解决未尽疑惑。

当今广泛运用的交互式网络教学平台，开展在线和离线的教学支持服务。网络教学平台集成了视频会议系统、虚拟教室系统、聊天工具、BBS 讨论系统、内部电子邮件系统，为学生提供了学习导航、在线离线课程、答疑辅导、讨论、在线自测等服务，提高了师生之间的互动水平以及学生的学习效果。在不少高

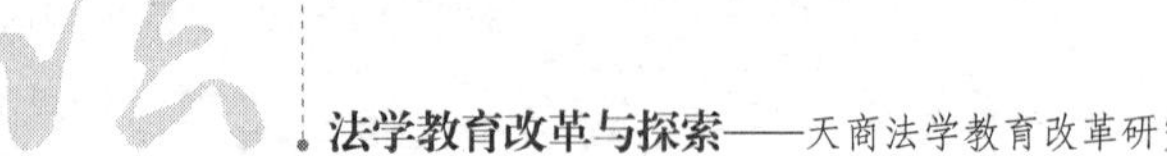


校的校园网上都已经建立了这种网络教学平台，这为“翻转课堂”的课下延伸学习和讨论提供了必不可少的学习条件。

在网络讨论空间里，同学们仍能继续各抒己见，教师也可以进行课后的指导，从中了解学生对案例的理解深度。除了课堂讨论的案例之外，学生也可以寻找其他相关案例进行自主讨论，特别是讨论一些尚未有明确结论的案例。案例的讨论重在锻炼语言表述和逻辑思维能力，结论并不重要，关键是培养学生浓烈的讨论氛围和对未知事物的积极探索精神。教师在指导学生讨论之外，也可以鼓励学生根据讨论中的思考，尝试写小论文，进一步锻炼学生的文字表述功底和对问题的归纳能力。

课后，教师也可以利用网络教学平台实现对学生学习情况的检查和了解。案例讨论中所涉及的知识点有限，全面的基础知识的小测验更能有效地检测学生学习效果。因此，教师不妨在网络教学平台上设置一些在线自测题目供学生测试，同时在后台对学生的测试成绩进行监控，随时了解学生的情况，并对测试中反映出的一些共性问题在公告栏中进行提示。同时，教师也可以通过网络教学平台为学生提供更多的案例资料、司法实践的庭审视频或社会实践案例视频等多种形式的学习资源供学生学习。

由此可见，刑法学课程引入“翻转课堂”的教学模式，对教师和学生都是一个不小的挑战。这种模式要求教师熟悉教学内容并具备制作“微课”的能力以及深入引导课堂讨论的能力，同时还需要为学生提供一定的自学资源；这种模式也要求学生逐步养成以自学为主、讲授为辅的学习习惯，并形成对知识的自我探索意识。在网络时代的今天，教师和学生共同利用网络实现“翻转课堂”的教学模式并发挥其最大的教学效果是切实可行的，但仍需不断的努力和探索。

## 参考文献

1. Katie Ash, “Educators Evaluate ‘Flipped Classrooms’ Benefits and Drawbacks Seen in Replacing Lectures with on - demand Video”, *Education Week*, 10 (2012).

2. 钟显添：“‘微课’小环境下教师的教学探讨”，载《中国现代教育装备》2013 年第 16 期。

# 论互动式教学在法学本科专业课程课堂教学中的运用

崔文俊[*] 刘圣宇[**]

**摘要**

互动式教学具有很多优点，能够有效克服传统教学方法的诸多弊端，在法学本科专业课程课堂教学中采用互动式教学是十分必要的。在实施互动式课堂教学之前，教师应当拟定有待探讨的问题，并向学生提供必要的参考资料，学生应当围绕相关问题进行自主学习与探究。在实施互动式课堂教学的过程中，教师应当积极引导学生进行讨论，充分尊重学生的意见，及时对学生的讨论情况作出评价和总结，并最终阐明问题的结论。

**关键词：**法学本科课程　课堂教学　教学方法　互动式教学　讲述式教学

* 天津商业大学法学院讲师，法学硕士，主要从事行政法与行政诉讼法学研究。

** 天津商业大学2014级宪法与行政法学专业硕士研究生。

## 一、引言

近年来，法学本科专业课程教学方法改革问题备受关注。目前，讲述式教学在法学本科专业课程课堂教学中居于主导地位。尽管部分高校的法学教师已经开始关注互动式教学方法，但这种教学方法在法学本科专业课程课堂教学中的地位并不突出。这就产生了一个问题，即在法学本科专业课程课堂教学中采用互动式教学是否必要？如果必要，教师应当如何开展互动式教学？为此，本文将在现有研究成果的基础上，对在法学本科专业课程课堂教学中实行互动式教学的有关问题进行探讨。

## 二、在法学本科专业课程课堂教学中采用互动式教学的必要性

### （一）传统讲述式教学方法的不足

法学院是培养法律专业人才的地方。当前的法学教育在很大程度上是面向考试类型的，主要采用讲述式教学方法。国家司法考试制度的推行使得法学教育面临着更大的挑战。正如有学者指出的那样，司法考试作为指挥棒影响了法律精神的培养，冲击了先进教育方法的采用，挫伤了拓宽学生知识面和培养实践能力的努力，更漠视了社会对法律人才的多种需求。[1]传统的讲述式教学方法对于应对应试教育还是十分有效的。因为，传统的课堂“填鸭式”教学，加上课后大量的练习，对于学生迅速掌握考试范围内的知识，提高应试能力效果十分明显。可是，法学教育对于司法考试过于依赖，以至奉为圭臬的弊端已经凸显。其实，司法考试所能考查的内容非常有限，出于各种原因，一般只能局限

---

〔1〕张利民：“评司法考试导向性法学教育——对中国法学教育可持续发展的关注和思考”，载《法制与社会发展》2002年第6期。

于考查学生的信息型知识和有限程度的法律方法、文书技术的掌握情况，很难有效考查学生的法律言辞技术和法学理论素养。〔1〕因此，在法学本科专业课程课堂教学中，教师不能过于依赖传统的讲述式教学方法，必须寻找和采用更加有效的教学方法。

### （二）互动式教学方法的比较优势

互动式教学是在教师主导之下，以师生双向互动交流为主线的教学理念和方法。〔2〕与传统的讲述式教学方法相比，互动式教学具有明显的优势。

首先，互动式教学有利于培养法学本科学生的问题意识。在传统的讲述式教学模式下，学生的问题意识较差。尤其是在应试教育背景下，不少教师在课堂教学中把较多的时间用于讲授司法考试大纲要求掌握的知识点，学生们很难有动力去发现法学理论或者法律实践中的问题。学生即便在学习过程中遇到一些有待解决的法律问题，由于缺乏必要的引导和指导，也很少会自主进行探究。采用互动式教学，学生们会根据自身的兴趣去获取司法考试大纲以外的内容，有利于扩大学生的视野，激发学生的问题意识，培养学生自主发现问题的能力。

其次，互动式教学有利于培养法学本科学生的法律思维方式。法律思维方式，就是按照法律的逻辑（包括法律规范、原则和精神）来观察、分析和解决社会问题的思维方式。在法治国家中，其关键就是要用法律至上、权利平等和社会自治的核心理念去思考和评判一切涉法性社会争议问题。〔3〕法律思维的养成，不是一蹴而就的。在传统的讲述式教学模式下，教师很少去追问法

---

〔1〕 郑成良、李学尧："论法学教育与司法考试的衔接——法律职业准入控制的一种视角"，载《法制与社会发展》2010 年第 1 期。

〔2〕 孙海芳："论互动式教学在法学教育中的应用"，载《教育探索》2011 年第 9 期。

〔3〕 郑成良："论法治理念与法律思维"，载《吉林大学社会科学学报》2000 年第 4 期。

律规定背后的理念和原因，学生们更多只是被动接受教师讲解的内容，这十分不利于培养学生的法律思维。互动式教学要求教师在授课过程中与学生之间充分互动，呈现自身对问题的思考过程与思考方法，这对于培养法学本科学生的法律思维是十分有利的。

最后，互动式教学有利于全面提高法学本科学生的素质和能力。法科学生的素质和能力，很大程度上就是运用法律进行思维、推理、分析问题、解决问题的能力。在传统的讲述式教学模式下，学生习惯于被动地接受教师讲授的内容，即使在进行案例教学的情况下，也仅限于对相关案例的简单分析。在这个过程中，学生很难得到有效的训练。在互动式教学模式下，学生通过小组讨论等方式，能够亲身体会从教材上的法学知识到实际中的法学知识的转化。在这个过程中，参与讨论的学生必然会提升自己的团队合作能力，也会努力去掌握运用法律推理以及分析问题、解决问题的能力。

## 三、互动式课堂教学的课前准备

互动式教学虽然具有很多优点，但采用这种教学方法对教师和学生的要求也比较高，需要教师和学生在课前做好相应的准备工作。一般而言，在实施互动式课堂教学前，教师和学生主要应当做好以下工作：

### （一）教师拟定有待探讨的问题

互动式教学是师生之间围绕特定问题展开交流、探讨的教学模式，因此，拟定好有待探讨的问题是顺利实施互动式教学的前提。这些有待探讨的问题，可以是理论上的问题，也可以是实践中的问题。教师在拟定有待探讨的理论问题时，应当根据教学目的和要求，选择本课程中争议性较强、可以激发学生深入思考的

问题。考虑到采用互动式教学会占用较多的课堂时间，因此，有待讨论的问题还应当是教学中的重点或者难点问题。对教学中不太重要或者过于简单的问题，通过讲述式教学或者学生自主学习解决即可。

（二）教师向学生提供必要的参考资料

为了确保互动式教学的顺利开展，教师在提出有待探讨的问题之后，应当向学生提供必要的参考资料。至少在互动式教学实施的初期，教师这样做是十分必要的。待学生掌握了收集资料的方法，且有时间，也有能力自行收集资料时，教师可以尝试着指导学生自主进行资料的收集与整理工作。在相关参考资料较多的情况下，教师应当根据教学目的和要求，考虑学生的时间、能力等因素，合理精选其中比较重要的参考资料。同时，教师在向学生提供这些参考资料时，应当附上相应的参考文献。当然，教师提供必要的参考资料，只是为学生将来探讨问题提供一个基础。在将来探讨问题时，教师不能要求学生仅以事先提供的参考资料作为讨论的基础，而应当鼓励、引导学生去发现、运用其他有价值的参考资料。教师在整个过程中，也需要不断进行学习，并随时更新、补充重要的参考资料。此外，教师在向学生提供必要的参考资料时，还应当告知学生延伸阅读资料的来源及其获取方式，以便鼓励爱好钻研的学生能够开展进一步的自主学习与探究。

（三）学生围绕相关问题进行自主学习与探究

学生要想参与相关法律问题的讨论，必须进行充分的准备才有可能。课堂教学的时间非常有限，如果学生在课堂上才开始准备，势必会影响课堂教学的正常进行。为了确保课堂互动教学能够卓有成效的进行，学生在课前做好准备是十分必要的。学生的课前准备，不限于教师提供的参考资料。首先，学生应该掌握与

待探讨问题相关的基础知识，这是学生将来进行探讨和交流的前提和基础。其次，学生要围绕待探讨的问题，阅读教师提供的参考资料。必要时，学生可以进一步查找相关参考资料。根据法学课程的特点，学生需要阅读的参考资料主要可以分为三类：一是各种不同的学说、观点及其理论依据；二是现行法律、司法解释、行政法规等规范性文件的相关规定；二是实践中的具体做法，包括行政机关作出的相关裁决或者决定、人民法院作出的相关判决或者裁定等。考虑到有些待探讨的问题比较复杂，参考资料也非常多，学生在必要时可以进行合作式学习，以确保课前准备的效果。最后，学生要对待探讨的问题形成自己初步的观点，并能够简要地阐明其法理根据与法律依据。

（四）明确互动式课堂教学的规则

互动式教学有师生之间“一对一”的互动，也有师生之间“一对多”的互动或者学生之间“一对多”或者“多对多”的互动。现阶段的大学本科教学基本上都是大班授课，学生人数普遍在 40 人左右。有的课程甚至是几个班的学生同时上课，学生人数在 70 人以上。关于教师与学生之间“一对一”的互动，一般在教学秩序上不会产生什么问题。但是，在其他几种情形下，由于参与互动的人数较多，如果没有共同遵守的规则存在，教学就会出现无序混乱的情形。没有规矩，不成方圆。为了维护正常的课堂教学秩序，保障互动式教学的实施，制定互动式课堂教学的规则是十分必要的。关于互动式课堂教学的规则，主要是相互交流、探讨的规则，主要有：教师既是互动式教学的参与者，也是互动式教学的引导者，学生应当服从教师的指挥；学生发言应当经过教师的同意；要在指定的时间内完成发言；发言的内容要与讨论的问题密切相关；观点要明确，表达要尽可能精练、准确；认真倾听他人的意见，不随意打断他人的发言；与他人观点相同

的，可以表明态度，不必重述他人的意见；与他人观点相左的，可以表明自己的观点，可以对他人的观点进行评析，但不能进行人身攻击；发言时可以对他人提出的意见加以融合，提出更具有创意的想法等等。

## 四、互动式课堂教学的实施

目前，大学教师的授课大多是连上 2 ~ 4 节课，所以每次授课时间均在 90 分钟以上。根据法学课程的特点和互动式教学的要求，在设计互动式课堂教学环节时，每次授课时间按照 90 ~ 100 分钟安排应当较为妥适。一般而言，互动式课堂教学的实施主要包括以下几个环节：

### （一）讲授基本知识

教师讲授基本知识是互动式教学的第一个环节。本环节的主要功能是为学生提供与待探讨问题相关的背景知识，其所占用的课时不宜过多，大体上可以控制在 15 ~ 20 分钟之间。

实施互动式教学，教师首先要传授给学生基本知识，包括相关章节的基本概念、基本理论与主要制度，以便学生的探讨能在一个共同的背景知识下进行。有些基础知识，学生通过自学完全可以很好地掌握。教师在讲授基础知识时不必面面俱到，一定要有选择、有重点地进行讲解。当然，教师在讲述基本知识时也并非完全不能采用互动式教学方法。例如，教师在讲述时，可以采用启发式教学方法，甚至可以尝试让学生自己来讲解。

### （二）呈现待探讨的问题

呈现待探讨的问题，是互动式教学的第二个环节。本环节的主要功能是向学生明确待讨论问题的内容及其研究价值，所占用的课时亦不宜过多，大体上可以控制在 10 ~ 15 分钟之间。

教师向学生呈现待讨论的问题，不是简单地重述先前已经提

出的问题。首先，教师应当告诉学生发现这个问题的过程。这些有待探讨的问题，或者是法学理论上已有较多争议的问题，或者是教师或者他人从法律规定出发，经由分析发现的问题，或者是有关部门及其工作人员在法律实践中发现并提出的问题。教师告诉学生发现问题的过程，有助于激发学生的学习兴趣，培养学生发现问题的能力，同时也使学生明白探讨这一问题所具有的理论与实践价值。教师呈现待讨论的问题后，学生如果对所呈现问题的内容不甚明白，教师应当及时作出必要的解释或者说明。〔1〕

在这个阶段，教师也可以向学生提出新问题。根据互动式教学的特点和要求，这种新问题应当符合以下两个条件：一是该问题必须与原来的问题密切相关，或者是原来问题的进一步细化；二是该问题必须属于学生不需要进一步搜集、阅读资料，仅凭教师已经讲授的基础知识和学生课前已经阅读的参考资料，即可有效展开探讨的问题。

（三）引导学生相互之间展开讨论

引导学生相互之间展开讨论，是互动式教学最为重要的环节。鉴于本环节比较重要，所占用的课时可以适当多些，大体上可以控制在45～50分钟之间。

教师对学生之间交流互动的引导，应当根据具体情况而定。在学生人数非常少的情况下，教师可以通过直接向学生提问，然后再引导学生相互之间展开讨论的方式进行互动式教学。在授课学生人数过多的情况下，教师有必要引导学生先进行分组讨论，然后在此基础上引导全体学生以小组为单位进行讨论。在小组讨论过程中，小组成员按照顺序分别发表自己的观点，然后小组成员之间进行交流、商讨，最后由小组组长对小组讨论的情况进行

〔1〕王金国：“多功能的小组讨论教学”，载《静宜大学地方教育辅导通讯》2004年第8期。

归纳和总结，形成小组意见。小组意见不必是全体一致的意见，可以是该小组多数人的意见。对于小组少数成员的意见，亦可以适当的方式反映出来。考虑到小组讨论环节需要占用的时间比较多，而课堂教学时间非常有限，在条件成熟的情况下，本环节也可以考虑放在课外由学生在教师的引导下自主进行。在各小组的意见形成以后，教师即可引导全体学生以小组为单位进行讨论。在此之前，教师要确定各小组代表发言的顺序，明确发言的相关规则。各小组代表在阐明本小组的观点时，应当明确其理论根据和法律依据。在各小组代表发言完毕后，教师要及时引导各小组之间相互展开辩论。在这个阶段，教师的角色类似于主持法庭审判的法官，而学生的角色类似于参与法庭辩论的当事人。在学生发表意见时，教师应当认真倾听，充分尊重学生发表意见的权利。在学生之间的交互讨论陷入困境时，教师应当通过适当的方式引导学生，确保讨论能够顺利进行。在这个过程中，教师应当尽可能地保持中立，不能过早地表明自己的观点，呈现问题的答案，以免影响学生的独立判断和思考。

（四）对学生的讨论情况作出评价与总结

对学生的讨论情况作出评价与总结，是互动式教学的最后一个环节。本环节的主要内容是，教师反馈学生的意见并最终得出问题的结论，其所占用的时间大体上可以控制在 45～50 分钟之间。

在学生的交互讨论结束以后，教师应当及时对学生发表的意见予以反馈。教师不能在学生讨论完毕之后，无视学生的意见及其价值，直接得出自己的结论。教师对学生发表的意见进行反馈，是互动式教学的基本要求，也是对学生进行探究式学习的肯定。教师应当对各种不同的观点及其依据进行简单的归纳，然后对各种观点及其论据进行分析。学生发表的意见是正确或者合理

的，教师应当充分予以肯定；学生发表的意见是错误或者不尽合理的，教师应当指出其中的问题，并阐明法理或者法律依据。在对学生的意见进行分析评价之后，教师应当提出自己的结论。在有些情况下，对于同一个问题，从不同的角度出发，就可能得出不同的结论。出现这种情况是很正常的现象，教师不必像法官审理案件那样只提供一个答案。当然，教师可以表明自己的倾向性意见，并阐明理由。不过，教师不能仅因为自己倾向某种意见，就无视其他合理意见的存在。相反，教师应当充分承认其他具有合理性的意见的价值，并引导、激励学生作进一步的探究。对于学生提出的有价值的问题，教师可以提出自己的见解与学生分享、交流，或者提出该解决问题的基本思路与方法，然后鼓励学生作进一步的探究。

## 五、结语

互动式教学作为一种较新的教学方法，对于提高教师的法学教学水平，提高法科学生的综合素质都大有裨益。逐步推广及采用互动式教学方法，应当是今后法学本科专业课程教学方法改革的一个重要方向。当然，实行互动式教学对教师的要求也比较高，教师必须勇于实践，善于总结，只有这样才能真正掌握和运用好这种教学方法。

## 参考文献

1. 张利民："评司法考试导向性法学教育——对中国法学教育可持续发展的关注和思考"，载《法制与社会发展》2002 年第 6 期。
2. 郑成良、李学尧："论法学教育与司法考试的衔接——法律职业准入控制的一种视角"，载《法制与社会发展》2010 年第 1 期。
3. 孙海芳："论互动式教学在法学教育中的应用"，载《教育探索》2011 年第 9 期。

4. 郑成良："论法治理念与法律思维"，载《吉林大学社会科学学报》2000 年第 4 期。
5. 王金国："多功能的小组讨论教学"，载《静宜大学地方教育辅导通讯》2004 年第 8 期。

# 国际经济法课程参与式教学的若干思考[*]

刘秋妹[**]

**摘要**

国际经济法是法学本科专业的核心基础课程之一。在经济全球化水平不断提升的背景下，国际经济法在法学课程体系中的地位日益突出，关于国际经济法课程改革的讨论也成为近年来法学教育领域的热点话题。参与式教学是一种以学生为中心的教学思维方式，将其引入国际经济法课程教学中，能够充分调动学生自主学习的积极性，有助于提高教学效果、塑造高效课堂。论文首先探讨了参与式教学的概念界定及核心特征；然后论证了将参与式教学引入国际经济法课程的必要性；最后结合国际经济法课程特点，提出将参与式教学融入国际经济法教学设计应遵循的原则以及具体方式，以期对国际经济法教学改革提供参考。

**关键词：**国际经济法　参与式教学　教学改革

* 本文为天津市高等学校人文社会科学研究项目“城市道路交通节能减排法律机制研究——以天津滨海新区为例”（项目编号：20132704）的阶段性成果。

** 天津商业大学法学院讲师，法学博士，主要从事国际经济法、环境法研究。

作为法学本科专业的主干课程之一，国际经济法学科体系庞大，课程内容繁多且涉及领域十分广泛。传统的国际经济法课程教学侧重于对国际经济法学基础理论知识的讲解，忽视了国际经济法与国际经贸实务之间的密切联系，学生学习起来容易感觉抽象和枯燥。《国家中长期教育改革和发展规划纲要（2010～2020）》（以下简称《纲要》）明确指出，教育要把育人为本作为工作的根本要求，要以学生为主体，以教师为主导，充分发挥学生的主动性，促进每个学生主动的、生动活泼的发展。参与式教学是一种坚持以学生为中心、以实践为取向的教学思维方式，符合《纲要》对教育工作主体性思维的要求。参与式教学的引入有助于弥补传统教学方法在国际经济法课程中的不足，提高学生自主学习的能力，但与此同时也对现有课程设计提出了新的要求。本文在分析参与式教学的概念内涵的基础上，探讨国际经济法课程中运用参与式教学的必要性和可行性，最后提出具体的参与式教学实施方案，希望能够对国际经济法课程教学工作的改进起到推动作用。

## 一、参与式教学的概念与特征

### （一）参与式教学的基本内涵

参与式教学的概念源于英国，最初是作为社会学领域的概念被提出，随后被运用到教育领域。关于参与式教学的内涵，很多学者都从各自的研究视角对其进行了阐释。总体而言，可以将对参与式教学内涵的认识分为三类：

1. 参与式教学是一种教学方法。持此类观点的学者将参与式教学视为一种以学习者为中心的、合作式或协作式的教学法，在民主、宽容的课堂环境中，学生作为教学中平等的一员，积极、主动、全身心地介入到教学的每一个环节，与教师共同推进教学进程。[1]参与式教学法以教师引导为主，学生参与教学整个过程，通过教学参与来提高学生的学习兴趣。它注重提高学生分析问题、解决问题的实际应用能力，培养学生的团队协作精神。[2]

2. 参与式教学是一种教学理念。此类学者认为参与式教学强调学生对教学全过程进行认知、情感、行为方面的投入——既包括学生的个体的活动，也包括学生与教师、同学、群体之间的交往活动；它是大学教学的根本性存在方式，其核心是发展学生的主体性，实现学生自身内在素质的不断生成。[3]

3. 参与式教学，既是一种教学理念，又是一种教学方法。此种观点认为，从理念上讲，参与式教学提倡以学生学习为中心，强调教学过程中师生地位的平等和共同参与，使每个具有不同学习背景、不同个性倾向、不同知识经验、不同智能类型的学生都能进行有效的学习。从方法上讲，参与式教学就是指师生平等参与到学习活动之中，共同讨论学习中的问题，实现教学活动中的师生互动和教学相长。[4]

综合上述学者们的观点，笔者认为，所谓参与式教学，不单纯是一种教学方法或者教学模式，其更重要的价值是作为一种新的教学思维方式而存在。从某种程度上说，参与式教学的内涵包括不同维度。从教学环节的实施角度来看，参与式教学是一种传授知识技能的教学方式；从教学理念的角度来看，参与式教学是一种突出学生在教学活动中的主体地位、以实践为取向的教学思

---

〔1〕 单颖："参与式教学方法在高校课堂教学中的应用"，载《皖西学院学报》2006年第4期。

〔2〕 高广胜："参与式教学方法的教学探讨"，载《实用预防医学》2005年第4期。

〔3〕 许建领："大学参与性教学的内涵及其基本特征"，载《江苏高教》2006年第1期。

〔4〕 陈时见："参与式教学的内涵特征"，载《教师教育学报》2014年第4期。

维方式。参与式教学思维的贯彻和实施一方面有助于推动课堂教学模式的改革，促进教师和学生之间教学相长关系的形成，提高教学质量和效率；另一方面也有助于促进教师教学观念的转变，激发教师创造性教学的灵感，提升教师的业务水平。

（二）参与式教学的核心特征

1. 教学目标的参与性与主体性。参与式教学目标的参与性表现在：参与式教学致力于推动学习者积极主动地参与学习活动，体验学习过程，在参与中学习和构建新的知识，发展能力，体验情感，形成正确的价值观，培养学习者的选择能力和履行责任的能力，使学习者的学习充满乐趣、富有个性。〔1〕参与式教学目标的主体性体现在充分尊重学生的主体地位。传统宣讲式的课堂教学法强调以教师为主体，教师是知识权威的代表，在教学活动中处于主导性地位。参与式教学是以学习者为主体的教学，学习者是主动建构、发现知识的主体，而教师在整个教学过程中更多地扮演了引导者与促进者的角色。学生是参与式教学模式下具体教学目标的践行者，故应当从学生的角度出发设计参与式教学目标，充分尊重学生的学习意愿和学习兴趣，唯此才能确保实现学生作为学习者的课堂教学主体地位。

2. 教学主体的互动性。传统课堂教学中，教师处于绝对的主导地位，课堂教学的内容主要表现为教师作为知识权威向学生单向传输知识的过程，而学生在这一过程中只是被动地接受知识，其参与学习的主观能动性未能得以充分调动。参与式教学法提倡学生和教师在整个教学实践过程中的平等、民主、协作关系。在这种背景关系下，一方面，教师的角色呈现出多元化的特征。教师不再是教学过程中的绝对领导者，而是扮演了辅助学生成为教

〔1〕 于波、李秀双："参与式教学的目标设计"，载《教师教育学报》2014 年第 4 期。

学活动主人的角色。教师不单纯是知识的传播者，更是学生学习过程中的引导者与协作者以及教学活动的组织者和参与者。[1]另一方面，参与式教学实践的过程本身就是教师与学生之间的合作过程。例如，在设计教学方案过程中，教师与学生之间、学生与学生之间需要交流互动、相互协商，在协商、妥协的基础上生成各方都比较满意的方案。

3. 教学设计的动态性。区别于传统教学设计理念，参与式教学设计的过程是一个不断改进、不断完善的复杂过程，此种教学设计方式具有明显的动态性特征。在参与式教学设计过程中，一方面，借由与学生之间的自由交流与充分探讨，教师不断了解学生的知识掌握情况，不断收集学生的兴趣和需求，同时学生也进一步明确自身知识的储备情况以及努力的方向等，这就使参与式教学设计的认识基础始终处于变化状态；另一方面，由于师生间的交流与讨论贯穿参与式教学设计的始终，教师的想法与意见会与学生的观点和诉求发生碰撞，在这种思维与观点之间的撞击过程中，教师、学生的想法与观点都会发生一定程度的变化，参与式教学设计过程需要根据教学情境的改变、教师与学生观点与意见的变化而进行相应的调适，对原有的教学方案不断加以修正和完善。

4. 教学氛围的公平性和开放性。在参与式教学实践中，教师与学生彼此之间更为尊重，二者之间相互理解的程度更高，学生在这种氛围下能够以放松的心态展开独立思考，敢于充分表达自己的观点，也能够更为自然地融入课堂教学活动中。学生的自主思考与积极参与不但可以帮助教师发现教学过程中存在的问题，借以改进教学方式、提高教学水平，还可以使学生体察民主参与

---

〔1〕杨晓平："浅谈参与式教学在成人教育中的运用"，载《职教论坛》2009 年第 26 期。

的过程，发现并确信自己对教学的效果负有重要的责任。[1]参与式教学为每个学生提供了发现与创造的机会，具有开放性。参与式教学的课堂环境是开放的，心理环境是轻松的。不论优中差哪一类学生，在参与式教学的各个环节中，都享有平等的表达个人观点的权利。参与式教学在教学氛围的营造上秉承开放的态度，鼓励学生对已有的理论观点发表不同的看法和主张，尊重知识的多元化。

## 二、国际经济法课程运用参与式教学的必要性

### （一）参与式教学能够有效弥补传统教学方式在国际经济法教学过程中的弊端

教师对理论知识的分析和讲解是传统教学方式下课程内容的重要内核。在授课过程中，教师不仅需要对理论知识体系的搭建以及具体知识的运用加以详细阐释，而且在讨论案例与实务问题时，教师的分析思路与观点也对学生的观点形成起着决定性影响。传统的宣讲式授课法主要表现为教师对学生单向的信息传输，学生的主体性和参与性被长期忽视，知识向能力的转化及其内化过程也没有得到应有的重视。[2]作为二战后新兴的一个法律部门，鲜明的全局性、国际性和具体性、综合性是国际经济法相较于其他部门法的主要特点，并且因其涉及的内容与学生的生活实践相差甚远，导致在传统授课方式下，单纯依靠教师精美的课件制作以及生动的语言表达，是无法有效地让学生深刻理解国际经贸规则背后的思维逻辑和商业理念的，更遑论把握国际经济法

---

〔1〕 赵银红："参与式教学法的应用与反思——以政治学原理教学为例"，载《黑龙江教育（高教研究与评估）》2014 年第 5 期。

〔2〕 韩洪文、田汉族、袁东："我国大学教学模式同质化的表征、原因与对策"，载《教育研究》2012 年第 9 期。

的实质，从而娴熟地将国际经济法的规则应用到实践中去了。除此之外，这种传统教学模式也容易让学生养成惰性，不愿意自主思考，更不愿尝试与他人合作，缺乏应有的承担责任的勇气，而这一点对于学生日后参与国际经贸实务至关重要。[1]

教学内容从实质上看包括“教”与“学”这两个相对独立又彼此依存的活动。还原学生的教学主体身份是参与式教学的核心理念。在这种理念的指引下，参与式教学通过合理选择，运用多种教学方式，在教师与学生之间搭建起有效交流和沟通的平台，将“教”与“学”这两项活动科学地结合起来，将“学”的活动从课堂向前预置到课前，向后延续到课后，而“教”的活动价值在于给予一定的指导和监督，有利于锻炼和提高学生的专业综合能力。参与式教学不仅可以通过教学目标的改进以及课堂活动的设计为学生提供丰富生动的课堂体验，进而影响其学习方式及学习动力，还可以通过教师的组织和引导为学生创造参与各类课堂体验的条件和机会，为学生提供培养其专业综合能力的外在动力与外部环境。[2]在国际经济法教学实践中引入角色扮演、案例分析等参与式教学方式，能够在很大程度上促进学生对理论知识的自主思考，既有助于学生深入理解和掌握专业知识，也能够为学生接触国际经贸实践提供一种间接的途径，使其实务能力得到有效锻炼。

### （二）参与式教学能够更好地突出国际经济法课程的实践性特点

国际经济法是随着国际经贸活动的不断发展而形成的部门法

---

〔1〕王腊梅：“国际经济法教学模式重构与拓展——建立以学生为中心的自主探究式教学模式”，载《法制与社会》2014年第27期。

〔2〕刘一明：“参与式教学与大学生专业综合能力的培养”，载《高等农业教育》2014年第11期。

之一，其本身具有很强的实践性。但是，与其他法学专业课程相比，国际经济法学由于其突出的国际性、经济性、政治性特色，学生模拟国际经贸实践的条件较难满足。此外，在国际经济法教学中，由于地域及经济发展水平等限制因素，部分授课教师自身缺乏参与涉外经济案件处理的实务经验，这就从根本上限制了国际经济法实践教学观念及教学方式改革工作的推进，使国际经济法课程实践教学的需求难以得到满足，严重地影响了学生学习兴趣的培养。就国内众多法学院的教学现状而言，普遍存在着重理论轻实践、注重知识轻视能力、理论教学课程比重偏大、实践教学环节偏少的现象。在此种情况下，学生由于远离国际经济法律实践，参与实务工作的能力很难得到锻炼。〔1〕

参与式教学的关键点在于“参与”。作为一种新的教学模式，参与式教学的“参与”强调多主体、全方位的互动参与，要求把学生置于主体地位，注重学生个性发展。国际经济法学与其他法学学科相比，其与国际经济活动的发展有着十分密切的联系，具有鲜明的实践性、发展性、国际性的特质，这就对教师的备课工作提出了新的要求，教师应当时刻关注立法动态和学术动态，不断更新知识储备，及时调整、丰富和完善教学内容。〔2〕在国际经济法课程教学中运用参与式教学模式，通过课前布置作业、小组讨论、案例教学以及诊所式教育等具体形式，加之教师对教学活动的有效引导，能够有效地激发学生的创造性，促进学生学习自主性的高度发挥。

---

〔1〕 刘坤坤：“‘国际经济法’课程教学的思考”，载《广东工业大学学报（社会科学版）》2008年第S1期。

〔2〕 龙振奕：“国际经济法实践教学新思路探析”，载《大学教育》2013年第10期。

## 三、融入参与式教学思维的国际经济法教学设计思考

### （一）引入参与式教学的国际经济法教学设计原则

1. 以学生需求为导向预先设计教学方案。在参与式教学设计过程中，教师是学生学习的引导者，应时刻注意围绕学生兴趣点和需求展开教学环节的设计，要以各种方式引导学生参与到教学过程中，目的在于充分发挥学生的主体性作用。具体而言，教师可以在开课前把课堂教学内容发布出来，引导学生关注课程内容的重点、难点以及学习目标；根据学生的反馈信息，及时地调整预先设计的教学目标和课堂安排，确保在教学设计上既满足教学大纲的要求，又充分照顾到学生的兴趣和建议。在这个过程中，以学生需求为导向预先设计教学方案的过程实质上就是教师通过引导学生提前与教材发生联系的过程，即从课前就优先考虑到学生的主体地位，把对目标的设计从“要学生学”转变为“学生要学”。〔1〕

2. 多种教学手段结合使用。参与式教学模式和其他教学手段之间并不是取代与被取代的关系，相反，参与式教学并不排斥其他教学手段的运用。只有将参与式教学与各种教学手段有机结合使用，才能够最大限度地发挥每一种教学方法的优越性，实现“1+1>2”的教学效果。具体而言，在国际经济法教学实践中，教师要特别关注参与式教学与传统讲授式教学手段的配合使用。因为国际经济法课程内容繁杂，单纯依靠参与式教学可能难以保证每节课的知识输出和信息量。尤其是当学习一些重要基础理论时，讲授式的教学手段仍然较其他教学手段更为适合。国际经济法课程的教师应当针对不同章节知识点的内容和特点，选择最优

〔1〕 李海英、李建军：“‘参与式教学’的实践与问题透视”，载《北京教育学院学报》2014年第4期。

的教学手段组合。同时，教师还应当积极探索传统讲授式教学手段的革新，适当使用多媒体等新型教学工具，增加课程的趣味性，激发学生主动学习的积极性。

3. 尊重学生的个体差异性。在将参与式教学模式引入国际经济法教学设计时，需要特别考虑学生个体差异性这一重要因素。学生个体之间的巨大差异性不仅表现在学习策略、学习态度和认知方式、分析能力等方面，还表现在个体特征以及心理特征方面。[1]教师应理解并尊重学生的个体差异，不能因为学生成绩的高低或其他因素而对学生区别对待，而应确保每一位学生都有均等的机会参与到各个教学环节的设计中。但同时，也要求教师在教学的每一环节都对学生的反应予以充分关注，尽量做到为学生提供个性化的帮助，尽量避免传统教学中的单一性和教师绝对权威性。只有在被充分尊重和理解的环境中，学生才能够真正地放松身心、打开思维、拓宽思路，自觉自愿地参与课程教学，在主动参与的过程中实现其综合专业能力的提高。

（二）国际经济法课程参与式教学的具体思路

在国际经济法课程的教学实践中，结合该课程的特点及教学大纲的要求，以促进学生自主学习为宗旨，建议在教学实践中通过以下几种方式推进参与式教学：

1. 课前布置材料收集阅读等学习任务。在讲授新课之前，教师预先提示授课内容所涉及的若干要点问题，指导学生抓住新课程知识的主干，要求学生以问题为导向在上课之前预习、收集阅读资料和思考，并在此基础上由学生自己设计测试题或者讨论议题；在讲授新课时，首先让学生提出自己设计的题目，然后由其他学生回答，也即“学生提问，学生回答”，教师则负责对错误

---

〔1〕钟启泉：“教学实践模式与教师的实践思维——兼评‘特殊教学认识论’”，载《教育研究》2012年第10期。

答案的提示和解析。学习任务的分配可以督促学生了解新章节需掌握的重点内容；学生的提前准备工作可以培养学生的独立思考能力和收集查阅资料的能力；对测试题的点评和解析则有助于学生准确“消化”理解知识点。国际经济法课程内容涉及领域极为广泛，涵盖了国际贸易、国际投资、国际金融、国际税收以及国际贸易管理等几大板块。在运用课前布置学习任务这种教学方式的初期，教师可以先根据教学大纲的要求以及和学生交流过程中了解到的学生兴趣点，合理选择资料文献作为扩展性阅读的素材。所选择的资料的形式不局限于纸质及电子版本的教材、期刊、专著，还可以包括国际经济法网等专业网站上的资料。在学生形成了课前预习阅读的习惯之后，则可以尝试放手让学生自己收集相关资料，以锻炼其文献的筛选整理能力。

2. 小组讨论与分享。在小组讨论的基础上，要求每个小组派一至两名同学登台分享小组讨论的结果，引导全体学生独立自主思考。学生在汇报过程中既要对具体问题所涉及的理论知识加以系统阐述，也要提出若干与讨论主题相关的问题，教师应适时启发全体学生对该组主题的思考，全体学生也可以进行补充或提出疑惑不解之处。教师还需要及时提示关键问题，引导全体学生自发地进行思考。各组分享讨论结果后，对于学生提出的有建设意义的观点和见解，教师应及时给予肯定与表扬；对于有一定创新性但尚待进一步探讨的认识，教师应给予相应的鼓励与帮助；对于错误的以及不恰当的想法，指导教师应秉着开放包容的精神，不予以轻率否定，而应在尊重的基础上进行分析引导，让学生自己发现问题，实现自我矫正。国际经济法教学中运用小组讨论与分享的教学方式时，要特别注意避免“形式主义”的讨论教学，即不区分知识点类型，过度使用讨论的形式来完成课堂教学，进而陷入“为了讨论而讨论”的“虚假参与”怪圈。对于社会上发

生的热点事件以及国际经济法理论中具有争议性的议题可以作为小组讨论的议题，如台湾反服贸事件以及国际经济法的性质等话题等，在讨论过程中可以激活学生的发散思维和头脑风暴，使学生通过讨论和辩论自己得出问题的答案；而国际经济法中某些理论深度不强的技术性问题，如2000年版和2010年版《国际贸易术语解释通则》的区别和联系就多为记忆性知识点，则更适合用讲授式教学来帮助学生在理解的基础上记忆。

3. 诊所式法律教育。诊所式法律教育（Clinical Legal Education）是通过设置法律诊所教育课程，使学生在教师的指导和监督下参与法律实践，以律师身份为案例处于不利地位的委托人提供法律服务的方式进行学习。〔1〕诊所式的法律教育产生于20世纪60年代的美国，70年代被英国法学院引入。在我国，目前已有百所院校开设了法律诊所课程。诊所式法律教育的理念与参与式教学对学生主体性、自主性地位的要求高度契合，其最大特点在于通过指导学生委托代理真实的案件，旨在培养锻炼学生的法律思维和实务能力。诊所式法律教育在实践中主要运用四种具体的教学方法，即真实案件代理、角色模拟教学、在律师事务所中的走读计划以及综合运用前三种方法。〔2〕在国际经济法教学中，案件的涉外性使得教师能够全程参与的案件不容易找到，加上有些教师本身参与的涉外案件数量较少，所以真实案件的跟踪参与以及律师事务所中的走读计划实行起来难度较大。对于国际经济法的诊所教育，可以结合模拟法庭，与情境教学模式相结合，可以用真实发生的案例模拟再现国际法庭、国际仲裁庭或者 WTO

---

〔1〕胡宏雁："刍议国际经济法诊所式法律教育模式"，载《黑龙江省政法管理干部学院》2014年第2期。

〔2〕何铁军、吕智操、张媛："诊所式教育模式下的国际经济法教学改革"，载《经济研究导刊》2008年第10期。

争端解决机制中争议双方的庭审过程，[1]通过角色扮演的方式提高学生对国际经济法基本规则的熟悉程度，最终使学生运用理论知识处理实践问题的能力得到极大锻炼。

4. 案例分析教学法。古希腊哲学家苏格拉底最早开创了案例教学法（case method teaching），该教学法原指讨论问题的方式，即从意见对立中寻求矛盾，在矛盾中寻找新的意见，在归纳的基础上，形成对真理的表述。[2]最早由美国哈佛大学法学院院长克里斯托弗·哥伦布兰迪（Christopher Columbus Landell）在1870年创立，其特点在于能够培养学生分析问题和解决问题的能力，锻炼学生的法律逻辑思维和语言表达能力。案例分析是理论界和实务界公认的符合参与式教学思维的教学方法之一。有效运用案例式教学法的关键在于案例的选择和使用，案例是为课堂教学服务的。不同于民商法、刑法等部门法，多数国际经济法的案例要么内容过于复杂，要么篇幅过长，能够运用到教学实践中的案例数量较少，这就要求教师预先对案例材料进行删减处理，以便学生讨论使用。此外，结合法学专业的就业特点，案例分析法中的案例材料可以来源于历年司法考试的真题。相对于动辄上百页的国际经济法真实案例的外文材料，司法考试中的案例真题更为短小精悍、知识点突出，容易引起学生的学习兴趣。需要注意的是，作为体现参与式教学要求的案例分析教学法并不等同于教师为了配合理论讲授而进行的简单举例。案例法的优越性在于创设一种供学生练习的环境，通过这种方式使学生得以切身体会实践中司法者所处环境的不确定性和所需进行的智力思维和分析过

---

〔1〕 王林彬、李燕荣："综合教学法在国际经济法教学中的应用"，载《教育评论》2012年第5期。

〔2〕 韩大元、叶秋华：《走向世界中国法学教育论文集》，中国人民大学出版社2001年版，第925页。

程。通过一个用案例法教授的课程，使学生获得实际解决问题的经历。[1]

5. 翻转课堂教学法。翻转课堂（Flipped Class）是对传统教学模式加以革新所产生的一种新型教学模式，此种教学模式借由知识传授和内化的颠倒安排，改变传统教学中的师生角色，并对课堂时间的使用进行重新规划，最终实现提高学习效率、优化学习效果的目的。[2]作为一种基于信息技术的新型教学模式，翻转课堂教学法近年来在国内外颇受关注。翻转课堂教学法的提出，为参与式教学的具体实践形式提供了新的思路。在国际经济法课程教学中，翻转课堂的运用仍然要借助现代信息技术作为硬件支撑。具体而言，教师可以通过网络交流、微课等方式将课程内容在课前提供给学生自学，而传统的课堂讲授环节则转变为学生提问、教师解答的互动平台。笔者认为，考虑到国际经济法课程的特点，学生需要在有一定基础理论知识积淀的条件下才能对各个具体领域的国际经济法规则有较为深入的理解，故现阶段在该课程中全面引进翻转课堂教学法有较大难度，而将翻转课堂教学法作为案例教学、小组讨论等教学形式的辅助工具则更为可行。

## 四、结语

参与式教学的思想精髓在于营造自由民主、平等开放的教学氛围，充分调动和发挥教师和学生的创造力和主观能动性，使教师和学生能够积极地交流与互动，进而创造性地完成教育实践活动。将参与式教学引入国际经济法教学中，既能够突出教学过程

---

〔1〕 李勋："论《国际经济法》教学中的案例教学法"，载《柳州师专学报》2008年第3期。

〔2〕 叶冬连等："基于翻转课堂的参与式教学模式师生互动效果研究"，载《现代教育技术》2014年第12期。

中教师和学生主体的行为参与，又能够融合多种教学方法和手段，克服传统教学模式在国际经济法课程教学中的不足，使学生在深入理解理论知识的同时，有效锻炼实践能力。本文探讨了参与式教学在国际经济法课程中的运用，在分析该门课程引入参与式教学的必要性的基础上，提出参与式教学设计应遵循的原则以及具体的教学实施方法，为国际经济法课程教学改革提供有益参考。

## 参考文献

1. 单颖：“参与式教学方法在高校课堂教学中的应用”，载《皖西学院学报》2006 年第 4 期。
2. 高广胜：“参与式教学方法的教学探讨”，载《实用预防医学》2005 年第 4 期。
3. 许建领：“大学参与性教学的内涵及其基本特征”，载《江苏高教》2006 年第 1 期。
4. 陈时见：“参与式教学的内涵特征”，载《教师教育学报》2014 年第 4 期。
5. 于波、李秀双：“参与式教学的目标设计”，载《教师教育学报》2014 年第 4 期。
6. 杨晓平：“浅谈参与式教学在成人教育中的运用”，载《职教论坛》2009 年第 26 期。
7. 赵银红：“参与式教学法的应用与反思——以政治学原理教学为例”，载《黑龙江教育（高教研究与评估）》2014 年第 5 期。
8. 韩洪文、田汉族、袁东：“我国大学教学模式同质化的表征、原因与对策”，载《教育研究》2012 年第 9 期。
9. 王腊梅：“国际经济法教学模式重构与拓展——建立以学生为中心的自主探究式教学模式”，载《法制与社会》2014 年第 27 期。
10. 刘一明：“参与式教学与大学生专业综合能力的培养”，载《高等农业教育》2014 年第 11 期。

11. 刘坤坤："'国际经济法'课程教学的思考"，载《广东工业大学学报(社会科学版)》2008 年第 S1 期。
12. 龙振奕："国际经济法实践教学新思路探析"，载《大学教育》2013 年第 10 期。
13. 李海英、李建军："'参与式教学'的实践与问题透视"，载《北京教育学院学报》2014 年第 4 期。
14. 钟启泉："教学实践模式与教师的实践思维——兼评'特殊教学认识论'"，载《教育研究》2012 年第 10 期。
15. 胡宏雁："刍议国际经济法诊所式法律教育模式"，载《黑龙江省政法管理干部学院》2014 年第 2 期。
16. 何铁军、吕智操、张媛："诊所式教育模式下的国际经济法教学改革"，载《经济研究导刊》2008 年第 10 期。
17. 王林彬、李燕荣："综合教学法在国际经济法教学中的应用"，载《教育评论》2012 年第 5 期。
18. 韩大元、叶秋华：《走向世界中国法学教育论文集》，中国人民大学出版社 2001 年版。
19. 李勋："论《国际经济法》教学中的案例教学法"，载《柳州师专学报》2008 年第 3 期。
20. 叶冬连等："基于翻转课堂的参与式教学模式师生互动效果研究"，载《现代教育技术》2014 年第 12 期。

# 论自主探究式教学方法在国际经济法教学中的应用

孙佳颖*

**摘要**

传统的以老师讲授为主的国际经济法课程教学模式已经不能适应现代应用型人才培养的需求，以学生为主体的自主探究式教学方法能充分调动学生的积极性，在老师的设计和引导下，由学生自主参与到学习的过程中，通过调查研究与协作获得答案。在实施自主探究式教学的过程中，应紧扣教学目标、尊重学生的主体地位，由老师作为引导者与组织者，综合考虑学生的能力、教学时长与知识点的难易等多方面因素，设计出具体的实施方案。

**关键词：** 国际经济法课程　自主探究式教学方法　传统教学模式

作为我国法学本科教育十四门核心课程之一，国际经济法课

* 作者简介：孙佳颖，天津商业大学法学院讲师，法学博士，主要从事国际经济法研究。

程具有极强的涉外性、综合性、复杂性以及实践性等特征。传统的国际经济法教学以老师讲授为主，学生作为被动的知识接受者，在授课中学生的积极参与性不高，而国际经济法课程本身的内容又脱离学生生活实践较远，使得传统的教学模式在这门课的应用中显得比较吃力，学生对知识的掌握多靠死记硬背，学生兴趣不高，对问题的理解也相对较差，教学效果往往不尽人意。这种传统的教学模式已无法实现现代本科教育应用型人才的培养目标。对于传统教学方法的改革已成为必然，而适用新型的以学生自主探究为主导的教学方法将有助于提高学生的学习兴趣，培养学生自主学习能力，对于教学效果的提高以及教育目标的实现都将起到比较好的作用。

## 一、自主探究式教学方法概述

探究式教学来自美国20世纪60年代的探索学习运动（Discovery Learning Movement)，作为对于传统教学方法的挑战，其理论来源于建构主义的教学理论。由教育理论家让·皮亚杰（Jean Piaget)、杰罗姆·布鲁纳（Jerome Bruner）和西蒙·派珀特（Seymour Papert）所倡导。基于个人和社会体验来产生信息并赋予其含义是建构主义理论的基础。最早提出在教学中使用探究方法的是约翰·杜威（John Dewey)，杜威的体验感知教学法包含着学习者自身要积极地参与到个体的或者真实的体验中，并由此产生认知。探究可以在体验式教学中进行，因为探究珍视同样的概念，包括参与到问题的内容或材料中，调查并协作获得答案。〔1〕具体而言，探究式教学法主要是指在教授某种概念或原理时，老师通过设定一定的问题或者引导学生创设一定的问题，针对问题

〔1〕 J. G. Wilhelm & P. J. Wilhelm, "Inquiring Minds Learn to Read, Write, and Think: Reaching All Learners Through Inquiry", *Middle School Journal*, May 2010, pp. 39–46.

由学生通过自主的阅读、实验、观察、思考、讨论等，由学生自行获得问题的答案或理解相关的原理。这种教学方法的主旨是以学生为主导，通过学生自主的研究和探索去获得知识，掌握相关原理，找出事物发展的内部规律，形成自己的认知的过程。

探究式教学的学习过程包括：创设自己的问题、设计解决问题的程序、为问答问题获得支撑的证据、解释收集的证据、将解释适用到在调查过程中获得的知识、为解释创设主张或理由，直至最终掌握相应的知识或原理。具体地说，探究式教学首先包括设计问题，然后进行观察并调查查证相关信息、设计实验方法、设计数据收集的手段以及收集、分析、解释数据，最终列出可能的解释并为将来的研究提供预测。

探究式教学根据其适用程度不同可以分为不同等级：

第一，确认探究教学法。应用此种教学方法，老师首先明确一个特定的主题或者题目，然后由老师设定一个问题和程序，指引学生进行一个活动，探究已知的答案。这个方法对于教会学生去强化已经教过的概念，引导学生遵从步骤，准确地收集和记录信息以及确认和加深理解都极为有效。此种方式下，老师的主导作用最强，问题的设定以及探究的过程都在老师的掌控之下，学生只是按照老师的主导进行一些探究活动去获得已知的答案。

第二，结构探究教学法。在此种方式下，老师提供最初的问题及解决问题的程序的框架，学生通过评估和分析他们收集的数据来对他们的发现进行解释。与第一种方法相比，这种教学法又增强了学生的自主性，学生需要按照老师给定的大纲去自行设定解决问题的程序，然后收集数据和资料进行评析并得出结论。

第三，指引探究教学法。此种方式下老师仅提供问题，学生按照老师提出的问题去设计和实施程序验证问题并提出他们的答案和发现。这种方式对于学生自主能力的要求更高了一步，老师

只是给出问题，学生需要自主设计程序来解决问题并给出合理的解释，进而掌握相关的原理或知识。

第四，开放式探究教学法。〔1〕此种方式下学生自己制定问题，设计并实施程序进行研究，并最后给出他们的答案和发现。这种类型的探究教学经常见于科学展览，学生往往自己设计和调查问题并得出研究结果。这种教学方式对学生的自主性要求最高，包括问题的设定都是由学生自己来进行的。相比较前几种方式，这种方式的适用要求学生必须对于探究式教学方式有一定的理解与掌握才可能进行。

在探究式教学方法之下，学生不是仅仅去记忆知识点或者去了解事实，学生应在他们既有知识的前提下去开发新的知识和技能，这种知识和技能的获得是在重构过去的知识与新获取知识的过程中取得的，学生可以通过协作来完成这样一个过程，老师在这个教学过程中的角色是引导者与组织者。〔2〕

## 二、国际经济法课程的特征及传统教学方式的弊端

作为在二战之后真正兴起的新的法律部门，中外学者对于国际经济法内涵和外延的理解均存在较大的差异，我国学界主流的观点是将国际经济法作广义理解，也就是将所有调整国际经济活动的法律规范统称为国际经济法，此处的国际经济活动既包括国家、国际经济组织，也包括法人、其他经济组织甚至个人的经济活动。这就使得国际经济法成为一门既涵盖国际法也涵盖国内法，既包括公法性质的法律规范，也包括私法性质的法律规范的

---

〔1〕 H. Yoon, Y. J. Joung, M. Kim, "The Challenges of Science Inquiry Teaching for Pre-service Teachers in Elementary Classrooms: Difficulties on and under the Scene", *Research in Science & Technological Education*, 42 (2012), pp. 589 – 608.

〔2〕 National Research Council, *Inquiry and the National Science Education Standards: A Guide for Teaching and Learning*, National Academy Press, 2000.

一门涉及面非常宽广的综合性的法律学科。其存在着学科涵盖范围广、知识体系庞杂、实践性非常强但又与学生的现实生活距离较远的特征。

传统的国际经济法课程的授课模式主要以老师课堂讲授为主，老师是课堂的主导者，整个教学活动都由老师控制和完成，学生作为授课的对象，成为被动的知识的吸收者，教师与学生的关系是一种简单的教与学的关系。教材和教师的课件成为学生唯一学习的内容，老师的教学方法主要就是对于知识的灌输，把基本的理论告诉给学生，有时掺杂着一些案例，案例的目的也是为了解释基本的原理和知识，学生将知识作为一种事实进行记忆与背诵。老师和学生之间的互动主要局限于对于老师提问的回答，主要考查学生对于知识点的记忆或者对于老师所讲授的知识点的理解。而考查的方式主要是闭卷考试，考查学生对于教材和老师课堂讲授的基本知识的理解和掌握，平时的成绩则主要依靠学生的课堂表现或者是学生的作业来体现。在这种传统的以教师为主导的知识灌输型的教学模式下，学生作为被动的知识的接受者，不能真正参与到教学活动当中，教学活动完全由教师来主导，学生的自主性、积极性都不能得到很好的发挥。学生只是学到了一些具体的知识点，但并不能真正掌握自主解决问题的方法。

这样的教学方式已经不适用于国际经济法这样一种综合性、复杂性且极具实践性的学科的需要，这样的方式下教育出的学生也不能满足现代大学应用型人才培养的需要，所以对于传统的教学方式的改革已经迫在眉睫。现代大学的培养目标是要培养出具有独立思考能力，具有一定的社会适应能力及可持续发展能力的人才，因此现代的大学教育已不能仅仅是对于知识的传授，更多的应该是激发学生的主观能动性，培养学生积极、主动思考问题并能找出解决问题方案的能力，作为一种能够充分调动学生自主

性的教学方法，探究式教学方法的适用可以弥补传统教学方式的不足。

## 三、探究式教学方式在国际经济法课程中的具体适用

探究式教学方法在国际经济法教学中的具体适用应根据具体讲授的章节内容的难易以及学生自主学习能力的高低来确定适用不同的等级。由于国际经济法学科的特点决定其是一门难度较高的专业课，笔者认为开放式探究教学在国际经济法课程中适用难度会比较大，结构探究教学法与指引探究教学法应该是比较适合于国际经济法课程需要的两种方式，下面将按照探究式教学方法的学习过程来具体分析一下探究式教学方法在国际经济法课程中的适用。

1. 问题的设定：这是探究式教学的出发点，也是进一步探究的起点。老师应根据教学的目的和具体内容，精心设计出符合教学目的需要的，难度适中的问题。问题的设定要注意创设相应的情境，激发出学生自主探究的欲望。比如在货物买卖的章节中，问题的设定可以将学生放在这样的情境中："假设你是中国的水果进口商，现和某国水果出口商达成一笔交易……"使学生产生一种现实的需要，即想要去了解能够适用到这样的交易当中的相关的法律规范。问题的设定还应注意与每部分教学目标紧密相连，设定的问题应该逻辑合理且能包含学生在该部分应掌握的主要知识点。在国际经济法教学中使用探究式教学方式，笔者个人认为问题的设定应该由教师来完成，这样教师能够给学生以较为确切的引导，同时也避免花费过多的时间。

2. 研究计划和程序的设定：这也是一个关键的步骤，在这个阶段，仍需要教师的帮助，根据学生水平的不同，给学生设定出合理的研究计划或者指引学生设定合理的研究计划，选择恰当的

研究方法。老师应提供必要的资料或者对于资料的寻找给出指引，由学生在老师的指引下自主去查阅和搜集相关的资料，来寻求问题的答案。老师应当充当组织者的角色，由老师来指引和规范学生的探索过程。因为国际经济法课程的专业特征，研究计划和程序相对理工科要简单一些，主要就是通过查阅各种资料来完成，老师可以在从哪种渠道获知资料方面给予学生恰当的指引。

3. 资料信息的收集与加工：这是学生自主完成的阶段，在这个阶段，学生应按照老师或者自己所设定的程序来进行信息的收集、加工与整理，具体到国际经济法课程，主要是查阅相关的资料，集体进行交流、思考、讨论，在此基础上找出解决问题的答案并考察答案的可行性。这部分可以由学生单个或者分组来完成，分组进行作业可以培养学生的团队合作精神。经过这样的自主探究的过程，学生应把自己所查阅的资料进行总结梳理并最终得出自己的结论。要将自己的结论清晰地进行表述与沟通，其他组的同学可以一起讨论，最终得出比较合理的结果。在这里要注意把握学生自主学习与老师适当引导的关系，就是要在培养学生自主学习能力的基础上适度地对学生加以点拨，确保探究的方向正确。

4. 知识与原理的掌握与强化：这是学习的最终目的。学生通过自我探究，在老师的指引下获得相关的资料、信息，对资料信息进行加工，最后找出解决问题的方法或者获得相关的知识。老师在这个阶段的角色是最终的指导者与裁判者，对于学生通过自主探究所获得的知识与原理，老师要对其加以分析和判断，不足的地方予以补充，错误的地方予以矫正，让学生能够形成系统全面的知识体系，并最终加以强化，实现教学相长的目的。

## 四、探究式教学方法在国际经济法教学具体适用中应注意的问题

1. 紧扣课程大纲与教学目标。以自主探究的方式取代传统的教学方式，目的仍然是让学生掌握课程大纲所要求的基本内容，实现最终的教学目标，只不过采用自主探究式的教学方式能够更好地引发学生的学习兴趣，让学生更加积极主动地参与到教学中来，并且通过这样的方式进一步提高学生的动手能力及解决问题的能力，实现现代应用型人才的培养目标。所以在内容设计方面，要充分考虑探究内容应达到的目的以及应该发挥的作用。在具体的教学实施过程当中，也要按照课程大纲及教学目标有目的地对学生加以引导，引导学生通过实际的操作来提高解决问题的能力以及动手的能力，并最终掌握解决问题的方法及相关的知识点。

2. 要根据学生的实际情况来设计具体的探究式教学的实施方式。探究式教学的目的是通过学生的自主行为来提高学生解决问题的能力，但其具体的设计一定要以学生的实际水平为依据，要根据学生的实际情况来进行设计。教学内容、教学时间以及学生具体能力水平都是在设计时需要考虑的因素，在设计具体的探究式教学方式时，要在综合考虑上述因素的基础上，设计出适合学生的实施方式，要注意因材施教。具体到国际经济法课程中，可以选择部分内容让学生来体验完整的自主探究的过程，而某些比较难的章节仍然选择以老师讲授为主，或者根据教学内容的难易程度来调整具体的实施方式，对资料信息收集比较容易、学生也比较容易通过自主探究就可以独立解决的知识选择指引探究教学法，而对于难度大一些的内容可以选择确认探究法或者结构探究法。总之在设计探究活动的过程中，要站在系统的全局的角度来考虑问题，应系统安排并逐级推进。

3. 要充分尊重学生在这种教学方式中的主体地位。自主探究式教学方式，是不同于传统的以教师为主导的教学方式的一种新型的教学方式，其是以学生为主导的，在这种教学方式下，要充分尊重学生的主体地位，注重学生的自我发展与相互启发，发挥学生的主观能动性。强调学生的主体地位和主动性的同时，也要提高对教师的要求。教师是整个探究活动的设计者和整个教学活动过程的引导者与组织者。教师要努力寻找教育对象与教育内容之间的最佳结合点，研究学生的思维方式和他们解决问题的思维习惯，以期找到最佳的设计实施方案。

4. 与多种教学方式相互补充的原则。在教学中教师应根据实际的教学内容和学生特点，组织不同程度的探究活动，通过探究式教学与其他教学方式的结合进行，使教学具有时效性。同时可以考虑在教学的过程中加入其他多种教学方式，不必完全拘泥于一种教学方式，只要围绕着核心的教学目标来完成即可。

5. 改革传统的考核方式，代之以更为灵活开放的考核方式。传统的国际经济法课程的考核主要是采用书面作业和书面考试等标准的量化方式来进行，主要考查学生对于课堂中所讲授的知识点的掌握程度。而现代人才培养目标决定了应改变这种传统的僵化的考核方式，代之以更为灵活的多层次的考核方式，从结果性评价转为过程性评价，加强考核的灵活性开放性，使学生能摆脱标准答案的限制和书本知识的束缚，培养学生的独立思考能力，为学生对于知识的探究提供足够的空间。适用探究式教学方法，应把考核的重点放在学生自主探究的过程上，对于其中程序的设计、资料的收集、小组的工作以及最终解决方案的提出等都要设定相应的评价并明确评价的标准。对于集体作业应赋予学生之间自主进行评价的权利，学生自主制定评价标准一方面有助于学生

能力的培养，另一方面也可以提高学生参与到集体作业中的积极性以及学生的责任心。[1]

总之，实施自主探究式教学方法有助于学生能力的培养，与传统的教学模式相比能更充分地调动学生的学习积极性，能有更好的学习效果，更有助于学习目标的实现及现代人才培养目标的实现，当然在自主探究式教学实施的过程中，对于教师的要求更高，教师要具有系统性全局性的观点，要因材施教，根据学生的具体情况，结合授课时长的安排以及学习内容的难易程度等，系统地考虑和设计实施方案，并在整个过程中作为引导者和组织者，确保此种教学方法的具体的实施能够按照既定的目标进行，保证实施过程的顺畅，确保教学目的的实现。

## 参考文献

1. J. G. Wilhelm & P. J. Wilhelm, “Inquiring Minds Learn to Read, Write, and Think: Reaching all Learners through Inquiry”, *Middle School Journal*, May 2010.
2. H. Yoon, Y. J. Joung, M. Kim, “The Challenges of Science Inquiry Teaching for Pre-service Teachers in Elementary Classrooms: Difficulties on and under the Scene”, *Research in Science & Technological Education*, 42 (2012).
3. National Research Council, *Inquiry and the National Science Education Standards: A Guide for Teaching and Learning*, National Academy Press, 2000.
4. 姜曦：“国际经济法教学改革的新思考”，载《青年与社会·中外教育研究》2011 年第 8 期。

〔1〕 姜曦：“国际经济法教学改革的新思考”，载《青年与社会·中外教育研究》2011 年第 8 期。

# 改进本科民法教学的体系性思考*

王立争**

**摘要**

民法精神中最重要的内容即是平等和自由，在民法教学过程中应贯彻民法精神的培育，这与发展市场经济的要求高度吻合，同时也有助于法律职业共同体的形成。民法的基本体系可以由主体、客体、权利、行为、责任五个关键词组成，这一基本体系的构建对学生全面系统地把握民法的主要内容大有裨益。民法的授课必须紧扣时代发展，实现内容上的更新，反映出尊重人权、互联网发展、风险社会来临等时代背景。在民法授课过程中尤其要注意理论知识的纵横对比，案例的运用务必贴近生活，反映出民法的市民法本质。

**关键词：** 民法精神　基本体系　内容更新

---

* 本文系天津市教育科学规划研究课题《商科院校法学专业人才培养模式转型研究》（HEYP6012）成果之一。

** 天津商业大学法学院副教授，法学博士，主要从事民法学研究。

## 一、民法精神的养成

### （一）民法精神的内涵

关于民法精神的内涵学界并未形成通论，但不外乎平等、意思自治、诚实信用、公序良俗等内容。笔者认为，民法精神与民法的基本原则大致吻合，其中最为重要的是平等和自由。其一，民法调整平等主体之间的财产关系和人身关系，平等即成为民法精神的首要内涵，民法的其他精神均或多或少源于平等精神。平等精神要求当事人在民事活动中享有等同的法律地位，这与社会主义市场经济的内在要求相匹配。可以说，民事活动中的平等是实现其他领域平等的基础。其二，民法强调主体的自由意志，以意思自治、权利本位为显著特征。社会主义市场经济强调经济主体的诚信、自治和平等，这与民法精神的本旨高度契合。“法无禁止即自由”的法谚形象地说明了自由精神或意思自治的精髓。民事主体的活动只要不违反禁止性规定和公共利益，其行为原则上就是受到法律保护的。民法的终极价值应当是为民事主体争取更多的自由，这既是社会发展的动力，同时也是社会主义市场经济发展的要求和必然结果。在市场经济背景下，民事主体作为理性经济人，会在市场的支配下进行最有利于自己的选择，只有肯定并保护这种自由选择的权利，才能使市场经济健康有序发展，市场经济下的民事主体也才能最大限度地将个人利益与公共利益保持一致，最终促进社会的和谐发展。

### （二）民法精神的意义

在法律体系中，民法可谓是其他部门法的基础，民法与经济利益和人身利益的关系最为直接和广泛。就私法领域而言，民法属于最为基础的规制市场经济的法律，在行政规制和刑法规制之前发挥作用。可以说，民法是其他部门法的逻辑起点。民法授课

的境界与层次，直接影响到学生其他法学课程的学习效果，也会在潜移默化中影响学生的法律思维能力。相对于其他部门法而言，民法是培养人的基本法律精神的基础，承担着对法学人才法律意识培养的重任。民法最为贴近生活，法学专业的学生在本科阶段受到了何种民法熏陶，对其今后的法学之路有重要意义。民法理念对于法律人的培养非常重要，最终有利于法律共同体的培养。法律共同体的信仰和思维方式的形成，均有赖于民法精神的贯彻。学生在本科阶段能否接受到全面深刻的民法精神的培育，关系到其在进入真正的法律世界时能否将民法精神贯彻到底。

民法精神能够反映民法这一部门法的基本价值取向和立法目的及宗旨，〔1〕并且通过民事法律规范得以体现。作为本科民法教学的对象，法学学生法律素养的养成很大程度上有赖于民法素养的养成。在强调素质教育的背景下，民法教学除了要传授相关的民法专业知识以外，更重要的就是养成民法思维，具备民法理念，树立民法精神。民法精神在本质上与民法的基本原则一致，要求人们在民事活动乃至在日常行为中坚持意思自治、平等自由、公正诚信等原则和精神，这也与构建和谐社会的要求高度吻合。

（三）民法精神的培育

民法精神的养成是个系统工程，需要多管齐下方见成效。其一，从课堂教学来说，不能简单局限于法条的注释和讲解，更要以法律规范为载体，深刻剖析其背后蕴藏的本旨和理念。因此，对教师来说，最基本的层次是要全面正确地教授知识点，更高层次的是要传授方法，最高层次的就是要在潜移默化之间树立起学生的民法精神与理念。在教学过程中应首先确定民法精神的重要

---

〔1〕艾岩卿："关于民法教学的理念与民法精神的培养方法"，载《南方论刊》2015年第1期。

地位，充分认识到本科民法的授课过程远远不止于专业知识，更要有一种精神的传承，要将其贯穿民法教学的始终。这就要求教师在授课过程中准备翔实丰富的资料，不仅在具体理论的讲授中参透民法精神，更要引导学生在思维方式和实践应用上有意识地贯彻民法精神。如在进行案例教学的过程中，引导学生将民法精神运用到对案例的分析和讨论中，将是十分有意义的。尤其是在一些疑难或特殊案件中，没有涉及明确的民法规范或规范不明时，民法精神的理解和运用更显重要。其二，从民法精神与民法其他基础理论的关系来看，应当明确民法精神在民法整个理论体系中的根本性地位，[1]其他的基础理论都应当能够从民法精神中获取理论支撑。如责任体系中的无过错责任，其理论根基就源于民法的公平精神；民事行为中的可变更、可撤销的民事行为，其理论来源就是民法精神中的意思自治。可以看出，民法中重要的基础理论均与民法精神有千丝万缕的联系，只有将两者结合起来，才能使学生从根本上认识到民法精神的重要性，同时也能够更深刻地理解民法精神以及其他基础理论。其三，深入理解民法精神与具体民法规范之间的关系。具体民法规范总能在民法精神之中找到理论支持，反过来又能够体现民法精神的本旨。因此，教学过程中应当启发学生两者之间相互体现、印证、支撑的辩证关系。

## 二、民法体系的形成

20 世纪以来，自然科学和社会科学的发展出现了明显的相互渗透的趋势，在这种趋势和背景下，系统论和体系论已被较为广泛地运用于社会科学的诸多领域。系统论强调要素之间的相互影

---

〔1〕 宁清同："民法教学与民法精神的培养"，载《海南大学学报（人文社会科学版）》2011 年第 4 期。

响、协调和作用，并组成有机整体，[1]这与法学研究的思路相吻合：在构建各个法学概念本身的内涵与外延的基础上，探讨其内在的共同规律和理论。

民法学的内容十分庞杂，教师在教学过程中如果不能形成一个思路清晰、简明扼要的基本体系，那么学生在学习中极易感到无所适从。民法学的主要内容可以围绕主体、客体、权利、行为和责任展开，这五个关键词共同形成了民法学的基本体系。其中，主体是指自然人、法人和非法人组织，客体包括人身、物、行为、智力成果等，权利涵盖了人身权、物权、债权、知识产权和继承权，行为可以分为民事法律行为、代理、诉讼时效，责任由侵权责任、违约责任和其他责任组成。如果用一句话概括整个民法体系，可以表述为，主体在责任的保障下通过行为对客体享有和行使权利。

借鉴系统性和整体性思维，选择民法的关键词构建民法的基本体系，可以将整个民法学的内容归纳为一个黏合度极高的框架，使学生在关键词的引导下贯穿起民法学博大精深的知识体系。在此过程中，学生的法律思维能力也能够得到锻炼，在掌握基本的方法后，也有助于将其他部门法的基本内容体系化。

## 三、民法内容的更新

长久以来，制定一部统一的民法典已经成为几代民法学人共同的追求。从1978年改革开放至今，社会经济态势发生了根本性的变化，立法机关和司法机关积累了大量的实践经验，众多优秀的民法人才也为民法典的起草和制定做了深入系统的理论研讨，就民法教学而言，我国的法学教育在这一时期也取得了长足

[1] 潘劲松：“概念体系化民法教学模式的刍议”，载《商丘职业技术学院学报》2010年第4期。

的进步和发展。如何在本科阶段的教学中不断体现民法的变化发展，及时反映民法内容与时俱进的更新，是应当认真考虑的课题。

应当肯定的是，在讨论制定统一民法典的过程中，民法教学不应该被动地等待学界研讨成果，而应当主动关注，在讲授传统教学内容中的基本理论的基础之上，适当介绍学者对焦点问题的看法，对疑难问题的争议和讨论，这样不仅能够开阔学生视野，也能够提升其学习兴趣。民法典的制定使民法学界出现了极其繁荣热烈的研讨局面，大量专著问世，大批论文刊发，大规模的学术研讨会不断举行。民法学具有极强的实践性品格，这种繁荣的学术研讨局面，一方面为民法典的制定提供了不可或缺的理论动力，同时也促进了民法学基础理论和基本问题的发展。在民法教学过程中引入这样的理论成果，对培养学生的学术敏感性、增强法律思维能力大有裨益。如学界争议十分激烈的问题就是人格权法是否应独立成编，肯定说和否定说均有自己的一套理由，将这些针锋相对的学术辩论介绍给学生，可以使学生明确这些争议问题的背后都有深刻的理论背景和根源，如涉及人格和人格权是否可分，民法典的编撰制定更多的是尊重传统还是突出创新等等。这些相关问题的回答关系到了学者的学术立场问题，也能够反映出学者真实的学术功底。学生在了解这些争议的过程中，能够深入思考，并在此基础上进行讨论，就能够在无形中锻炼法律思维能力。此外，许多争议问题直接针对某些重要法条，向学生介绍相关的争议内容，能够使学生更加全面深刻地理解这些法条。现在的争议在未来民法典制定完成后将成为重要的立法资料，包括官方公布的草案、各个版本的专家建议稿等，这些资料的掌握对学生将来更深入、多视角地理解和学习民法典的具体内容，具有重要意义。

在民法教学过程中，教师还应当使学生明确，民法典的制定和完善一定要紧扣时代，紧密贴合时代背景，能够反映一个时代的根本特质和基本需求。党的十八届四中全会通过了《中共中央关于全面推进依法治国若干重大问题的决定》，其中明确指出："加强市场法律制度建设，编纂民法典。"这是一个重要的时代条件。在21世纪的我国，建设法治国家和发展市场经济已经成为各界共识，民法作为市场经济的基本法，也必须反映这一时代背景，能够回应这一时代背景之下的各项要求。应当向学生传达这样一种思维方式，即民法本身的发展和民法典的编纂都必须适应改革开放和市场经济发展的要求，能够及时反映出经济发展中出现的新问题。如人权在当代社会广受关注，尊重和保障人权已被写入我国《宪法》，民法的发展也应当反映出这一发展态势。21世纪生物技术的发展速度已经超乎想象，在这样的背景下，作为人之载体的人体组织和器官都可能成为民法的调整对象，如何协调在这一过程中可能出现的各种问题，如人的主体地位的认定问题、由此带来的伦理难题等，是民法发展过程中必须要解决的。

此外，民法的授课过程也必须反映出其他一些典型的时代特色，如网络和信息爆炸的时代特色。互联网已经无孔不入，信息技术的发展也达到了前所未有的高度，由此带来的网络虚拟财产的保护、个人信息的保护、新的发明专利的保护等都是民法需要解决的新问题。又如生态环境恶化已经成为全球性的严重问题，地球上可供利用的资源愈加有限，民法在对财产权的客体、权能等问题进行设定时，必须考虑到这一时代背景，融入可持续发展等原则的要求。再如现代社会的一个典型特征就是风险社会，风险无处不在，比传统社会下的风险更难以预测，危害也更为严重。这一源自德国社会学家贝克（Beck）的理论已经广泛影响到了各个社会科学领域的研究。从民法角度来看，风险社会的理论

主要会影响到侵权责任的认定和承担，传统侵权法背景下的责任认定方式、过错认定方式是否需要对新出现的问题有所回应，都是需要引导学生认真思考的问题。

## 四、授课技巧的锤炼

民法作为一门实践性极强的学科，非常贴近学生的日常生活，如果拘泥于照本宣科或者单纯枯燥的理论讲授，使学生沉溺于概念和术语的掌握，授课效果将大打折扣。因此，教学方法和技巧的锤炼对于本科民法教学而言尤为重要。其一，从纵向来看，要注意知识点的来龙去脉。民法中的诸多制度都有悠久的历史和发展历程，如果能够将这些发展变化简明扼要地介绍给学生，对其理解现行法律的规定将大有裨益。其二，从横向来看，要注意比较其他国家的理论现状与立法例。没有比较就没有鉴别，只有全面了解了某一理论在国内外或不同法律背景下的不同发展时，才能使学生从根本上深刻理解这一理论。如拾得遗失物的相关规定，在讲授我国的相关理论时，有必要介绍国外的不同规定，并对比其理论差异背后的经济、政治、社会、历史等多方面的因素，开阔学生的视野，使学生在横向对比中鉴别这一制度的高下优劣。其三，抓住身边的人和事。民法在法学专业的课程体系设置中大多开设较早，一般放在大一开设。最初涉猎民法的大一新生，面临诸多的法学概念和专业术语，难免会有畏难情绪。如果能够发挥民法本身贴近生活的内在优势，从身边的人和事入手，尤其是以贴近学生生活的案例为着眼点，则不仅能够提高学生的学习兴趣，同时也保证了学习效果，锻炼的学生解决实践问题的能力。如共有问题，可以假定同宿舍的四个同学共同凑钱买了一部二手车，以出资额度按份共有，其中甲同学的出资够买两个车轮，按份共有是否意味着甲可以随意处分两个车轮？诸

如此类的问题，既贴近学生生活，提高学生兴趣，又能够恰当反映基础理论，加深学生对这一制度的理解。其四，注重师生交流。这里的交流不仅仅局限于课堂授课过程中的互动，而是更为广泛意义上的交流。教学的目的是使学生成才，而不仅仅是知识体系的单纯掌握。学生在与老师的交流过程中，能够锻炼自己作为法律人才的基本素质，如口头表达能力、逻辑思维能力、分析解决问题的能力等。

## 五、案例教学的运用

法学专业具有极强的实践性和应用性，案例教学在本科阶段的教学中具有重要意义，民法教学亦不例外。案例教学法最初产生于哈佛大学的医学院和法学院，〔1〕因其能够有效锻炼学生在实践中运用理论知识的能力，引导学生理论与实践相结合，使其保持对社会现实的关注，也有助于培养学生在学术上的怀疑和批判精神，后来被广泛运用到其他国家的法学教育过程中。

民法十分贴近生活，对于民法案例的搜集也应体现这一特点。从案例的类型来看，债务纠纷、继承案件、离婚案件等都与日常生活紧密相关，学生对于此类案例的兴趣也会较高。从案例搜集的来源看，可以从中国法院网、中国民商事法律网、北大法律信息网等网络媒体或《最高人民法院公报》、《最高人民检察院公报》等官方媒介中获取。在选择案例时，需要注意案例本身与相关知识点的关联性，在本科阶段的教学过程中，案例不宜太难，应当紧扣需要讲授的知识点。重大疑难的复杂案件包含的知识点较为分散，争议问题也较多，会给学生造成不同程度的困惑。同时，案例的选择也应注重不能太过猎奇，案情过于奇特的

〔1〕王俊霞："《民法学》课程中案例教学法运用之探析"，载《内蒙古工业大学学报（社会科学版）》2009 年第 2 期。

案例固然能够吸引学生，但同时会误导学生的注意方向，冲淡学生对知识点的关注度。还需要注意的是，虽然引入案例有助于提高学生对教学过程的参与程度，但就本科阶段的民法学教学而言，教师仍然是课堂的主导，案例在教师的安排下要能放得出去，收得回来，给学生一定的思考和讨论时间后，教师需要引导学生回归案例体现的知识点，并给出相对确定的解答。如果放任学生纠结于案例，势必会影响课堂教学的节奏。在专门的案例研讨课上，如案例解析课等场合，教师可以大胆营造宽松的课堂氛围，鼓励学生积极发言，展开讨论，使学生对案例的分析在辩论过程中一步步深入，深刻理解案例所体现的知识点和相关争议。

## 参考文献


1. 艾岩卿："关于民法教学的理念与民法精神的培养方法"，载《南方论刊》2015 年第 1 期。
2. 宁清同："民法教学与民法精神的培养"，载《海南大学学报（人文社会科学版）》2011 年第 4 期。
3. 潘劲松："概念体系化民法教学模式的刍议"，载《商丘职业技术学院学报》2010 年第 4 期。
4. 王俊霞："《民法学》课程中案例教学法运用之探析"，载《内蒙古工业大学学报（社会科学版）》2009 年第 2 期。

论文训练

# 法学专业毕业论文写作方法探究*

李　静**　都佳慧***

**摘要**

毕业论文写作是本科教育的最后一个阶段，也是对于本科专业教育的全面训练与检验。由于法律普适性的特点，使得法学专业毕业论文写作存在特别的难题。法学专业毕业论文应该在选题时注意创新性，在资料方面做到穷尽多渠道来源的资料，在论证时做到围绕论文主题展开，应当具有针对性和有效性。

**关键词：** 法学专业　毕业论文写作　改良建议

随着社会生活节奏的加快，当下许多学生在日常学习和毕业论文写作过程中为了尽快完成任务往往是“临时抱佛脚”，粗略地进行复制粘贴，毕业论文的写作难以较好地选题、论证以及解

---

* 本文系“天津商业大学法理学课程教学团队”的成果之一。

** 天津商业大学法学院教授，法学硕士，主要从事罗马法和比较法律文化研究。

*** 天津商业大学2013级法学理论专业硕士研究生，主要从事比较法律文化研究。

决问题，这与学生日常知识和写作方法积累的匮乏是紧密相关的。法学专业毕业论文的写作很难一气呵成，需要诸多资料的搜集和处理，理论与实践相结合，同时要有针对性地进行论证、分析，这对于平时较少动手写作的学生来讲是有很大难度的，所以本文便对法学专业毕业论文的写作方法进行探究，希望对毕业生的论文写作有所帮助。

## 一、法学专业毕业论文题目的选定及其可能存在的问题

首先，要善于发现问题，即我们通常所讲的问题意识。简单来说，学生应当在日常生活中关注社会热点，积极发现现实中切实存在的问题，从中提炼出一个值得研究的学术上的话题，然后确定自己的命题并加以论证。好多学生写论文，只是找到了一个粗略的话题，却没有自己动手动脑去发现其中存在的真正问题。比如说，有学生在课程专题写作过程中，找到一个大概的题目，然后对它的概念、性质、分类、研究意义、相关学说等进行“全方位”的概述，结果就像教科书一样平铺直叙，这些知识大家完全可以在书本中发现，没有体现问题意识，因而也并不构成研究。

其次，要有创新性，即选题要新颖。“创新是学术的生命。学术是一个由不同作者共同缔造的绵延不绝的阶梯，一个人的研究必须通过前人并超越前人。每个人只要在前人基础上再迈一步，不管多么微小，都是贡献。如果没能迈出这一步，哪怕文章再华丽，社会反响再好，在学术上是谈不上贡献的。”〔1〕何海波教授的这段话生动地说明了创新选题的重要性，重复性的研究对于学术进步基本是无益处的。但是，创新性不只是指发现新问

〔1〕 何海波：《法学论文写作》，北京大学出版社 2014 年版，第 29 页。

题，对同一问题的新解读、新的研究方法和范式乃至新的文献资料都可以构成具有创新性的文章。比如柏拉图的法律思想，可以说对该问题的研究已经是浩如烟海了，但是能从法律权威、法律制度构建的视角进行梳理和诠释，并提出借鉴意义，那么在没有新问题和新材料的前提下依然是具有创新意义和价值的。

但是，许多学生在选取毕业论文题目时多是通过看到的文献中的片段来选定，并不了解他人做了多少研究工作，对于研究圈子的进展没有深入研究，不清楚权威观点，针对性和新颖性较差，研究意义也难以体现，很难构成研究问题。比如说，论文的主题定为公序良俗原则，许多学生就把题目拟定为《论公序良俗原则》，打开中国知网我们就可以看到，与之相关的题目有七千多篇，已然成为重复性的研究了。缺乏新颖性，也就没有研究意义和价值了。当然，如果有新的研究方法或者新的资料也是可以写的。如果把题目改成《论公序良俗原则在司法实践中的适用》，那就比较有针对性和实用性了。但是学生会苦恼题目的来源，这点在后文我们会提到。

## 二、法学专业毕业论文资料的搜集及其可能存在的问题

首先，要穷尽相关文献。“学术论文要有根有据、有所创新，都必须建立在文献基础上。有根有据，就必须拿文献说话；有所创新，就必须比对现有文献。”所以说要穷尽相关文献，他人的文献是文章的根据，也是比较的参照，否则也难谈论文创新。但是与一个题目相关的文献数量很多，要在诸多文献资料中选取法律科学范畴、与毕业论文题目相关、具有权威性和影响力的材料，才能为论文的写作增光添彩。在此前提下应当尽可能地穷尽相关文献，才能对自己所选题目有全面而系统的了解。比如梳理弗里德曼（Lawrence M. Friedman）提出的法律制度，那么除了阅

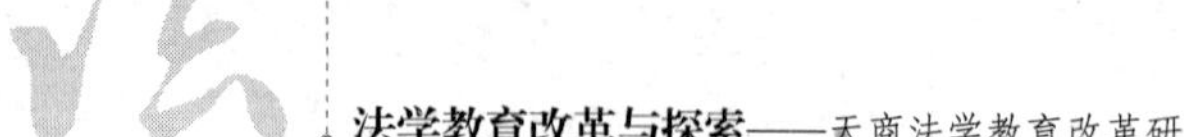


读弗里德曼的《法律制度——从社会科学的角度观察》一书以外，其他学者对于弗里德曼的法律思想的诠释也是我们要了解的，这才叫穷尽相关文献，不至于重复，不至于人云亦云。

其次，明确资料的来源。太多的劣质资料只会成为论文写作中的负担，因此资料的来源会直接影响论文的质量。大致上来讲有以下几个来源：①法学专著，经典专著都是经过时间的洗礼和选择的，百读不厌，常读常新，比起当下的畅销书，经典专著总能为毕业论文的写作添加浓重的理论色彩；②期刊文献，可以说期刊文献是毕业论文写作资料的主要来源，既有经典论述，又有新思想和新见解，阅读起来也较为轻松；③规范文件，这里的规范文件作广义的理解，既包括已经颁布的权威性法律文件，也包括专家建议稿，比如在写到行政诉讼的相关问题时，中国人民大学就有一个关于行政诉讼修改路向的专家建议稿，其中勾勒了行政诉讼的修改蓝图，对于专业研究很有意义；④文献中的文献，这是指我们在阅读他人的论文时，会有许多参考文献，而且都是经过作者筛选过的有价值的资料，所以说循着资料找资料也不失为一个搜集资料的好方法。

“理论思维能力是本科生学科专业基本能力体现的核心，可以说，是用时间‘堆’出来的，没有时间的保证，这个能力不可能具备。”〔1〕正如前文提到的，一篇高质量的法学专业毕业论文不是一蹴而就的，其需要诸多的积累，也需要诸多的文献。有学生在毕业论文写作过程中，动用了许多搜索引擎，百度、谷歌、必应，能搜索到的概念、性质、分类等等教科书式的问题就复制粘贴，这样的参考引用是没有研究价值的。资料的来源有许多，经典著作提供理论基础，期刊文献提供不同观点，规范性文件提

〔1〕 赵心宪：“毕业论文写作的几个基本问题——以近年三届文科本科生的论文辅导为例”，载《重庆教育学院学报》2011 年第 1 期。

供实践意义。要学会搜集和查找资料，从资料当中了解他人的观点，熟悉相关研究的进度，学习他人的研究方法，而不是重复性的平铺直叙。所以说，论文写作水平的提高是需要时间做保障的。当然，这和有些学生的积累环节薄弱是分不开的，具体的解决办法后文会提到。

## 三、法学专业毕业论文论证与建议及其可能存在的问题

关于论证，要紧紧围绕着文章的主题进行。“影响毕业论文质量的一个突出问题就是缺乏科学性，缺乏一定的理论修养与逻辑思辨能力。首先表现在提纲拟订的随意性，思路不清晰，目标不明确，层次不分明。其次是论点不鲜明，论据不充分，论证不够严谨。有的学生选题很具新意，但不会借助相应的理论知识对自己的论点进行理性分析，论述力度欠缺，说服力不强。”〔1〕在前文我们已经强调了选题的重要性，就是为了更好地展开论证。一篇毕业论文若没有明确的主题，那么论证将犹如没有方向的帆船，飘忽不定。毕业论文篇幅较大，少则几千字多则几万字，可能选题的时候主题很明确，但是在写作的过程中却是各部分自说自话，最后让阅读的人感到不知所云。所以，选定题目后，文章的主题就确定了，不管文章的哪一个部分，都要紧紧围绕着文章的主题来展开论证，才能使毕业论文的写作更有逻辑性和更加系统化。

关于意见建议部分，要杜绝“假、大、空”。在文章的最后一部分，大家都会提出改革方案、意见建议，来作为文章解决问题的一个部分。“论文写作中的结论推导过程是根据论文前面部分的文献综述、研究结果讨论、研究带来的意义以及对未来研究

〔1〕 唐燕艳：“对提高大学生毕业论文写作质量的思考”，载《考试周刊》2007 年第 39 期。

的建议进行全面的总结。”〔1〕这一部分应当针对毕业论文中提出和分析的问题来进行，紧紧围绕着论文的论点来提意见建议，需要具有针对性，脚踏实地地陈述改革方案，改革方案和意见建议或者对于决策者，或者对于执行者都具有现实意义，是能够实现的，否则论文就没有研究意义了。所以我们说，意见建议部分应当杜绝“假、大、空”。

所谓“论文”，“论”是一篇毕业论文的精髓。“在写作时牢记论点才能保证全文逻辑结构的严谨性、连贯性和完整性。论文的主体部分是用丰富的有关文献资料和个人的陈述与分析来证明和发展论点及选题的合理性。”〔2〕其实论证部分做好了，整篇论文的主题也就表达清楚了。但是学生在毕业论文的写作过程中要么平铺直叙，要么各个部分形成独立的命题，总之不是围绕着主题展开论述，让人读起来感到十分零散，不具有针对性、系统性，也很难说是一篇好的毕业论文。

正如前文提到的，关于意见建议部分应当落到实处。“人文社会科学的研究成果，体现在它所提供的思想建树和理论依据将成为构成与推动社会实践的因素与动力。这一思想的基本内涵主要表现为：所谓的人文社会科学，不只是关于社会经济与经济技术的一种理论，而且是关于社会经济与经济技术的一种实践或者是先验性实践。”〔3〕这段话深刻地说明了人文社会科学的实践价值，法学专业也不例外。但是学生写的许多建议都是“假、大、空”，不具有可行性，也不具有现实意义。比如，有一个放之四

〔1〕 纪蓉琴：“高校学生毕业论文写作创新与创新性思维能力培养”，载《教育学术月刊》2009 年第 1 期。

〔2〕 朱源：“论文写作规范与研究生学术研究能力”，载《外语与外语教学》2003 年第 7 期。

〔3〕 朱晓苑、唐幗丽：“论文写作与文科研思观的密切联系”，载《北京化工大学学报（社会科学版）》2007 年第 2 期。

海而皆准的建议——完善相关法律，行政管理的学生、经济学的学生都可以这么提建议，但是一个法科生却不应当提出这样的建议。完善什么法律、怎么完善、是不是要量化标准等等才是我们法学专业应当关注的问题。所以说，建议应当具有可行性和有效性。关于这一能力的培养，下文会详细论述。

## 四、法学专业毕业论文写作改良建议

在前两个部分的基础上，根据作者多年的实践经验，提出这一部分的改良建议，希望能从根本上改善学生毕业论文的写作水平。

### （一）由学院通过新型社交渠道定期向学生发放信息手册

21 世纪是信息时代，网络的高速发展为信息的传播提供了高效、便捷的媒介，各种各样的信息铺天盖地而来，学生也被强大的信息浪潮淹没，其中包括有效、无效的信息，有价值的、无价值的信息，甚至包括正确的、错误的信息，信息的甄选也成为一项巨大的工程，或者学生们并不知道如何获取“内部资料”。为了提升学生们毕业论文的写作能力，可以由学院通过新型社交渠道定期向学生发放信息手册，总结这一时间段内的法律法规变动情况、法律范畴的热点议题乃至专家意见。这样一来，学生们的问题意识就慢慢培养出来了，其中的话题不乏可以成为毕业论文命题的，同时也能引导学生关注与专业相关的法律热点，培养学生以专业的态度去看待问题，对于开阔学生视野大有裨益。比如学生写法官遴选制度、法官检察官问责制等问题时，我们很难到法院做“田野调查”，日常的参考文献也很难提供有力说明，学院发放的与之相关的“内部资料”将会具有利用价值。

### （二）社会实践与毕业论文写作二位一体

法律科学是一门理论与实践相结合的学科，日常的教学侧重

理论知识的灌输，社会实践就不同了。“实践教学和论文指导同步教学模式是指将学生实习、实训等实践环节的教学与毕业论文的指导结合于一体，其特点为实践与理论紧密结合、在实践中归纳选题、通过实践检验理论知识、以理论促进实践的提高。”〔1〕社会实践有助于对所学知识进行吸收、消化和再利用。比如，可以开展课程实践，像刑法、民法这样较大的部门法的学习，不应局限于教室里的讲解，到法院旁观也不失为一个好的教学方法。在这样的实践过程中，学生们可以发现或证实某些问题的研究价值，亲身经历后才能通过不同的视角将问题完整地展现出来。再比如，基本上是每个院校都要求必须有毕业实习，学生在日常的课程实践中确定研究方向以后，毕业实习就是搜集和整理资料的过程。比如写法官遴选制度，那么实习地点选在法院，调查问卷就可以直接面向法官发放。我们常说的“田野调查”此时就派上用场了。比起坐在学校空想，通过社会实践引导学生发现问题、搜集资料是紧跟社会动向的，看问题的视角更为全面，论证也会更有力度。所以说，社会实践与毕业论文写作二位一体对学生毕业论文的写作是有助益的。

（三）学科论文写作、论文写作方法课程与毕业论文写作指导三位一体

首先，在教学实践中，课程考察基本上都是采用考试的方式，学科论文写作比较少，老师也没有机会指导学生写作，这不利于学生写作技能的培养。所以，专业必修课可以要求学生做学科论文，字数不必太多，但是写作方法的培训从中都能体现，老师也可以对学生进行指导，从基础开始学起。其次，基本上都是在毕业论文写作的过程中老师才对毕业论文的写作技能进行培

---

〔1〕洛渭、徐行：“实践教学与毕业论文同步指导模式的探索”，载《延安职业技术学院学报》2010年第5期。

养，为了避免这一缺陷，可以在教学过程中安排论文写作方法课程教学，专门开设论文写作方法这一门课。“通过该门课程的学习，高年级学生会对毕业论文的重要性、论文选题原则、前期资料搜集整理、研究方法的选择和使用、提纲的草拟、结构的安排、初稿的撰写、论文的修改等环节和技巧有全面学习和系统训练。”〔1〕系统地对学生的写作能力进行培养，也避免现学现用的尴尬。如果前两个环节在毕业论文的指导过程中严密展开，那么学生在毕业论文的写作过程中也不至于无处下手，老师也不至于痛心疾首了。所以说，学科论文写作、论文写作方法课程与毕业论文写作指导三位一体的论文写作培养模式是十分必要的。

## 五、结论

本文对法学专业毕业论文的写作方法进行了系统的阐述，希望对学生的论文写作能有所帮助。“好文章一定不是东拼西凑的东西，一定不是观点偏激的东西，一定是深入调查、长期思考与努力的结果。”〔2〕不管如何进行写作技能的培训，在这个物欲横流的时代能够静下心来做学问才是至关重要的，心浮气躁是难以从庞杂的法律体系中汲取自己所需的东西的，潜心一点一滴地提升才是我们应当做的。这更体现了日常积累的重要性，“著名瑞士心理学家皮亚杰（Piaget）通过对儿童心理的研究，提出了发生认识论学说，认为人的认知结构是通过对环境、社会的适应及各种学习认识过程得以建构并不断更新，并同时在认知结构的作用下完成各种认识活动。”〔3〕在日常的学习中、毕业论文的写作过

〔1〕张振国：“本科毕业论文写作‘三位一体’质量保障模式探索”，载《文教资料》2010年第6期。

〔2〕石文龙：“论文写作的过程与要领”，载《中国法学教育研究》2008年第2期。

〔3〕毛曦：“论文写作中的学术素养——学术论文写作教育中值得重视的几个问题”，载《文化学刊》2011年第3期。

程中，不停地积累新知识会帮助我们构成新的认知结构，帮助我们更好地完成论文的写作。所以，日常的阅读加上技能的培训，能帮助我们更好地做出毕业论文。

## 参考文献


1. 何海波：《法学论文写作》，北京大学出版社 2014 年版。
2. 赵心宪："毕业论文写作的几个基本问题——以近年三届文科本科生的论文辅导为例"，载《重庆教育学院学报》2011 年第 1 期。
3. 唐燕艳："对提高大学生毕业论文写作质量的思考"，载《考试周刊》2007 年第 39 期。
4. 纪蓉琴："高校学生毕业论文写作创新与创新性思维能力培养"，载《教育学术月刊》2009 年第 1 期。
5. 朱源："论文写作规范与研究生学术研究能力"，载《外语与外语教学》2003 年第 7 期。
6. 朱晓苑、唐帼丽："论文写作与文科研思观的密切联系"，载《北京化工大学学报（社会科学版）》2007 年第 2 期。
7. 洛渭、徐行："实践教学与毕业论文同步指导模式的探索"，载《延安职业技术学院学报》2010 年第 5 期。
8. 张振国："本科毕业论文写作'三位一体'质量保障模式探索"，载《文教资料》2010 年第 6 期。
9. 石文龙："论文写作的过程与要领"，载《中国法学教育研究》2008 年第 2 期。
10. 毛曦："论文写作中的学术素养——学术论文写作教育中值得重视的几个问题"，载《文化学刊》2011 年第 3 期。

# 论法学本科学位论文撰写问题的思考

崔　磊* 侯金江**

**摘要**

法学本科的学位论文重要性尤为突出，并有着重要的现实意义。然而，法学本科学位论文凸显的问题很多：撰写法学学位论文主体的问题、撰写法学学位论文客体的问题、法学学位论文评判中的问题及法学学位论文相关因素问题。针对诸多问题，笔者提出开设论文写作指导课、加大实践教学课、增强科研训练等对策，来提高学位论文的水平。

**关键词：**学位论文　法学本科　问题　对策

## 一、法学本科学位论文的意义

目前关于法学本科要不要写学位论文产生争议，其中，一部分学者认为，当下我国的法学本科教育实属于职业教育，[1]正如

---

* 天津商业大学法学院副教授，逻辑学博士，主要从事刑法学研究。

** 天津商业大学法学院2014级刑法学专业硕士研究生。

〔1〕 方流芳："中国法学教育观察"，载《比较法研究》1996年第2期。

方流芳学者认为，大学本科教育的职能，应当使学生获得从事多种法律职业都必须具备的能力，这种能力对于法官、律师等具有同等重要的意义。因此，大学本科法学教育的定位只能为职业教育，甚至不乏偏激者的观点，就是搞其他专业搞不成，都可以学法律，因为我国法律职业门槛较低。普法教育多年了，已经具备法律常识的人们，不管何人只要通过司法考试就有从业资格证，因而有人戏称法学专业为扯淡专业。[1]职业教育理论要求低，因而废弃学位论文要求。另一部分学者认为，目前我国的法学本科教育应定位为通识教育，亦就是说对学生的科学和人文知识的教育、公民教育、法律职业道德教育、法律知识传授、塑造优秀法律人才，所以法学本科学生不但应写学位论文，还必须将学位论文撰写成高质量的学术论文。

事实上，法学本科生学位论文存废之争的关键在于法学本科教育定位问题之争，即法学本科教育是职业教育还是通识教育，或者二者兼而有之。法律本科即使属于职业教育，也并非指职业教育学院的一般职业技术教育，而是通识教育或素质教育相对应的专门人才教育；这种职业教育是培养专门职业所需要的人才专家的教育。需要指出的是这种“专家”是指掌握专门知识的人而非学术意义上的概念。因此，笔者认为，法学本科教育在定位上的困境，并不能必然推导出学位论文的存废。相反，无论将法学本科教育定位为职业教育，还是通识教育，总的来说都属于本科教育，因而都要授予学位，都必须写学位论文，这一点都是毫不含糊的。所以学位论文不但不能废止，在某些方面还需加强。

依据我国高等教育管理规定，法学本科学位论文属于高等院校法学教学和考试制度的重要组成部分，法学专业本科的学生必

---

〔1〕 薛诵：“考大学报什么专业好”，载《东方早报》2006年6月29日，第1版。

须通过十四门法学核心课以及它所学的课程考试，加上学位论文成绩合格，才能被准予毕业，获得法学专业本科大学毕业文凭。法学专业本科生即使修满全部学分，各科成绩符合要求，假如学位论文不合格，仍不能毕业。从1981年起，我国实行学位制度，规定凡申请学位者（当然包括法学学士学位的申请），都必须提交学位论文。据此可知，从规定上来讲，法学专业本科大学生在结束本科学习，拿到“双证”之前，应当提交两份合格论文即毕业论文和学位论文，亦就是说法学本科毕业论文，不仅是法学本科大学生获得学士学位证书的必要条件，而且也是法学本科大学生获取本科毕业证书的必要条件。目前，法学本科院校绝大部分是要求学生提交一份论文，通过审查就可获得双证。这本身已经是减少了程序、降低了要求。

法学本科生是在老师的指导下，运用所学的法学专业的理论知识和法律业务技能，针对某一法律现象或某一法律问题独立思考、分析、综合研究后所形成的具有一定学术价值的文章。〔1〕依据法学本科院校教学计划的宗旨，法学本科生写作学位论文的目的是：①综合、全面地考察法学本科学生对所学法学专业知识的掌握程度及运用法律的能力；②培养法学本科学生运用所学法学研究方法及法律思维独立地分析法律问题和解决法律问题的能力；③使学校和教师通过该项活动，更全面地考察和了解法学教学质量，及时总结经验，改进工作。

综上所述，法学本科学位论文的重要性尤为突出，并有着重要的现实意义。

---

〔1〕孙艳红、郑春凤：“对高校本科毕业论文写作问题的思考”，载《吉林师范大学学报（人文社会科学版）》2012年第3期。

## 二、法学本科学位论文凸显的问题

### （一）撰写法学学位论文主体的问题

撰写法学学位论文的主体当然是法学本科的学生，学生能否顺利毕业，其一个重要的衡量标杆就是学位论文是否合格，一篇好的法学学位论文的诞生，不仅要求撰写者能够系统地掌握和运用法学专业知识，还要求其具有宽泛的知识素养、逻辑思维能力及写作底蕴。然而，当前对法科学生考查方法单一，考核的内容偏于记忆而疏于对能力的要求，考核的指标体系欠缺科学性和实践性，致使法学理论与司法实践相脱离。法科的许多学生平时读书不够深入，甚至有少数人还厌恶法学，大部分学生仅满足于应试，至于法学原理、法学素养和司法技能则浅尝辄止。这就导致法学本科许多学生在做毕业论文前，没有寻觅大量资料，缺乏文献的阅读和知识的积累，甚至不关注学术动向、学术热点以及司法中的敏感问题，平时又没有养成勤于动脑的习惯，在四年的大学生涯中，有的学生除了在中学作文时写作外，平时根本没有动手、动笔写作训练，更遑论其论文有创新的火星了。所以，法学本科的学生在撰写论文期间，时常更换题目，更有甚者，为了对付毕业，往往在答辩前的个把月、几周甚至几天就完成学位论文，其质量可想而知。

计算机的高速发展，为法学学位论文撰写者带来了许多便利，致使许多学生在论文写作中浮光掠影。他们通过计算机网络平台就可以得到上至天文下至地理的信息，可以这么讲无论涉及哪个专业领域的知识都可以轻易获取，加上手写被电脑打字所替代。所以，现在的法学本科大学生在撰写学位论文时不必像从前学子们那样捧回大摞书本，艰难地“爬格子”了，而是用电脑对现有的文章进行粘贴、拼凑、整合、加工等来完成学位论文。尽

管有许多高校引入了“查重”软件，来打击学位论文抄袭剽窃现象，然而，“道高一尺，魔高一丈”，有的学生通过改头换面、颠倒文字的方式来对付查重。因此，要杜绝抄袭剽窃现象，仅仅靠“查重”软件恐怕收效甚微。

由于2001年我国司法考试改革以来，许多高校的法科院系将其教学的指挥棒定位在司考上，因而大都侧重于法学专业核心课的讲授，而忽视了一些专业基础课的教学。这种现象映射到法学学位论文上的表现，就是学生的基本文法功底差，缺乏必要的逻辑知识。有些法学学生写出的学位论文文笔不统一；篇章结构不合理，上下文之间缺乏逻辑关系；许多学生论文措辞用语极不规范，甚至还运用了网络上一些低俗的用语，词不达意；标点乱用，错字别字的现象更是常见。这些连小学生都该杜绝的错误在法学本科学位论文中频现，实在是令人瞠目结舌。

（二）撰写法学学位论文客体的问题

1. 法学学位论文选题问题。就当今社会来说，法学学科发展迅猛，其中可探索的问题非常多，尤其是我党十八届四中全会将法治提到议事日程，使法治建设迎来了灿烂的春天。法学的繁荣和发展，使法学的研究形式呈现出百花齐放、百家争鸣的局面。按常理讲法学本科学生选一个合适的题目做其学位论文并非难事。事实上，就目前选题状况来看，法学学位论文的选题存在着一些通病：选题偏窄、没有新意，并且略显集中。抽样考察发现：某一法学院学生连续几届会有相同题目，而撰写的内容却没有新意；学位论文的形式单调，基本是八股文，通常是历史沿革（或国内外研究情况）、现状（主要问题）、解决办法（抄一些冠冕堂皇的空话），而每一个部分却又是走马观花、一带而过，少有写得较为深刻的学位论文。

2. 论文组成要素的问题。

（1）中文摘要不规范。中文摘要通常被放在篇首，是对全文的高度概括，其核心是阐明中心思想，是篇章要义的浓缩。然而，法科的许多学生把学位论文摘要写成写作背景、意义或目的，因而并不能反映文章各部分的主要内容。很多学生都是另外阐述论点，使摘要独立成段。至于摘要后面的关键词更是随心所欲，任意凑出来的三至五个关键词，根本不能体现文章的关键节点。

（2）英文摘要不会写。可以这么讲，英文摘要是法学本科学位论文的一个“软肋”。能够依据英文习惯以及法学专业英语撰写学位论文的英文摘要，或者说将中文摘要译成英文，而且保证专业词汇准确，没有差错的学生，恐怕非常之少。大部分学生都是借助网络在线翻译，让人读起来不知所云。事实上，由于论文的指导老师、评阅老师及答辩老师，通常既非以英语为母语，又不是从事英语专业教育教学的，因此对英文摘要很难评判，致使绝大多数法学本科学位论文的英文摘要存在着许多问题。依据投资学的原理，投资应与产出是正比例关系。我国从幼儿园到高校一直都开设英语课，但英语教育始终是国民投入高产出低的一项活动。就法学本科学位论文撰写英文摘要这一要求而言，笔者认为没有必要。因为对于法学本科的毕业生来说，他们中绝大多数人在今后的司法实践中没有多少使用英文的机会，而他们中也很少有人从事高端的法科学研究，即使偶尔用到英文原始资料，也不必亲自译读英文资料。相反，如果本科学位论文的英文摘要是写给外国人看的，那就更没必要了，无论是摘要内容水准还是语言习惯，恐怕都无颜见人，更何况说仅仅是个摘要而已，能有什么意义？如果英文水平确实高，不妨将论文译为英文更好。所以，要我讲，学位论文没必要写英文摘要。

(3) 参考文献的盲目性。一些法科学生在参考文献部分并不知道是否真有其书其文，也不问出处，不考虑其真实性，不考虑是否与论题相关，一律全都誊抄，以使文章在形式上非常漂亮。应该说，列出参考文献的目的是让读者了解论文议题的研究脉络，便于按图索骥查找相关数据资料，同时也是对前人劳动成果的尊重。如果该列的没有列，无关的乱堆砌，那就违背了参考文献的初衷，其意义不大。

(4) 致谢毫无感情。如果说学位论文内容的写作体现了毕业生的水平的话，那么学位论文的致谢就映射出毕业生的态度了。致谢是毕业生在撰写该文时对其指导者、协助者、资助者、建议者等表达真诚的、实在的感谢之情，笔者相信每位法学本科毕业生在大学四年内不可能没有过对自己的学业有巨大帮助的人，但现在法学本科学位论文的“致谢”流于俗套，泛泛地“感谢”，更有甚者，出自于同一个“母版”，毫无真情实感可言。

事实上，档案馆里存放着的历届学位论文，不仅显示出一个大学法学教育实际教学水平的高低，同时也关系到学校的社会影响力和发展前景。法学学位论文的质量可以直接或间接地反映出法学本科院校综合实力的强弱，因此，其现状实在让人忧虑！

（三）法学学位论文评判中的问题

由于法科学生近十几年扩招迅速，学生的数量增长过快，然而法学本科教师队伍规模增加较慢，因而就产生了七八名法学本科生的学位论文由一个导师来指导的现象，特别是对于一些建立法学院系较晚、法学本科体系有待完善的高校来讲，法学教师相对较少，涵盖领域较窄，所以导致教师自身的研究领域以及自身的所学专业同分到其指导的学生的学位论文存在一定跨度，指导起来很是尴尬。与此同时，对于学位论文评阅老师和答辩组的老师来讲，更是存在僧多粥少的现象，为了在限定时间内完成任

务，不得不浮光掠影，其评阅及答辩的质量令人担忧。伴随着互联网的迅速发展，在法学国际化、知识更新化如此迅捷的今天，法学本科学生就某一学位论文的选题获取信息的速度是能量有限的指导教师、评阅老师、答辩组成员所不能及的。基于此，以指导教师对每篇学位论文进行细致入微的指导，评阅老师认真地评审等措施来保证学位论文的质量是捉襟见肘的，甚于逐篇检测核对学位论文、筛查抄袭现象等措施也是收获甚微。所以，从指导、评审及答辩等评判环节来看，尽管老师年复一年耗费大量心血于学生的学位论文之上，还是鲜有成就感，因而导致老师对该项工作的积极性不高，甚至流于形式。

按理讲，学位论文答辩环节是答辩老师对论文进行评判的最关键的关口。学位论文成绩通常能占8%～10%的毕业总成绩，假如学位论文没通过，则不能顺利毕业或者不能拿到学位证。通常讲，学位论文的总成绩由三个部分组成，即指导成绩、评阅成绩和答辩成绩，而学生的答辩成绩通常占论文总成绩的2/3。因此，答辩表现对于学生毕业与学位获得有着关键性的作用。从法学学位论文现实考察来讲，为了不影响学校毕业率以及毕业生的就业，答辩老师对于绝大多数劣质论文网开一面，通常在答辩时皮鞭高高扬起，而后根本不抽打，只是做样子吓唬一下学生而已，每年真正不过学位论文的很少。依据传递效应致使下一届的学妹、学弟看出猫腻，更不认真去写。因此，这从侧面映射出，存于学校档案室的学位论文并不见得真正合格。

（四）法学学位论文相关因素问题

根据目前法科院校的教学计划，学位论文工作一般是在大学四年级第一学期末开始到第二学期结束前近一个月截止完成的，而这一时期又是学生们需要决断人生中许多重要的事情的阶段。就法学专业的应届毕业生来讲，大四下学期有两个月的专业实习

时间，之后大四上半年开始，他们就忙于司法考试、公务员考试、研究生入学考试，部分学生还要准备最后一次机会的四、六级外语考试等，哪有时间安下心来全面梳理文献、深思论题、建构学位论文框架呢？这些因素恐怕也影响了学位论文的质量。

当今有许多法科院校的学位论文需要传到网上，实行网上指导。考虑到外观效应，对论文格式的规范要求就成为首要要求。因而许多论文指导大多纠结于字体、字号、文本校对。这并不是说论文格式的规范性不重要，这只是形式而已。目前的论文指导多重视形式问题，而忽视了毕业论文的逻辑结构、层次段落、论据、论点及创新等实质内容。现代法科高等教育存在着一种怪现象，即只重视法学专业核心课的教育，而轻视法学专业基础课、公共课的教育。不少法科大学生在中小学阶段的文字功底就很薄弱，上大学后，又深受网络语言等不规范语言的影响，常常使用一些流行句式、生造语词，违反了语法修辞、逻辑规则，撰写所运用的概念不准确、用词不规范、缺乏标点符号等常识性错误。有时篇章结构不合理，段落安排不科学，层次混乱等问题也颇多。

事实上，对目前法学本科学位论文水平要求并不高，并没有要求篇篇都要有创新点，只要能够做到观点明确、资料翔实、结构合理、文字通顺、言之成理、自圆其说就行。〔1〕法学本科学位论文是大学期间最后也是最长、最完整的一份作业，是对在校法科大学生的最后一次法律知识的全面检验，是对学生“法学三基”（基本知识、基本理论和基本技能）掌握与提高程度的一次总测试。撰写一篇好的法学学位论文，既要系统地掌握和运用专业知识，还要有较宽的知识面并有一定的逻辑思维能力和写作功

〔1〕 李萍、李跃水：“端正对本科生毕业论文写作的认识”，载《文教资料》2007年第30期。

底。这就要求法科学生既要具备良好的专业知识，又要有深厚的基础课和公共课知识底蕴。总之，法学学位论文，是对法学本科学生所学知识的一个综合测评。

## 三、法学本科学位论文对策

综上所述，法学本科学位论文在文本内容、形式指导、评判等环节中都存在着诸多问题，需要改善的地方一言难尽。笔者认为，有一些需要法学教育理论的更新、教育观念的改变，有一些则需要提升指导教师的敬业精神、业务水平。然而，这些措施是一个循序渐进的过程，不能一蹴而就。所以，目前的当务之急是采取下列对策以提高法学学位论文的水平：

### （一）开设论文写作指导课

针对当前法学本科的学生不会写论文的现状，在大三下半年为其开设论文写作指导课。该课的内容包括：首先，文献检索。随着法学本科院校硬件设施的快速发展，许多高校的网络、图书馆建设水平都有很大的提升，一般来讲能满足本科学生对于学位论文、文献、信息检索的要求。在网络科技迅猛发展、信息大爆炸的时代，法科学生学位论文写作资料充足、软环境条件优良。关键是如何在浩瀚的信息资料中寻觅到自己想要的信息。因此，该课要训练学生怎样检索海量文献，培养学生快速检索、收集自己所需资料的能力。其次，消化该资料。法学本科学生检索到的资料，包括外文资料、经典著作，还包括现有权威资料等，这些资料需要学生认真阅读、消化，结合平时学习积累的法学知识来融会贯通检索资料。最后，要将检索的资料转化为撰写论文的知识，使其变成学位论文的素材。当然，该课还要强化法学本科学生的写作知识、文字功底、语法修辞以及写作技巧。

### （二）加大实践教学课

法学专业是一个实践性很强的学科，法学本科学生应当具有

系统性法律专业知识和实践技能，在实践中应具有创新精神和创新能力。其学位论文应该在实践中有感而发，并且经得起实践的考验。然而，法学本科学生四年的“板凳学习”，所接受的仅仅是理论的熏陶，即便是对这些法学知识都掌握了，也只是“纸上得来终觉浅”。缺乏实际操作能力，仅仅从理论到理论写作，学生当然不感兴趣，也发现不了问题。即使东拼西凑，像焊接工一样焊接出的学位论文，也必然经不起实践的检验。因此，要解决这一问题，就要开设诊所法律教育课、案例分析课、司法实务课及律师实务课。

（三）增强科研训练

目前，许多法学本科院校搞“大创项目”或“SRT”项目，这是一件很有意义的事情。指导教师可以根据“SRT”项目或大创项目来指导法学学位论文，也可以结合自己的科研项目引领学生撰写学位论文。这样学生才能积极思考，深入挖掘自己撰写论文的潜力。在具体科研活动中，不断学习、培养和强化其通过论文、调查报告等形式解决司法实践中问题的能力，这样学生既知道专业论文的写作方法，也了解到关注问题的后续发展，这能为其撰写学位论文打下良好基础。

## 参考文献

1. 方流芳：“中国法学教育观察”，载《比较法研究》1996 年第 2 期。
2. 薛诵：“考大学报什么专业好”，载《东方早报》2006 年 6 月 29 日，第 1 版。
3. 孙艳红、郑春凤：“对高校本科毕业论文写作问题的思考”，载《吉林师范大学学报（人文社会科学版）》2012 年第 3 期。
4. 李萍、李跃水：“端正对本科生毕业论文写作的认识”，载《文教资料》2007 年第 30 期。

# 法学研究生专题讲座与研究设计训练

王宏军*

**摘要**

在我院的研究生教学中，一般会安排学生主持若干专题讲座，该教学实践具有多重学术训练价值，尤其是能显著提升学生的研究设计水平。然而从相关实践来看，则存在专题讲座的选题过于随意、比较法部分流于形式、研究方法不够清晰以及研究结论不够准确等问题。为进一步改善专题讲座中的研究设计，有必要采取如下措施：知悉学术问题的三个来源、切实发挥比较法的恰当功能、精心选择适当的研究方法以及慎重对待所提的立法建议等。

**关键词：** 法学研究生　专题讲座　研究设计

在我院的研究生教学中，除了根据教学计划和培养目标，由专业教师担任一定课时的授课外，往往还会安排学生进行若干场次的专题讲座。然而，由于以下多种复杂原因，典型者如法学研

* 天津商业大学法学院副教授，法学博士，主要从事知识产权法研究。

究生的就业门槛较高，至少需要参加全国司法考试、公务员考试，在校期间还要发表一些论文，以完成学业要求并增加就业竞争力，另有部分学生还需边上学边打工，以获取学费和生活费等，致使学生在准备专题讲座的过程中，不但普遍感觉时间较为紧张、压力较大，甚至产生了一定的抵触情绪，这些问题的存在显然会降低专题讲座的效果。笔者认为，在研究生教学阶段，适当安排学生进行某些专题讲座，无疑具有重要的多重学术训练价值，同时这也是各高校在硕士或博士阶段，开展研究生教学的一种普遍性教学实践。尤其需要达成共识的是，专题讲座不仅是要研究生自己动手，以增进对各科法学知识的掌握，而且该实践还可以被视为一种研究设计的预先训练，不管是对研究生在校期间的论文公开发表，还是高质量地完成毕业学位论文，都具有重要意义。为了进一步提升我院研究生教学中专题讲座的水平，有必要针对现存的典型问题进行剖析，并提出具有可行性的相应完善举措。以下对此详述。

## 一、专题讲座的研究设计内涵

以经济法专业为例，在研究生课堂教学中，学生的来源可以分为两种情况：一是一部分学生正好是经济法专业学生；二是另有一部分学生只是选修，其本专业是民商法或法理学等其他专业。另以本科是否为法学学生的标准来看，也可以将学生分为两种情况：一是一部分学生在本科阶段为法学专业；二是另有一部分学生，在本科时并非法学专业，而是来自于经济学、政治学等非法学专业。根据笔者的教学实践可以发现，在学生准备经济法专题讲座时，至少就学生的“认真程度”而论，大致存在如下的递减规律，即只要是经济法本专业学生，不论本科是否为法学，其最为认真；虽非经济法专业学生，但本科为法学的学生，其认

真度居中；那些既非经济法专业，且本科也非法学专业的学生，其认真度则较差。当然，从教师的角度而言，无不希望在座的每一位学生，都能积极参加到专题讲座的教学环节中来，也无不希望这些学生都能提高经济法的法学知识，然而上述学生的专业、背景等异质性不同，也必须要认真予以考虑，否则即便教师进行了大量说服工作，但专题讲座的效果也不甚理想。

笔者认为，为解决上述学习积极性不平衡的问题，有必要去寻找学生们所共同关心的问题，典型者如论文发表、毕业论文写作，并且，不论这些学生的专业及背景如何不同，他们在论文创作中都会面临“如何写论文”的难题等。诚然，这些学生在其本科学习阶段，都曾经完成过一篇毕业学位论文，这为他们研究生阶段的论文写作积累了一定的经验，然而与研究生阶段的论文创作相比，两者毕竟是存在显著的，甚至是根本性的不同，比如研究生论文的篇幅大大扩充，一般要达到三万字左右，因此许多学生都非常担心，如何才能写出一篇如此长的论文；尤其是他们还要“公开发表”两篇论文，也就是说需要达到基本的学术水准，这对只具有本科论文撰写经验的研究生而言，显然具有更大的挑战性。虽然论文写作的高难度，不可避免地对其知识积累提出了新的要求，但更为关键的是，能否在完成这些论文创作时，可以较自觉地、有针对性地预先进行研究设计，即在撰写一篇较规范的法学论文时，究竟该如何恰当地提出问题，选择适当的研究方法等。换言之，在笔者看来，通过研究生专题讲座实践，与其说是要进一步增长各科法学知识，毋宁说能否从中切实提升自己的科研水平才更为重要。

## 二、专题讲座的研究设计缺陷

作为法学研究生，自从他们入学以来，不论是从老师的角度，还是从学生自己的角度，都会更为关注其研究水平的提升。事实上，在一般的研究生阶段，都会开设专门的法学研究方法的课程，以使学生的研究能力能够进一步改善，然而该方法却也存在一定不足，主要是因为该课程倾向于一般性研究方法讲解，其中虽然也会提供某些老师精心设计过的负面“例证”，但由于其并非是学生们自己的研究“失误”，以致讲解时看似是听懂了，但是在自己真正从事研究时，类似的错误还会反复出现。换言之，学生对这些所谓一般性的，但毕竟是他人的研究失误，仍较难获得某种所谓“切身体会”，这固然表现在研究生的日后论文创作中，然而当研究生开展专题讲座实践时，事实上类似的问题已经初见端倪，主要是大多数同学都较难进行规范的研究设计。该问题至少涉及以下几个方面：

首先，专题讲座的选题过于随意。对于学术研究而言，能否恰当地提出一个问题，居于第一重要的位置。著名学者秦晖曾经以“皇帝的新衣”为例，对此进行过精彩的说明。当皇帝穿上所谓的新衣进行当众游行时，有的观众为了不被别人视为傻子，纷纷对这件新衣服的料子、花纹等进行了非常专业的品评，然而其中有一个小孩，却大声喊出，皇帝其实什么也没穿。秦晖认为，虽然孩子很小，但是他提出的却是真问题，而那些大人虽然成熟，但因其所提出的问题没有现实根据，因此皆为假问题。〔1〕虽然学生在进行专题讲座时，所提问题多有一定现实根据，但是任何一个现实法律问题，从纵向来看无不展现为一个漫长的因果链，从横向看无不与各种法律和非法律因素纠缠在一起，究竟该如何从中“理出”一个值得研究的问题，想来也是要下一定苦工的。

---

〔1〕 秦晖：《共同的底线》，江苏文艺出版社2013年版，第150页。

其次，专题讲座的比较法部分流于形式。由于中国的近现代立法大多借鉴于域外，这决定了在法学研究中，不可避免地要对国外立法进行比较法考察。从专题讲座的内容来看，很多学生都十分重视比较法研究，一般要平行地对大陆法系，以及英美法系的代表国家的立法予以介绍，有的甚至还要涉及相关国际条约的不同规定。然而问题是，在专题讲座的前一半内容，有非常详细的域外立法评价，但在讲座的后一半内容，比如在提出立法建议时，却基本看不到这些建议和前面的比较法研究，究竟存在何种关联。更有甚者，虽然我国的社会主义法律体系已经成形，且我国的立法，比如知识产权法，事实上与国外立法几无差异，但在这些学生看来，外国的立法看似都很先进和科学，而我们仍然只能够向别人学习和模仿。

再次，专题讲座的研究方法不够清晰。在某种程度上，能否得出具有一定创新性的结论，关键在于研究方法是否适当。著名民法学者王轶曾经对此评论道，如果研究的是我国典权应否设立的问题，那么诸如制度性分析、比较法研究、法经济学分析，甚至是法史学分析都并不恰当，因为首先要解决的是一个“事实”问题，即目前在我国的经济生活中，究竟存在如何数量的典权商业实践，为此就需要首先运用某些“田野调查法”予以摸底。[1]可见，即便是有了一个适当的问题，但是如果研究方法并不明确，也很难得出具有学术价值的结论。由于相对于论文创作，专题讲座一般准备时间较短，所阅读资料也极为有限，以致很多学生在讲座中，基本上就回避了对所用研究方法的斟酌。事实上，即便是一个看似简单的讲座，如果没有清晰的方法自觉，那么也势必会影响讲座的质量，尤其是如果一贯忽视研究方法的重要性，那么当

---

〔1〕 王轶：《民法原理与民法学方法》，法律出版社2009年版，第22页。

他们真正从事论文创作时，也仍然不清楚法经济学分析、实证分析的真意。

最后，专题讲座的结论不够准确。鉴于法学研究的学科特点，不论是讲座还是论文的结论部分，一般都以提出某些制度建议最为常见，然而由于讲座的研究设计存在上述问题，致使专题讲座的所提结论，主要存在如下典型问题：一是结论过于泛泛，最常见的情形是，如果对这些结论稍加修改，甚至不用修改，就可用于其他类似文章。二是结论的可行性经不起推敲，尤其是欠缺对于复杂但关键的法外因素的详查，然而当重视各种法外因素时，却又使法学论文的应有特色不清。[1]三是过于强调必须制定某个新法，或某个新的制度，殊不知立法乃国家之大事，并非是法律越多越好，也不是法律力度越强越好，尤其是任何法律皆有立法与运行成本，自西方法经济学运动以来，如何判断、降低法律成本已成为十分关键的问题等。就像论文创作，专题讲座的结论部分，也属于全文最重要的部分，在某种程度上，如果讲座之前的部分开展得井井有条，但结论部分却草草为之，那么无论如何，也不能说是一个规范的研究过程。

## 三、专题讲座的研究设计改善

如上所述，如果将专题讲座视为论文创作前的预演，那么上述研究设计中所存在的问题，必将会大大降低这些学术训练的应有价值。如果法学研究生的授课教师能够进一步增强对专题讲座的学术培训价值的认知，且承担专题讲座的研究生也能深刻认识到自己的不足，那么师生间通过教学相长、共同努力，应可以不断完善专题讲座的研究设计质量。与上述所指出的问题相对应，

---

〔1〕 苏力：《制度是如何形成的》，北京大学出版社2007年版，第150页。

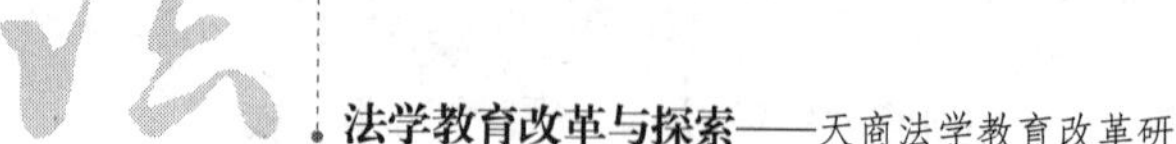


至少应注意以下几点：

首先，知悉学术问题的三个来源。从学术研究的本意而言，学术并不刻意追求学以致用，而是研究者从自己的好奇和兴趣出发，对于外部自然界以及社会进行探索，因此最为理想的问题来源，应该主要与自己的兴趣相联。[1]此外，学术研究之所以与一般性的问题研究不同，主要在于其背后存在着一个学术传统，对于自然界以及社会中的某些难题，前人已进行了一定研究，作为后来者理应继续推进已有研究，在人类的知识积累上，或者说在前人的肩膀上，哪怕只是作出了一点点新的贡献，由此决定了选题的第二个来源，即在既有学术传统中去发现别人尚未解决好的问题。然而从中国的现实来看，或许第三个问题来源才更为重要，即国家及社会发展所提出的那些亟待解决的问题，从总体上看，中国正处于所谓政治、经济、文化的复杂转型期，[2]不但各种社会问题丛生，而且各种国内外因素往往交织在一起，这就使得国家的决策不得不慎重，尤其需要在决策前进行事先研究。联系研究生的课题讲座以及论文发表来看，如果选题能符合以上三个来源，那么无疑是最佳的选题，但如果需要做出取舍，或许选择第三种问题来源，不失为一种务实的选择。

其次，切实发挥比较法的恰当功能。在西方哲学传统上，存在着经验主义与理性主义的分野，与此相对应，并受制于各国不同的历史发展进程，在法律制度上逐渐形成了英美法系与大陆法系的对立，该对立在各国的立法、执法、司法体制，甚至是在理论研究上都有所表现。因此当研究生在讲座中，既引用英美法，又引用大陆法时，必须要注意两类法传统的根本性差异，否则看似非常全面，然而如果力求在中国一并予以借鉴，很可能会造成

〔1〕 秦亚青：《敬畏学问》，格致出版社2014年版，第46页。

〔2〕 汪丁丁：《制度分析基础讲义》，上海人民出版社2005年版，第2~3页。

更大的混乱。此外，有些学生也注意到了对国际法的参照，然而这里的问题同样不少，国际法从其本义来说，无非是国际上各种所涉力量艰难博弈、妥协的结果，相对于国内法而言，在谈及国际法的公平时，更需要非常谨慎，否则在一味强调与国际条约接轨的主张中，不可避免地，甚至是不自觉地只是在为强国呼吁，如此有可能会对中国利益造成伤害，因为中国虽然已经崛起，但显然并非既有国际规则的主要制定者。此外，还应避免非理性的法律虚无主义，主要是中国自改革开放以来，法治建设已经取得了长足进展，尽管问题仍然很多，但还是积累了诸多本土法治经验，而这些经验无疑应该得到研究生的更多重视。

再次，精心选择适当的研究方法。如上所述，对于研究生的专题讲座而言，能否选择适当的研究方法，实为一个非常重要的问题。所谓“适当”可以从以下三个角度予以理解：一是应选择与所研究问题相适应的方法，这在前文已经有所介绍，故不再赘言。二是应选择与自己相适应，或说自己可以操控的研究方法。比如有很多学生都非常“喜欢”法律经济学分析，事实上该方法虽然在一定意义上确实代表了法学方法的改进，因为在一个日益功利化的社会里，即便是对法律而言，人们也希望能搞清有关法律的成本与收益问题，但如果某学生仅具有本科的数学基础，而并未接受过规范的经济学训练，那么能否在专题讲座中恰当使用该方法，却并非不无疑问。三是运用某方法并非是为了赶时髦，事实上如果研究生能够真正认真运用传统的法学研究方法，比如重视法律概念的精准，重视法律本土经验总结，重视所提建议必须具有现实根据等，或许也能写就一篇规范的法学论文，更何况从目前来看，运用传统方式进行研究仍为法学界之主流。

最后，慎重对待所提的立法建议。从专业分工的角度看，在法制构建过程中，研究者并未承担主要的立法工作，立法应为立

法者，或部分司法者的专职工作，而学者则应超越法律事务者、律师、各利益集团的狭隘视野，能够以一种超脱的立场，或者说是一种客观立场，对于相关法律实践的利弊得失，作出某些中肯的评价，[1]因此在专题讲座以及论文创作中，能否最终提出某些立法建议，并非是该研究可以成立的必然要求。即便有学生力求在讲座中提出某些立法建议，也应非常谨慎，一是因为众所周知，法律与道德、宗教等行为规范的最大不同在于，法律为一种普遍性的且具有强制力的行为规则，如果立法建议不严谨，甚至是纳粹式的恶法，那么该立法建议若转化成法律，势必会造成严重的社会恶果。二是因为法律的良好运作，除了法律自身应为良法之外，对于所涉社会条件的满足也非常关键，否则即便是忠实引入了域外所谓先进法律，那也未必最终可以获得同样的效果。比如在知识产权法定赔偿中，有人建议应借鉴日本的做法，将违法所得赔偿视为最重要的方式，然而建议者却失于考察中日两国完全不同的社会信用现状，比如在中国，执法者需面对几本账，而日本的企业则只有一本账，因此上述立法建议实际上不具可行性。总之，作为一个专业的法学研究生，应该更为理性地看待法律本身的优劣、所涉人群的利益得失、自身建议的积极与消极，而不能满足于“仅是必须提几条立法建议”。

## 四、结语

综上所述，就研究生专题讲座的总体目标而言，除了继续拓展、深化学生的各科法学知识之外，其中还隐含着对规范的学术设计的训练，尤其是也可以将其视为正式论文创作的一种有计划预演。如果从这样的目标定位出发，那么不难得出，不论是担负

---

〔1〕冯象：《木腿正义》，北京大学出版社2007年版，第126页。

研究生授课的教师，还是从事专题讲座的学生，都应该认真对待该项重要的教学实践，当然，更主要的是应该进一步增强自觉、群策群力，多方思考现存的主要问题以及改善之策，以期在充分发挥师生两方积极性的基础上，最终不断提升我院研究生培养的教学与科研水平。

## 参考文献

1. 秦晖：《共同的底线》，江苏文艺出版社 2013 年版。
2. 王轶：《民法原理与民法学方法》，法律出版社 2009 年版。
3. 苏力：《制度是如何形成的》，北京大学出版社 2007 年版。
4. 秦亚青：《敬畏学问》，格致出版社 2014 年版。
5. 汪丁丁：《制度分析基础讲义》，上海人民出版社 2005 年版。
6. 冯象：《木腿正义》，北京大学出版社 2007 年版。

# 法学本科生阅读指导探微*

马 驰** 吕 顺***

**摘要**

阅读活动是法学本科生学习和成长的必要组成部分。教师应因材施教，区分普通型和学术型的学生来展开指导。对学生的阅读指导未必体现为强制阅读，以鼓励为原则的指导更加有益。就书目选择而言，对法学通俗读物、法学学术读物、非法学通俗读物、非法学学术读物的选定应作具体分析。读书笔记、读书会是学生阅读的有益方法。

**关键词：** 阅读指导 阅读书目 阅读方法

莎士比亚曾言，“书籍是全世界的营养品，生活里没有书籍就好像没有阳光，智慧里没有书籍就好像鸟儿没有翅膀。”几乎没有人怀疑，阅读是求知的手段，是进步的阶梯，是高尚生活的组成部分，也是国家、民族和人类发展的条件。具体到处于人生

---

* 本文系“天津商业大学法理学课程教学团队”的成果之一。

** 天津商业大学法学院讲师，法学博士，主要从事西方法哲学研究。

*** 天津商业大学法学院法学专业 2013 级本科生。

成长重要阶段的大学本科生，特别是以法学为特定专业的学生，他们的阅读活动具备什么样的特点？在这一过程中，大学教师起到什么样的作用？他们应该如何指导学生的阅读活动？本文将以教师对法学本科生阅读活动指导为主要思考对象，拟提炼出法学本科生阅读活动中常见的一些矛盾和争议，在尊重法学教学和学生培养特点的前提下，本着对不同类型学生的成长都能更为有利的原则，对上述问题进行简要的探讨。

“因材施教”是教育的重要原则。教师对学生阅读活动的指导，自然要考虑被指导者的不同情况。就此我们首先将学生作一个韦伯理想类型式的分类，将他们分为普通型学生和学术型学生。前者是法学本科生中的大多数，他们通常不会考虑进一步深造或从事法学专门理论研究工作，在本科四年学习结束后，一般优先选择就业，而且由于种种原因，许多学生会选择法院、检察院、律师之外的与法学知识并不直接相关的职业。而后者对其学习的法学知识本身抱有浓厚的兴趣，愿意钻研课堂知识背后更富挑战性的问题，有志于将来进一步深造或从事法学专门理论研究工作。当然普通型学生与学术型学生的划分不是绝对的，他们之间的差别有时只能用程度来衡量。不仅如此，对于年轻的学子来说，学生时代的人生规划与将来的实际工作间的关联可能并不牢靠：或许一个普通型学生在没有相关规划的情况下因为偶然的原因从事了理论研究工作，而一个信心满满的学术型学生却由于种种原因没能如愿实现他的理想。况且，更为常见的情况是，许多学生在本科学习阶段根本没有清醒的规划，他们只是按部就班地学习他们被要求学习的内容，谈不上普通型还是学术型。尽管如此，普通型与学术型学生的分类仍然有利于我们分析问题，帮助我们展现出法科学生阅读活动中常见的一些矛盾，因此后文将此分类作为讨论的重要线索。

## 一、法学本科生阅读活动的必要性

阅读活动对于青年学生成长与进步的意义虽毋庸置疑，但具体到法学专业的本科生，阅读的必要性又体现在哪些方面呢?

1. 阅读活动是学生完成法学学业的必要条件。作为一门典型的人文社会学科，法学学生的培养与理工科学生的培养存在较大差异，本科阶段的法学专业课程并不要求学生进行任何操作性的实验或实践，也很少有可供学生课后巩固知识的练习题，但一定量的阅读活动却是必要的。在课堂使用的教材之外，学生还需阅读与专业课程内容相对应的法条和国内外案例。对于学生掌握该专业课程来说，无论是普通型学生还是学术型学生，这样的阅读都是必不可少的。如果没有这样的阅读，就难以达到该课程的基本要求。

2. 阅读活动是学生进一步提升学习质量，增进学习兴趣的必经之路。法学知识的高峰是由无数阅读材料堆砌而成的，青年学子想要攀登这座高峰，除去基础的教材、法条、案例之外，进一步阅读法学传统经典名著、有影响力的当代专著、重要的学术期刊，自然是必要的。特别是，对于有志向进一步深造或从事法学理论研究工作的学术型学生来说，上述进阶阅读是自我发现自身学术兴趣的有效手段。这类阅读，将有利于促使他们加深对专业理论问题的理解，激发他们的思考和想象力。

3. 阅读活动是学生扩展知识面，提升自身人文素养的重要渠道。作为典型的人文社会学科，法学专业知识与哲学、政治学、社会学、历史学、文学之间存在千丝万缕的联系，没有对这些知识的适度涉猎，单纯地在法学内部就事论事，不易充分掌握法学知识的奥义。不仅如此，在法学之外获得其他学科的知识，扩展知识面，提升自身人文素养，也有利于学生将来的成长、工作和生活。

## 二、阅读的灵活性：强制、鼓励与指导

阅读活动虽然对于法科学生的学习和成长具有重要意义，但阅读毕竟本是比较私人的活动。原则上，已经成年的大学本科学生是否要阅读、何时阅读、阅读何种书目、如何阅读均应依其自由选择，他人不必干涉。但另一方面，教育管理者和教师又时常感到，自己有义务要求学生开展阅读活动。那么对于法科学生来说，究竟应强制其必须读书，还是要使得阅读活动完全依靠学生的自觉性而自主阅读呢?

以天津商业大学法学院为例，学院长期以来将学生的阅读活动进行制度化的关联，要求专业课学习中教师必须向学生布置读书任务，并将学生读书活动的表现（以读书笔记为依据）作为该学生的平时成绩纳入课程的考核中。就目前教学现状来看，所有的学术型学生和大部分普通型学生会因从小养成的习惯应付完成强制阅读的任务。这种典型的强制阅读其优点是显而易见的，它可以使得所有的学生都会一门专业课中阅读除教材外的至少一部读物。但强制阅读的效果却可能不尽人意。强制容易让一些学生产生逆反心理或敷衍了事的心态，使得一些学生很难深入到作品的内容而体会到阅读的乐趣和价值。

是否可能将强制的思路转化为鼓励呢？例如，西南大学开始设立名著选读课，一旦学生选课，就可以因阅读名著而获得相应的学分。[1]这种将读书活动加以制度化管理的教育教学模式虽然也引发了不少争议，但实际上仍然是从鼓励的角度促进学生进行阅读活动的有益尝试。在笔者看来，读书的益处，读书的乐趣，

〔1〕 刘志忠．："西南大学‘读名著拿学分’的政策分析"，载《教育与考试》2013年第1期。

最好能让学生自己去慢慢体会和发现。无论是否采取制度化的方式，只要能够在大学校园里营造良好的读书氛围，鼓励学生阅读，便可能是有意义的。

鼓励而不只是强制学生阅读，并不等于教育管理者或教师完全对学生具体的阅读活动不加引导，不闻不问。实际上，基于以下原因，教师有必要对学生的阅读活动进行系统的指导。

第一，本科学生特别是低年级学生由于阅读经验的缺乏，需要加以指导。限于目前我国中小学教育的现状，许多学生在进入大学之前除了一些基本的教材、教辅材料，很少有系统阅读其他书籍的经验，这种经验的缺乏致使其在大学本科阶段面对大量的阅读材料时，显得掌控力不足，阅读缺乏要领，故而需要教师加以指导。

第二，对于一些有阅读经验的学生来说，大学之前的阅读对象往往集中在文艺类或热门畅销书，对类似法学，乃至与法学有关的哲学、政治学、社会学、历史学等专业书籍并无更多涉猎，也缺乏阅读专业书籍的基本技巧和方法，如不加以指导，很有可能对这些看似冰冷的专业书籍心存芥蒂，从而不利于其通过阅读发现和培养兴趣，养成良好阅读习惯。

第三，阅读材料的泛滥导致法学初学者鉴别材料的难度增加。从法学内部的情况来看，经过了三十多年较为系统化的发展，中国当代的法学教育和法学研究积累了在数量上十分庞大的各类专著、文章和评论。而在法学外部，信息传播技术的发展也使得文献获取的渠道大为丰富，获取难度大大降低。在良莠不齐的文献所组成的汪洋大海中，缺乏足够鉴别力的莘莘学子往往显得无所适从，稍有不慎则可能在一些劣质文献中浪费宝贵的时间。基于此，他们的老师自然有必要指点迷津，以自己相对丰富的阅读经历和专业知识对学生施以帮助和指导。

## 三、阅读书目的选择

对于教师对学生阅读的指导来说，为学生推荐或选定恰当的阅读书目自然是重中之重。在很大程度上，书目的选择是学生与文献间的桥梁，一旦选好书目，学生的阅读活动将受文献作者的指引而自然开展，而不恰当的文献则会让学生心生厌恶，浪费时间。这里的问题在于，用何种标准来衡量哪些书目才够得上是“恰当”的书目呢？笔者认为核心的标准有两个：其一是“读得懂”，其二是“有价值”。一本让学生既读得懂又有价值的阅读材料才是恰当的；既读不懂又无价值的阅读材料显然不值得阅读；阅读读得懂却无价值的阅读材料显然也无益处；而一本书再好，读不懂也是枉费光阴。然而，这两个标准固然不错，但如何确定何为读得懂，何为有价值却非易事：此学生读得懂，彼学生未必读得懂；于此学生是至宝，于彼学生则是废品。有鉴于“读得懂”与“有价值”的此种相对性，有必要借助前文提到的所谓普通型学生和学术型学生的分类，具体分析哪种学生适合阅读哪种文献。

不仅如此，为了更好地突出有关法学本科生在阅读书目选择方面的困难，本文使用“法学－非法学”和“学术－通俗”这两对标准，穷尽式地将所有待选文献分为四类（显然仍是理想类型），即法学通俗读物、法学学术读物、非法学通俗读物和非法学学术读物四类。这里，法学文献与非法学文献间的区分往往一望即知，而通俗读物与学术读物间的差异则有些模糊。从理论上来说，学术读物的阅读要求读者具备该学科内更多的基础知识或背景知识，通俗读物的阅读则门槛较低，相应地，通俗读物比起学术读物更容易读懂。但由于所谓“门槛”高低的标准实在难以精确，导致有时无法孤立地认定某文献是通俗读物还是学术读

物。因此通俗读物与学术读物的区分在实际操作中往往只有相对的意义。无论如何，作为一种方法，本文依然要在此分析框架内，具体地探究四类文献是否对于两类学生来说既读得懂且有价值。

（一）法学通俗读物

法学通俗读物是那些读者不具备或只需具备很少的背景知识就可能读懂的法学读物，主要包括各类专门教材、基础案例、通俗法律评论、带有知识普及或入门性质的法学专业著作等。应该说，无论对于何种类型的学生，法学通俗读物都能满足读得懂和有价值这两个条件，因此在该范围内选择阅读书目，是法科学生全面理解法学知识的必要条件，特别对于低年级学生来说，这类书目更显得有意义。这里需要注意的问题是，不要阅读过于简单或具有明显针对法学门外汉的普法性质文献，因为法科学生本来就以专业法学知识为学习的内容，如果相关文献的难度低于学生平时在课堂上接触到的知识，或是与之完全重合，则尽管学生读得懂，阅读的价值也不大。

（二）法学学术读物

法科学生应阅读法学文献，这一判断过于寻常，似乎无可指摘。因此这里的争议在于，在较为易读的通俗读物之外，法学本科生是否应该阅读法学学术读物，应阅读哪些学术读物。法学学术读物通常包括经典学术著作、当代学术专著、专业期刊论文等。对此应该如何选择呢？

首先可以确定的是，法学学术读物包含一些阅读难度极大，内容非常专业的文献，对于本科同学来说，除非学生在此方面有特别的基础或兴趣，否则这些文献既无法读得懂，阅读的价值也不大，例如黑格尔的《法哲学原理》虽是经典著作，但无奈阅读门槛太高，内容十分抽象而偏僻，不宜作为法学本科生的阅读材料。

其次，通常来说，最适合法学本科生阅读的法学学术读物是经典学术著作。[1]阅读经典学术著作往往是对某个学术问题最经典的归纳和回答，且经长期检验，在学界获得一定的共识，其阅读价值自不用说；而且相关介绍性的二手材料和引用也较多，学生可以通过比对其他材料获得对经典著作的认识，从而降低了阅读难度。当然，这并不是说经典学术著作阅读就没有难度，实际上有些经典学术著作在内容上与国内学生的认识所距太远，学生也不易理解，需要教师给予一定指导。

最后，相较于经典著作，当代学术专著和期刊论文应作为次优选择。特别是，期刊论文虽可阅读，但不可优先考虑。原因有以下几个：①期刊论文在数量上较为庞大，内容鱼龙混杂，使得学生难以鉴别优劣；②期刊论文常常发表时间不久，其质量未经时间检验；③期刊论文常常是某个主题中最新的研究成果，或具有较强的实效性，本科同学对学界之前的讨论或相关实践如不熟悉，往往难得其精意。

毋庸置疑，上述对法学学术读物的分析结论不可绝对化。考虑到不同学生的不同需要、不同兴趣，教师最好能因材施教，灵活确认学生的阅读书目。例如对于学术型学生来说，可以让其阅读更具难度和更为专业的材料，而对于普通型学生则可多加引导，帮助其发现和培养学术兴趣，开阔思路。又如期刊文章虽然不宜多读，但倘若教师能够将教材或课堂内容与相关理论研究结合，鼓励和引导学生自己查阅期刊，从中发现问题，追寻答案，也是一种值得提倡的教学方法和阅读方法。

---

〔1〕许章润：“经典：文本及其解读——关于阅读法学经典的五重进境”，载《法律文化研究》2005年第1期。

（三）非法学通俗读物

初学者若想要学好法学，决不能仅仅依赖法学本专业内的读物，非法学读物也具有重要的价值。它们往往能与法学阅读读物互通有无，相互促进，使学生更容易明白法学的知识；更有可能激发学生对其他学科的兴趣，扩展知识面。后一功能对于法学本科生的价值极为重要，因为就目前我国的法学本科教育的客观情况来说，大多数法学本科生在四年学业完成后都无法从事与法学专业直接相关的职业（如法官、检察官、律师），这就意味着如果他们只看重法学知识，那么这些知识很有可能与其将来从事的职业没有直接的关联，而他们将来会运用到大量法学之外的知识。如此一来，阅读非法学读物的意义便可见一斑了。

法学之外的通俗读物是学生开启此类阅读经验的起点。这些读物常常带有科普性质，具有一定的趣味性，对读者的要求也不高，学生只要愿意投入精力，自然会有所收获。特别是一些与法律相邻或相近的学科，其通俗读物应当被法学本科生重点阅读。例如哲学、政治学、经济学、历史学、社会学等学科的知识，这些知识一方面可以作为法学知识的延伸，另一方面学生也很容易通过阅读培养相关兴趣或能力，以备将来之需。这里可能的争议是一些距离法学知识较远的通俗读物，例如文学或自然科学读物。笔者对此的态度是，学生如果兴趣浓厚，自然可以涉猎，但不必推荐其阅读。

（四）非法学学术读物

非法学学术读物是那些法学之外具有一定学术性和阅读难度的专业读物。由于法学与其他学科间的密切联系，一些教师很容易向学生提及或推荐法学之外的学术读物。对于此种做法，应给予具体分析。对于普通型学生来说，非法学学术读物的阅读难度过大，学生想要读懂需要耗费大量的时间和精力，虽可获益但未

免事倍功半，因此不宜推荐阅读。而对于学术型学生来说，对非法学学术读物的阅读也应有所取舍，不必贪多，可优先选择跨学科式的经典读物或与自己兴趣关联程度较高的读物。当然若有学生立志将来在法学之外的学科进一步深造或从事理论工作，则不在此列。

## 四、阅读方法

在阅读活动中，阅读方法的选择是学生阅读活动能得到基本收获以外的收获的重要途径。一次阅读活动，如果仅仅是个人单纯地从头读到尾，匆匆而过而又不求甚解，其收获是最基本的，但如果辅之以好的阅读方法，其增益将大大丰富，因此是学生通过阅读来成长的一条捷径。这里，笔者将讨论读书笔记和读书会这两种常见且具有较强操作性的阅读方法，探索如何利用这两种方法更有效地对学生阅读活动展开指导。

### （一）读书笔记

读书笔记是指人们在阅读书籍或文章时，遇到值得记录的东西和自己的心得、体会，随时随地把它写下来的一种文体。读书笔记一般分为摘录、提纲、批注、心得几种。摘要式读书笔记，是在读书时把与自己学习、工作、研究的问题有关的语句、段落等按原文准确无误地抄录下来。批注式读书笔记不单是摘录，而且要把自己对读物内容的主要观点、材料的看法写出来，其中自然也包括表达出笔记作者的感情。心得式读书笔记是在读书之后写出自己的认识、感想、体会和得到的启发与收获的一种笔记。有人喜好在阅读时工工整整地记录所读所感，也有人信手拈来，随意在文献上涂涂写写。因此阅读笔记原本并无固定格式，阅读时阅读材料的不同，读者的习惯不同，都有可能影响到阅读笔记的写法。但以下几个问题需要教师留意：

1. 阅读笔记应服务于读者，而不是其他人。因此读书笔记的基本原则应在于便于自己阅读，而不是因为教师的指导活动就要求学生“为教师做笔记”。相应地，教师也应提醒学生要将记好的笔记细心整理归类，以便将来翻阅。

2. 提醒学生明确自己笔记的类型，应根据自己的实际情况和阅读对象，有意识地决定采取摘录、提纲、批注、心得中的某种类型。例如如果学生对所读文献消化程度较低，或文献难度较大，则不宜做心得性质的笔记，否则容易浮皮潦草，不切题目，空发议论。相反，假如文献较为通俗易懂，学生读完感触较多，则不宜再对原文进行摘抄，应多鼓励其做批注或心得式的笔记。

3. 教师应鼓励学生通过读书笔记，有意识地储存资料，积累写作素材，提升写作水平，培养其发现和归纳问题的能力，还可进一步引导学生将读书笔记提升为读后感或书评等更具理论含量的文本形式。这一点对于学术型学生来说尤为重要，在我国目前的法学教育中，本科生的写作能力能达到发表水平的只是凤毛麟角，但倘若这类学生今后愿意从事理论研究工作，在本科阶段通过读书笔记练笔不失为提升自我的好方法。

（二）读书会

读书会是指以读者的自愿自主为基础，运用各种资源以共同阅读的方式进行讨论、思考、分享以及深度对话的团体学习方式。读书会形式多样，既可定期召开，又可不定期召开；参加人员既可固定，也可不固定；既可读同一本书，也可读同一主题的多本书；既可以读书为主，又可以评书为主；如此等等，不一而论。

阅读虽在本质上是孤独的，但读书会不失为一种分享读书经验的有益机制。首先，读书会可以有效解决“读不懂”的问题。青年学生在阅读中常常遇到的困难在于读不懂书。而如果能够利

用读书会组织参与者共同读一本书，则可以群策群力，共同探讨，读通文本。其次，读书会为学生读后提供交流平台。阅读本身虽说是孤独的，但阅读后想与他人交流或分享的欲望想必为读者所共有。通过分享和交流，参与者可以不断加深对阅读文本的认识；通过观点的交锋和竞争，参与者可以有效审视自身和他人的观点，让思维更加敏捷；通过对同一主题的谈论和探究，参与者之间可以相互启发，相互共振，为学术或人生意义的某种直觉、顿悟、灵感的出现提供契机。最后，读书会能够在其参与者之间乃至在更大范围内营造良好、积极的读书氛围。这种氛围可以督促参与者在阅读时更加勤奋，培养参与者之间的真挚友谊，更可能为参与者培养阅读和理论兴趣，特别有助于学术型学生形成立志从事理论研究的积极心理暗示。有国内法学院的经验表明，[1]具有一定影响力的读书会的成员将来进一步深造，进行理论研究工作的比例远高于非读书会成员。

从教师角度来说，对学生阅读活动的指导可以与读书会有机结合，使得读书会成为教师指导学生阅读活动的有效渠道，又为教师检验学生的阅读效果提供机会。具体来说，教师在学生读书会中的功能包括但不限于以下几个方面：其一，结合学生实际，为学生读书会的组织形式提供指导。读书会的组织形式虽然多样且无定式，但学生如果从未经见，不免陌生，教师可以为其提供相应的指导，帮助其熟悉，提高组织效率。其二，为读书会选定阅读书目。防止学生选择出不适合阅读，或不适合读书会阅读的书目。其三，教师自己参与到读书会中。教师可以作为评论者在学生读书会结束后对学生表现加以点评，或是及时纠正其中的错误和不足；也可作为读书会主持人，引导学生发言和讨论；甚至

---

〔1〕 邱昭继：“读书会与法科学生科研能力的培养”，载《法学教育研究》2011 年第 1 期。

可以以普通参与者的身份参加学生读书会，为学生作出表率。

## 五、结语

阅读是完整人生的重要经历，这种经历是可以分享的。任何一个合格的法学教师都不会缺少充足的阅读经历，无论通过哪种形式，教师对学生阅读活动的指导在本质上就是对自己阅读经历的分享。不仅如此，教师所必备的责任心要求教师应不断探索指导学生阅读的新思路和新方法。在这个过程中，通过教学相长，教师与学生都会因阅读而不断受益。

## 参考文献

1. 刘志忠：“西南大学‘读名著拿学分’的政策分析”，载《教育与考试》2013 年第 1 期。
2. 许章润：“经典：文本及其解读——关于阅读法学经典的五重进境”，载《法律文化研究》2005 年第 1 期。
3. 邱昭继：“读书会与法科学生科研能力的培养”，载《法学教育研究》2011 年第 1 期。

# 京津冀区域地方性商科院校法学专业毕业论文有效写作探究

## ——以京津冀区域协同执法理论入选题为契点*

严　静**

**摘要**

毕业论文是法学专业学生专业素养和职业能力的集中体现和最后展示。毕业论文的有效写作包括参与毕业论文写作主体的有效以及参与毕业论文写作目的的有效。加强毕业论文有效写作的过程控制，提升毕业论文水平是提高地方性商科院校法学专业教学质量的重要举措，也是培养“法商结合”创造性人才的客观要求。商科院校法学专业毕业论文有效写作的过程包括：以学生兴趣为主进行选题，体现专业特色；写作形式以纯理论研究型论文为主，辅之以具体案例评析和综合论述性论文；通过答辩查验论文真伪，考察语言表达能力；建立毕业论文质量评价指标，公正合理地评定成绩。

**关键词：** 毕业论文　有效写作　案例评析　公开答辩

---

* 本文系天津市艺术科学研究规划项目“京津冀文化市场执法一体化进程中协作执法创新机制研究”（项目编号：C14028）阶段性成果之一。

** 天津商业大学法学院讲师，主要从事行政法与行政诉讼法研究。

## 一、问题提出

进入21世纪以来，京津冀地区作为环渤海地区的领头羊，由于经济地理的特殊性和空间相邻关系，从而导致北京市、天津市和河北省在市场经济、社会治理、文化发展、环境保护等方面出现多重联系，这一区域的人口数量、市场容量、投资环境、资源结构、经济密度和生产要素的特殊组合，决定了京津冀区域将成为21世纪我国区域经济发展新的增长极。同时客观上形成了一个人缘、地缘和业缘密切结合的经济统一体，一方面，人流、物流、信息流的规模越来越大，速度越来越快，超出行政区范围；另一方面，由生产、贸易、消费所引发的社会公共问题也日益超出行政区域而“外溢化”和“区域化”。传统上我国执法主体以权力享有者自居，首选高权性的执法手段，市场参与者作为被管理的对象，被动接受是其唯一的选择。执法主体在公权力不可处分原则之下，非依法律明确规定不得转让行政权力，僵化的执法手段将公众推向执法主体乃至政府的对立面。在这种高权执法手段之下，可能导致执法对象对政府存在心理反向作用，甚至成为群体性事件的导火索，导致执法后政府维稳的附加成本急剧增长，不利于构建和谐社会。在这样的背景下，以京津冀协同执法为目标的执法监管创新机制成为理论研究与实践发展的迫切要求，这一选题既是执法主体多元化解决争议的机制创新，又是京津冀一体化目标任务实现的重要保障机制。

地方性商科院校的法学专业与其他设有法学专业的高等院校相比，具有自己的“先天不足”，在法律文化底蕴和法学研究背景方面，远不如历史悠久的综合性名校；在师资队伍培养和教学资源积累方面，也比不上专门性的政法类院校。但是商科院校法学专业作为特定历史时期多层次开办法学的产物，专业设置以商为中心，法为商服务，法商密切结合，具有专业兼容性和知识结构综合性的特点。《国家中长期教育改革和发展规划纲要（2010～2020年）》明确指出：我国教育还不完全适应国家经济社会发展的要求，学生适应社会和就业创业的能力不强，创新型、实用型、复合型人才紧缺。为了培养符合社会要求的复合型人才，商科院校法学专业面对非法学专业学生开设了法学双学位。加强毕业论文的过程控制，提升毕业论文的水平是提高商科院校法学双学位教学质量的重要举措，也是培养“法商结合”的创新复合型人才的客观要求。同时地方性高等院校作为地方经济发展和制度创新的智力支撑主体，在理论研究与实践的结合方面发挥重要作用。通过加强商科院校法学专业毕业论文有效写作的过程控制，将京津冀协同执法制度创新理论作为毕业生论文写作的重要选题范围，提高毕业论文选题的实践性。

## 二、地方性商科院校法学毕业论文有效写作定位

毕业论文有效写作是一个外延不断发展扩大、内涵不断被丰富完善的概念，对其定位呈现出多元化趋势。具体包括：①参与毕业论文写作主体的有效性，毕业论文写作对于指导教师而言是一个参与学生学习的教学环节，对于学生而言是一个主动创作的学习环节；②参与毕业论文写作目的的有效性，即教师与学生参与毕业论文写作的人数和范围、选择参与的自主性以及这一学习行为对学生未来职业发展的作用和影响效果。参与毕业论文有效写作的主体是目的有效性的基础。毕业论文写作是实现指导教师输入专业知识以及写作技能的过程，亦是学生实现吸收知识并用语言文字予以表达的过程。毕业论文的形式可以通过各种载体表现出来，能被参与者关注。但学生以专业思维方式完成论文写作的过程却是无形的，不能完全被展现于外的，所以必须通过一系

列可以控制的制度，由论文指导教师积极主动地引导，对写作困难的学生提供帮助，通过适当鼓励提出指导性建议，对写作态度表现为惰性或视为儿戏的学生进行有针对性的干预，并明确地告诉学生，撰写毕业论文是大学生必须完成的一项学习任务，是对学生知识和能力的一个综合检验。

毕业论文是否有效写作决定了论文质量的高低，是学生能否获得法学学士学位的决定性因素。衡量毕业论文是否有效写作的三个指标分别是论文选题目的与写作意义、论文写作过程的体验以及论文质量。在此之下，商科院校法学专业毕业论文有效写作的过程包括四个阶段：第一阶段是以学生兴趣为主进行选题，确定写作方向，明确选题的意义，这个过程是毕业论文有效写作的先决步骤，要求选题体现商科院校法学专业的专业特色，实现指导教师与学生的双向选择；第二阶段是论文写作过程，这是实现论文有效写作的核心步骤，为了调动商科院校法学专业学生写作专业论文的兴趣，实现论文写作过程的体验，在坚持纯理论研究性论文的同时，应进行论文形式的变革，辅之以具体案例评析的论文和综合论述性论文；第三阶段是论文公开答辩过程，法学论文答辩的目的不仅是考查学生用语言表达论文以及查验论文真伪，也可以培养学生口头表达能力和沟通能力；第四阶段是由指导教师、批阅教师和论文答辩委员会分别评定成绩，最后按照一定比例确定分数予以归档。每一个阶段都是有效完成毕业论文这一教学环节不可或缺的步骤，如何完成、完成效果如何，都直接影响商科院校法学专业的教学质量。

## 三、选题以京津冀协同发展中迫切需要解决的问题为主，辅之以学生兴趣

法学专业学生修完学分后，进入毕业论文写作阶段。这个阶

段是学生学习的最后环节，是申请学位的必经程序。为了保证论文写作能够有效完成，必须由指导教师负责提供选题范围，建立毕业论文选题库；学生应以兴趣为主，教师与学生双向选择，确定论文选题，这是毕业论文的第一步骤，是后面步骤的先决条件，是顺利完成毕业论文的关键环节。毕业论文含有一定的法学专业性学术训练的成分在内，其写作目的是为了实现相应的社会价值以及对实践具有指导意义，这就是毕业论文的理论价值和实用价值。如果选题本身没有价值或者价值过低，即使文章写得繁花锦簇，也没有用处，写作这样的论文纯属浪费。所选题目必须是学生感兴趣的，兴趣产生动力，他们才会积极主动地去思考，感到写作是一种乐趣，从而主动收集资料，了解最新观点，在此基础之上就不会盲从或无从下笔，毕业论文就有了成功的基础。

京津冀区域协同发展经历了四个阶段，分别是20世纪80年代的启动阶段、20世纪90年代的徘徊阶段、21世纪至2013年年底的复兴阶段以及2014年至今的协同发展定位阶段。1989年北京和河北唐山共建京唐港标志着京津冀区域合作的启动，北京作为一个内陆城市，为了弥补出海口欠缺的地理缺陷，在20世纪80年代初选择河北省唐山市作为出海口的合作对象，但是作为北京出海口的京唐港并未发挥出其功能，也没能为唐山带来预期的收益。另一个标志性事件就是1982年北京市在其《城市建设总体规划方案》中首次正式提出“首都圈”的概念，标志着我国政府层面首次正式将北京市、天津市和河北省作为一个有别于传统意义行政区的经济区来考虑，在这一阶段，虽然三地的多个部门多次试图组织编写京津冀区域的整体发展规划纲要，但最终都没能实现。在20世纪90年代，北京市、天津市和河北省的区域合作出现倒退现象，受地方经济发展竞争机制的影响，许多原本已经成型的区域合作模式或消失或名存实亡，以1981年成立的华

北地区经济技术合作协会为例，其在1990年举办第七次会议后便被取消了，这些区域合作组织的取消或其职能的削弱给京津冀区域合作造成了严重的不利影响。直到20世纪90年代中后期，京津冀的区域合作才又重新开始，其标志是在1991～1995年间，北京市、天津市和河北省三地的城市科学研究会先后召开五次京津冀城市发展协调研究会，尤其是1994年由京津冀城市发展协调研究会负责组织编制的《京津冀区域建设发展规划》出台并获得国务院批复。20世纪末，继珠三角和长三角区域经济合作和区域一体化之后，京津冀地区的区域合作问题再次被提上议程，并受到中央政府与地方政府、学界以及各类型经济体的广泛关注。这期间几乎每年都有签署的新的合作协议，内容涵盖旅游、新技术产业、农业、交通、资源、环境、能源开发、人才开发等各方面的内容，并正式开始编制《京津冀协同发展规划》。进入21世纪以来，随着我国经济全球化步伐的加快，京津冀区域经济也愈来愈显现出一体化的趋势，尤其是2015年4月30日中共中央政治局会议通过了《京津冀协同发展规划纲要》，这意味着京津冀协同发展已经作为国家发展战略正式确定下来。

商科院校法学专业以市场为导向，以培养市场急需的既具有法学专业知识背景又具有商学素养的复合型人才作为育人目标。为此，学生除了学习法学专业基础课外，还要学习如经济学、管理学、会计学、金融学等与市场经济密切相关的商学基础课程，还必须懂得与市场经济相关的部门法知识，如会计法、审计法、金融法、反不正当竞争法等市场规制法。这些学科在其他设置法学专业的院校中不一定开设，但在商科院校的法学专业教学中却是重点，这正是商科院校法学专业的特色所在。毕业论文的选题应该符合商科院校法学专业培养目标，具有写作价值，体现商科院校法学专业特色，注重法学专业基本技能和商学素养的综合培

训，强调学生独立思考和创新能力的锻炼，激发其创作热情。同时，毕业论文的选题来自法学学生专业知识和学习实践环节，有利于检验法学专业课教师的日常教学活动，敦促教师进行反思与研究，而教师经常反思自身教学行为和活动，考量不同教学假设、观点和理念，更好地适应教学环境，随机应变把握教学局势并采取相应策略，是提高法学专业教学质量的重要途径。同时，为了保证选题的严肃性，选题确定后，原则上不得更改，如确因特殊原因需要改动，须由学生提出书面申请，经指导教师、学院、教务处逐级批准后方能改动，以确保毕业论文选题的慎重性。

## 四、论文形式以纯理论研究型为主，辅之以多样化的写作表现形式

现代高等教育教学目的表现为鼓励促进大学生创新能力培养和参加创新活动。这固然重要，但是创新很难，不可能要求人人都有创新能力，创新能力以外的其他能力同样是社会对人才的需求。因此，商科院校法学专业毕业论文必须保留传统理论研究型论文的形式，除此之外还需要赋予毕业论文多样化的含义，通过形式和方式的变革，调动学生的写作兴趣，最终提高毕业论文质量。

### （一）鼓励学生写作有关具体案例的评析

这类论文属于相关理论或制度运用于具体个案时而产生的争论、思考和最终的评价。我国当前正处于市场经济最活跃时期，各种典型案例层出不穷，商科院校法学专业学生运用相关的法学理论知识对具体的案例事实进行分析，并不涉及对相关理论或制度的合理性以及是否需要改进进行探讨，所以与传统理论研究型毕业论文相比，此种形式的论文可操作性强，与学生的普遍理论

水平相适应。但是，以实践中的具体个案研究来做法学毕业论文须注意避免陷入以案情介绍为主的叙事性行文的误区。选取的案例必须具有时效性和典型性，以当年所发生的有巨大影响以及争议的案例为主，如 2011 年郭美美炫富事件涉及的信息公开问题、2012 年归真堂上市争议涉及的证券审核制度等。由于我国的法学教育以精英化教学为目的，坚持纯理论的教学内容，以教师讲授为主的教学模式，法学专业教师本身又缺乏司法一线工作的经验，因而实践性教学或案例诊断式教学并不普遍。在传统教学模式下，无论是教学目标的制订者还是教学计划的实施者都认为案例评析类文章理论涵养低，缺乏创新性，容易写作。但商科院校法学专业人才培养并不限于法学研究者，更多的是法律职业者，评析案例的能力是大多数法学专业学生未来职业的必备能力。案例评析主要是训练学生实践操作能力，考查学生理论与实践相结合的能力，要求学生对现实中重大疑难案件或者争议案件进行分析，所以评析部分的内容不得少于 8000 字。至于案例的来源，应当由指导教师根据每年的具体情况给出范围，由学生根据个人兴趣有目的地予以选择。

### （二）鼓励学生写作综合论述性论文

鉴于当前与市场经济和法学相关的资讯大量涌现，现代科技高速发展，学生接触这类资讯的能力和手段都很强。面对大量资讯，学生如何筛选出市场经济发展的最新动态，掌握最新的法学观点，并能对其进行分析筛选是法律职业工作者的专业素养与职业能力的重要体现。这种能力的培养是以教师讲授理论知识为主的教学模式所无法比拟的。在传统教学评价标准下，这类综合论述性论文被认为不具有创新性，不符合法学专业学位论文的要求。但是对某一学术理论进行梳理和比较，或者对古今的或国内国际的制度进行前人所未做过的比较，这种类型的论文只要在选

题、论证角度或者选取材料方面具有新意，依然属于具有原创性的论文。所以，一篇论文是否具有原创性，关键不在于论文是否有学术上的理论创新，而在于论文是否做到了前人所未涉足的，且观点正确、分析深刻，文献种类具有多样性，理论基础具有覆盖性，论证方法具有先进性。这种论文主要考查学生的学术态度、敬业精神和资料收集能力，所以篇幅以 15 000 ~ 20 000 字为宜。

## 五、答辩查验论文真伪，考察语言表达能力

公开的论文答辩是检验毕业论文有效写作的最后环节。通过答辩，可以审查是否学生独立完成论文，从而检验毕业论文的真伪，避免剽窃现象。作为独立的教学环节，毕业论文的写作不同于传统意义上的考试，后者可以通过教师监考来保证结果的公正，而前者需要一个较长的时间，少数不自觉的学生就会采用非正常手段，比如请人代笔或抄袭剽窃。指导教师同时要指导多名学生完成不同选题的论文，受限于时间和精力，不可能做到没有疏漏。答辩委员会必须由三名以上单数的教师组成，在正式答辩时，指导教师回避，由答辩委员会的其他教师把论文中存在的阐述模糊不清、论证浅显、观点不明、结论欠缺等问题提出来，或者将与写作毕业论文相关的专业知识或关联资料提出来，让学生在限定时间内思考并回答，这时答辩委员会的作用就体现出来了，通过提问与答辩来暴露作弊者，从而确认毕业论文的真伪。

良好的口头表达和沟通能力是法律职业者应具备的最基本的技能，而毕业论文答辩是培养学生这一基本技能的实训方式。在论文答辩会上，通过回答问题的形式考查学生语言表达能力，验证学生对所著论文的理解、认识以及当场论证论题和回答与论文相关问题的能力。对于论文答辩委员会的教师而言，虽然可以从

学生所提交的论文中，了解该生对自己所写论文的认识程度和论证选题能力，但是，论文所涉及的某些问题必须通过答辩才可以进一步了解。比如：某些问题可能受限于思考的深度而没有充分展开细说，某些问题可能受限于论文的篇幅而无法展开，某些问题可能写作者认为不重要而未展开详细说明，某些问题可能是说不清楚而故意回避，某些问题还可能是学生自己根本就没有认识到的等等。答辩委员会的教师通过对这些问题的提问，学生通过现场公开的回答就可以明确究竟是因哪种情况而没有深入展开分析的，从而了解学生对自己所写论文的认识程度、理解深度和当场证论的能力。

## 六、建立毕业论文质量评价指标，公正合理评定成绩

完善的毕业论文质量评价指标以及公正合理的评定，能够有效地激发学生写作毕业论文的热情，应该从选题、论文本身的质量、学生写作论文期间的表现、答辩的效果等多方面进行考核，客观综合地评价毕业论文的质量。因此，首先应建立毕业论文质量评价指标，具体包括论文本身的评价指标和公开答辩的评价指标，前者包括学位论文的格式、结构、论证方法以及结论的指标，可以合理地设置为四个层次，即优、良、及格、不及格；后者包括对论文的宏观把控、语言表达、边缘问题三个方面，也设置优、良、及格、不及格四个层次。学位论文的综合评定成绩由指导教师成绩、评阅教师成绩和答辩成绩三部分组成。指导教师成绩主要根据学生在撰写毕业论文期间的工作态度、投入程度、查阅文献和解决问题的能力以及毕业论文本身内容等因素综合加以评定；评阅教师成绩则从论文的规范程度、综合运用知识的能力、论文难易程度及其水平等几个方面进行评定；答辩成绩则由答辩委员会根据学生对论文的表述情况、对相关知识的理解掌握

情况和现场答辩情况进行打分，最后将三项成绩按照一定的比例，如4:2:4进行核算并定出归档的成绩。

## 参考文献

1. 陈金钊："法律思维及其对法治的意义"，载《法商研究》2003年第6期。
2. 闵维方主编：《高等教育运行机制研究》，人民教育出版社2002年版。
3. 曾祥华："法学专业本科毕业论文的选题"，载《江南大学学报（教育科学版）》2009年第9期。
4. 刘亚丁、张献勇："原创性法学学士学位论文写作的三种境界"，载《黑龙江高教研究》2011年第8期。
5. 李广民、丁金光、欧斌："试析学位论文答辩对论文质量保证的作用"，载《黑龙江教育（高教研究与评估）》2011年第5期。
6. 李召存："教学中主体参与的有效性分析"，载《中国教育学刊》2000年第5期。

# 教学管理

# 高校法学课程考核的主要问题与改革的探究
## ——结合合同法课程的考核做法

张春普* 葛瑞琦**

**摘要**

高校法学专业课程考核存在缺乏动态地考查学生综合能力的机制和没有充分引导学生主动、自觉学习的问题。究其原因：宏观上，培养目标定位的缺失，导致考核制度效果降低；职业教育兴起，导致法学教学目标不明。微观上，课程讲授的单一化；课程的考核方式固化。国内清华大学考核评价办法的改革和北京大学期末考试题型的创新，美国的案例教学法和德国“双阶制”的考试模式，这些对课程考核的改革都有借鉴意义。合同法课程的过程性考核在考核比例、内容形式以及题型设计上均作出一定的创新，旨在引导学生提高自主学习意识，使“教”与“学”更加紧密地联系在一起。同时，对于实践中出现的问题，也进行了总结并提出了相应的解决方法。

**关键词：**法学教育　过程性考核　合同法教学改革

---

* 天津商业大学法学院教授，硕士生导师，主要从事民商法研究。

** 天津商业大学法学院 2011 级本科生，主要从事民商法研究。

当前，高校法学教育一直无法摆脱“热专业，冷就业”的尴尬局面。2014 年，教育部高等教育司整理发布了“近两年（2012、2013 年）就业较低的本科专业名单”，多个省份，尤其在中东部地区，法学专业均出现在低就业专业名单中。根据国内知名大学毕业生数据研究机构麦可思的《毕业生就业质量年度报告》可知，至 2015 年，法学专业毕业生的就业率已连续 6 年处于“低”区间段。与之形成鲜明对比的是，由复旦大学主办，国内外多所名校以及全国人大法律委员会、香港律政司等政府机构参与的“法学教育转型发展峰会”却认为我国高水平法学人才存在着极大的缺口。究其原因，既有宏观上人才培养定位的模糊；也有微观上现存考核评价的不足。因而，有必要予以探究。

## 一、高校法学专业课程考核的主要问题及其成因

### （一）高校法学专业课程考核的主要问题

1. 现有考核缺乏动态地考查学生综合能力的机制。现有课程分必修与选修两大类，前者通常都采用闭卷方式，题型也都是沿袭传统的填空、单选、多选、判断、简答与论述题。虽然有的课程增加了案例分析或材料分析题目，但所占比例较小。

本科专业四年，大多数的考察内容往往都是一成不变的，忽视了学生在这四年中的成长所带来的变化。对于一个本科三年级的学生和一个本科一年级的新生来说，他们在学习方法、法律认知能力、专业素养、法律逻辑上都有着极大的差异。对于每个学生来说，本科四年学习都是一个动态的过程，考察内容相应的也应该有所变化，以适应学生的成长。以静态的考察内容去应对学生动态的专业水平，最终只会增加自主学习能力不强的学生的懒惰心理，不利于学生的全面发展。

在当今大学中，有一种普遍的现象，即每逢临近期末考试，

高校图书馆“人满为患”，学习氛围空前膨胀，在大学的贴吧里，往往会发出“一座难求”的抱怨声。不仅如此，夜深人静时，宿舍走廊里有时也会传来阵阵朗读声。在这样的考核制度下，“备考”演变成了“背考”。有的学生甚至感叹学习不仅仅是脑力活，更是一种体力活。这实际上是一种教育理念的错位。教育应当是一种智力劳动，考试应当是考查学生智力劳动水平的重要方式，但如果仅将记忆力而非理解力、思维力等作为考核的最终目的，那么考核就失去了真正的意义。传统的考试制度所培养出来的是一群只会抄袭不会思考、只会记诵不会应用、只会照本宣科不会创新开拓的群体，久而久之，大学，这一高等教育机构也就名不副实了。〔1〕

2. 现有考核没有充分发挥学生主动、自觉学习的引导作用。“背考”现象之所以存在，是因为现行的考核制度只重视期末这一节点的考核，而非整个学期这一时间段的考核。考核制度如同法律规范，对学生的引导作用体现在两个方面：考核的结果是对学生的一种硬性引导；考核的过程，则是对学生的一种软性引导。从“背考”现象不难发现，考核制度对学生存在相当大的威慑力，促使学生被动地作出这些回应，暴露出考核制度存在一定的问题。

传统的课程考核存在方式单一化、考核范围局限化、考核内容格式化等问题，在很大程度上重视学生的记忆力的考核，评判标准往往是重复既定教科书内容的准确程度。因而，极易导致高分低能、分数贬值等现象。

（二）高校法学专业课程考核制度存在相关问题的成因

1. 宏观上的原因。

首先，培养目标定位的缺失，导致考核制度效果降低。法学

〔1〕 汤颖：“论大学考试改革中的‘学生本位’意旨——基于大学考试几个焦点问题的探究”，载《学理论》2014年第18期。

教育在很长一段时间内都是被误解的，不少人在观念认识上习惯于将法学教育视为一次性的学校教育，将法学教育的概念等同于高等院校法学专业的学历教育。[1]法学教育的目标，自然是为国家培养出专业的法律人才，服务于社会主义法治建设。一个真正的法律人才需要法学理论、法律逻辑、法律实践的共同塑造。

社会需要法学教育培育两类人才——研究型法律人才以及实践型法律人才。前者通过进阶到研究生阶段的学习，进一步升华自己，为我国的法学理论创新不断输送新的思想；而后者，则构成了我国法律职业阶层的新生力量。换句话说，如果学校教育的考核目标与社会认可一致，则考核制度就应当符合社会的需要。

当前考核制度下，无论是期末考试，还是平时考核，大多以考察学生的记忆背诵能力为主。记忆不过只是教育教学的最低阶段，是一种最低级的要求。如果说从记忆到掌握是一种蜕变，那么再把掌握的东西运用到法学研究或法律实践中去更是一种升华。在现行考核制度下，这种蜕变到升华的过程往往是依靠学生的自律来完成的。不可否认，从教育发展的规律来说，这个过程终将由学生的自主学习来完成。但是，这并不意味着教育者对此无能为力。成功的教育者应当扮演一种催化剂的角色，其中，有效合理的考核制度是促进学生产生这种质的飞跃必不可少的一个重要环节。

其次，职业教育兴起，导致法学教学目标不明。随着我国教育事业的不断发展，越来越多的综合性高校开始出现，甚至各类专业型高校也开始尝试“跨界”发展。据统计，我国目前开设法学专业的院校共计六百余所，除了传统的政法类院校外，还包括了各种财经类院校、理工类院校等其他专业本科院校以及专科院

---

〔1〕 霍宪丹：“法学教育的一个基本前提——试析法律职业的特殊性”，载《华东政法学院学报》2006年第1期。

校。对于为数众多的新建法学院来说，不乏迅速发展壮大的典型，但是同样有相当一部分法学院无论是在教员配置还是在专业研究经验上的基础都相当薄弱。专业教育重视学生专业素养的积累，教学内容注重对法理的剖析，充分调动学生的积极性，鼓励学生对感兴趣的领域进行深入的了解，培养学生的学术科研能力；而职业教育除了教授学生基本法律知识外，更加重视培养学生的实践能力，引导学生对法条进行充分了解，使学生具备更强的法律执业能力。正如苏力教授所说："也许更重要的问题不是法学院应当教什么，而是法学院的教授有什么可教的?"[1]坚持专业教育还是发展职业教育不应成为我国法学教育发展的掣肘，法学院结合自身优势并且坚持因材施教才是法学教育发展的关键。

从职业教育的兴起可以看出，我国法学教育在发展理念上已经有了一个巨大的飞跃，但是在其配套设施的发展上，有相当一部分仍然处于停滞阶段，考核制度便是其中之一。如前所述，考核制度是对教育教学工作进行评价的重要工具，然而我国各类法学院校的考核制度在很长时间内并没有明显的改变，依然侧重于基础知识记忆的考察，考察方式也多为应试。这种现象忽略了一个交互的过程，即学院或教师无从知道自己教育教学改革是否真的具有成效，发现不了问题，自然难以促进学院的良性发展。

2. 微观上的原因。

首先，课程讲授的单一化。众所周知，法律内部具有体系化的联系，这种联系不仅体现在法律条文本身，还体现在法律思想的一脉相承。实践中，教师授课时，只局限于自身部门法的教学，缺少一种体系化法律思想的灌输。如民法、合同法、婚姻家

---

〔1〕 苏力："当代中国法学教育的挑战与机遇"，载《法学》2006年第2期。

庭法、知识产权法分别为四门课时有别、性质不同的课程，一般都是单独开课、讲授、考试，完成教学计划任务。然而，由于合同法、知识产权法和婚姻家庭法这三门课程同属于民法体系内课程的教学，它们是对民法思想不断进行升华的结果，开设学期的不同，培养学生民法思维以及考察基本理论的方式与手段也应该略有差异。此外，实体法与程序法的体系化也不容忽略，如民法与民诉法的关系、刑法与刑诉法的关系，这些内容都是被安排在不同学期予以讲授，在现有的教学计划和授课计划中也都不会有直接的联系。尽管学生四年专业课均已经学过且被考过，但由于考试方式的单一、考核题型的呆板、考核评价标准的僵化，对课程之间的相互关系缺乏系统性的把握，有“只见树木，不见森林”之嫌。究其原因，与现有单一的考核方式有一定关系。

其次，课程的考核方式固化。事实上，出现这种问题并不让人感到意外。在进入大学本科阶段学习之前，学生在小学、初中和高中阶段接触到的大多都是“填鸭式”教学，这一点在高中阶段尤其明显。与之前学生学习的通用知识相比，高校给学生提供的往往是生存技能方面的教育，从性质上来说，存在一个质的飞跃，再加上高校往往获得了更加充沛的教育资源，理应承担起更大的社会责任。因此，为学生提供优质的教育是高校的本职工作。

冰冻三尺非一日之寒，改变学生的惯性思维，培养学生的课堂参与能力也非一朝一夕就能完成的。出现这种问题的根本原因在于施教者的急功近利，以至于过程性考核没有真正突破考核制度僵化的束缚。

如前所述，学生四年的学习是一个动态的过程，本科三年级的学生和本科一年级的学生自然不能够同日而语。如今，本科一年级的授课教师没有对学生进行启蒙，本科三年级的授课教师帮

助学生完成进阶，完全各自为战，缺乏联动，这样的教育显然违背了法学的基本规律。

## 二、国内外高校专业课程考核的状况

### （一）国内主要高校的考核

1. 清华大学考核评价办法改革。近期，清华大学“促进学生全面发展的学业评价体系”正式公布。依据新的学业评价体系，从2015年秋季学期开始，新入学的2015级本科生和研究生的成绩单上都将不再有百分制的具体分数，取而代之的是A、B、C、D等共12个等级分数。对课程成绩以A+、A、A-、B+、B、B-、C+、C、C-、D+、D、F形式记载。A+是荣誉性质，得A+的人数不超过该课程修读总数的5%，获A和A-的人数不少于20%；F为不及格，不限人数。此外，每位学生每学期可自选一门专业必修课、通识核心课以外的课程，成绩使用P（通过）、F（未通过）的形式记载。等级制的出现，有利于缓解学生对于分数的刻意追求，有利于学习回归到求知的本质。而P/F制度的引进，则鼓励学生忽视分数，依据自身兴趣选课，避免为了追求分数，而去选择一些容易拿高分却没有实际意义的课程。但是，清华大学也没有全盘否定百分制的价值，百分制成绩将作为原始成绩供学生本人查询，目的在于要求学生认真对待每一分。

2. 北京大学期末考试题型创新。北京大学法学院作为中国法学领域的顶级学府，拥有深厚的师资力量和文化底蕴。2014年，曾经有一个名为“最牛的北京大学期末考试题”的帖子疯狂地在微信朋友圈和微博上流传。该题名为《爱的东南西北》，[1]长达4000字，分值为100分，讲述了同窗四载的周小东、吴小南、郑

---

〔1〕 北京大学《刑法分论》课程期末考试试题，命题人车浩，北京大学法学院副教授。类似考题还有：《爱的春夏秋冬》、《甲的一生》、《甲的一生前传》等。

小西和王小北大学毕业后因感情、生意、仕途而相互连接在一起，并走上犯罪的故事，出现了“南行讲话”、“倒爷”、“炒楼”、“地沟油事件”等热门话题。对于法学专业学生来说，与跌宕起伏的剧情相比，错综复杂的法律关系才是头痛的焦点。不少其他名牌高校的研究生（注：该题是本科二年级期末考试题）接受采访时也表示无从下手。这也恰恰体现了北京大学法学院作为老牌法学名校的独特之处，作为国内顶尖的研究型院校，它的考核制度摆脱了传统题型，如名词解释、简答、论述等题型的限制，要求学生具备极强的法律分析和解决问题的能力。事实上，不仅在期末考试，在期中考试时，同学们也要经历一遍这样的“折磨”，作为阶段性知识巩固的方式。这种考核题型的创新，不仅别具一格，更加体现了考核的价值。

（二）国外高校的相关做法与启示

1. 美国的案例教学法。美国的案例教学经验是一个很好的借鉴。它要求学生在课前阅读有关案例的法院判决及法庭记录等大量有关资料。上课时，教师就案情给学生设置各种问题，要求学生进行详细的分析。此外，教师还会提出各种假设，要学生以各当事人的立场逐一回答。最后启发学生依据讨论结果进行总结。它的优点是能够培养学生独立分析、思考问题的能力，但也有其弊端。对于新生来说，他们一般尚未学习法律专业知识，一开始便要接触到大量专有名词，还要掌握错综复杂的案情，学习压力极大，以至于即使夜以继日地死啃硬背，但仍可能抓不住要点，几节课下来，对讲课内容不知所云，从而打击学生的学习积极性。[1]它与我国过程性考核有着极大的相似性，却也面临着学生不适应的难题，这就需要老师的耐心引导。从某种意义上说，低

---

〔1〕 陈明明：“美国法学院教育漫谈”，载《世界知识》1984年第24期。

年级授课教师在此方面的责任更加重大。

2. 德国“双阶制”的考试模式。德国法学教育的特点是“双阶型”模式，即法学教育分为大学法学院学习和法务实习两个阶段，两个阶段都以国家考试的形式结束。根据《德国法官法》、《德国律师法》的规定，出任法官、检察官的受教育资格，是在一所大学研习法律专业四年以上，通过第一次国家司法考试，并修完两年法务实习期，最后通过第二次国家司法考试。〔1〕这种培养方式突破了法学院教育的单一框架，真正把法学教育提升到一个社会参与的高度，对我国目前的法学教育改革有着深刻的意义。这种做法，对我国实践课程的教学考核具有一定的借鉴意义。

以传统记忆、应试为主的考核一直是大学教育的主流考察方式。这种方式缺乏对学生综合能力的考察，不利于学生与社会接轨，因而饱受诟病。近年来，随着素质教育的推进，高校为提高学生的竞争力也进行了教育教学的改革，如引入诊所式法律教育等。与之对应，考核方式也需要作出部分创新。如通过动态的过程性考核方式对学生进行全面评价。在实践中，如何具体操作，以真正体现对学生综合素质的培养，还需进一步探究。

## 三、合同法课程过程性考核的做法及思考

过程性考核就是告别传统的考核方式，将学生的整个学习过程都纳入考察的范围。其优势在于能够通过设定阶段性目标，培养学生的自主学习能力。同时，课堂互动是学生锻炼法律思维，提升法学素养的关键环节，过程性考核通过对课堂互动的覆盖，有助于学生积极表达自己的观点，理性思考，增强创新能力。合

---

〔1〕 黎枫：“法学教育与法学院的教育”，载《杭州师范大学学报（社会科学版）》2008 年第 4 期。

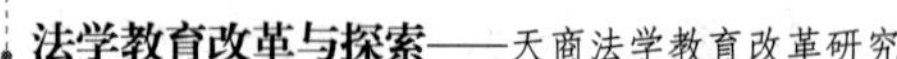

同法课程作为法学专业大二学生第二学期的限选课，共48课时。鉴于学生之前已经学过相应的宪法、法理、法制史以及诉讼法等基础性课程，本课程做法如下：

1. 改变传统平时成绩与期末成绩三七的比例制度，实施五五比例，加大平常考核比例，突出平时学习的重要性和知识涵盖量。

2. 针对平时考核方式，根据课程特点，分别采取口试、网上交流、网上作业、撰写小论文以及随堂测验等方式。具体内容如下：

（1）口试：一是基本概念与理论的一问一答式；二是四人或五人的小组讨论式；三是四人或五人的相互辩论式。时间每人控制在5分钟、每组15分钟或每一方10分钟以内。

通过两届学生的试用，发现在具体操作中有一定难度：其一，办公室空间不足。现有两位教师公用的办公室空间狭小，因都是在课下业余时间，有时会出现同时需要安排口试的情况，冲突情形时有发生。其二，办公楼不适宜。口试需要学生不间断的上楼下楼、出出进进，甚至个别学生还会交流、讨论，这样就对其他老师的办公、备课有一定的影响。其三，人员的不足。对于六个班以上的一门课程至少有两个老师同时讲授，口试不成问题。而若让一个老师对六个班以上的学生进行口试，工作量可想而知，不足以完成这一任务。

建议：需要两间教室——考试教室和准备考试教室。同时，需要配备一至两名助理，帮助记录与组织。只有这样才能保证考核的规范性和有效性。

（2）网上考核：一是通过视频网上口试；二是通过开通网上论坛，提交综合性作业，包括案例分析。该种方法对教师的电脑使用技能有一定的要求。

（3）随堂测验：根据讲课的进度，在讲新课前或下课之前，

留出5~10分钟的时间，就所讲过的内容，以灵活性题目予以当堂测验。

（4）课下完成纸质作业：书写读书笔记或小论文。现行的读书笔记制度要求学生每门专业课做不低于15 000字的读书笔记，读书笔记的内容由任课老师确定，检查次数一般为2~3次，学生可随时就阅读过程中遇到的问题与任课老师进行交流。作为学院培养学生的重要特色，“百书研读”活动已经成为我院的品牌活动。“百书研读”要求学生多读书，尤其是多读专业书，反映在考核制度领域就是专业课读书笔记制度。本课程将阅读专业书籍并书写读书笔记作为平时成绩的一部分，占平时成绩的20%，被纳入到过程性考核中去。读书不仅能够帮助学生开阔视野，还能够使学生的法律思维得到锻炼。每一本优秀的法学专著，都会遵循一个严谨的逻辑论证结构，通过大量的阅读，这种严谨的逻辑性会对学生产生潜移默化的影响。再引导学生应用到日后的学习中去，既能够加强学生的学习自主性，还能产生事半功倍的效果。

另外，文献综述也是一种培养学生独立思考问题、提高写作能力的方式。易于激发学生形成自己的观点，并表露出来，为学生从事科研打下坚实的基础。特别是为学年论文和毕业论文的写作培养一定的写作能力，具有双赢之功效。

3. 期末考核题型的设计，应根据课程特点，取消有关“名词解释”、“填空”、“判断”等题型的适用，强化基本理论的掌握；更多采用单选、多选题、案例、材料分析等题型；减少简答题目的比例，尽量避免“临阵磨枪”突击式的复习现象，尤其对“手机作弊”、“纸条作弊”能够予以有效控制，以突出对学生综合分析问题与解决问题能力的考核。

结合自己三年来在合同法课程考核改革中的做法，尝试采用

灵活多样，旨在培养综合能力的考核方法。本课程与传统做法相比较，体现为考核内容的广泛性、考核状态的过程性、考核比例分布的多样性。教师的创新，必然伴随产生时间、空间、人力的配给与保障问题。考核方式的改革是把双刃剑，考核学生学习的效果的同时，也在考核老师教授的质与量，此外也需要学校对实施考核改革提供充分有力的保障。这样，学有压力，讲有动力，学校的发展才会更有生命力。

综上所述，培养社会急需的法学高质量人才，明确定位是目标，改革现有的课程考核模式是关键。考核是学校对学生的一种评价方式，也是学生进行自我认知的重要参考。而就业，则是社会对学生的认可，低就业率反映的是社会对学生总体素质的不认可。当然，调整“应急性、突击性”学习的考核方式，是一个循序渐进的过程。对于已经根深蒂固的习惯进行矫正不仅需要时间，还需要恒心和毅力，这种毅力既有学校管理者的倡导，也有教育者的积极实施，更要有学生的主动配合与适应。这样，才能保证课程的过程性考核不流于“过程性”的“走过场”。

## 参考文献


1. 汤颖：“论大学考试改革中的‘学生本位’意旨——基于大学考试几个焦点问题的探究”，载《学理论》2014 年第 18 期。
2. 霍宪丹：“法学教育的一个基本前提——试析法律职业的特殊性”，载《华东政法学院学报》2006 年第 1 期。
3. 苏力：“当代中国法学教育的挑战与机遇”，载《法学》2006 年第 2 期。
4. 宋亮：“建立促进学生全面发展的学业评价体系 开创学校教育教学改革新面貌”，载《清华学新闻网》2015 年 5 月 19 日。
5. 陈明明：“美国法学院教育漫谈”，载《世界知识》1984 年第 24 期。
6. 黎枫：“法学教育与法学院的教育”，载《杭州师范大学学报（社会科学版）》2008 年第 4 期。

# 法学专业课程过程性考核机制改革研究

## ——以天津商业大学法学专业为例*

沃　耘**　宋　慧***　冯　静****

**摘要**

通过分析天津商业大学法学专业课程过程性考核改革模式的启动背景、改革成效及存在的问题，指出我国高校法学专业民法课程考核机制改革的必要性与可行性，进一步提出民法学课程过程性考核模式的优化方案与具体改革措施。

**关键词：**法学教育　过程性考核　民法课程

目前，我国的法学教育正在遭遇瓶颈：从数量上来看，全国六百余所设立法学专业的院校，每年“产出”大量法学本科毕业生；从质量上来看，法学教育逐渐从精英教育转向通才教育。作

* 本文系沃耘主持天津商业大学教学改革项目“商科院校法律卓越人才和拔尖创新人才培养模式研究”阶段性成果之一，项目编号：15JGXM77；本文同时系冯静主持天津市大学生创业创新项目“法学本科过程性考核机制对大学生的影响及对策研究”阶段性成果之一，项目编号：201410069042。

** 天津商业大学法学院副教授，法学博士，主要从事民商法学研究。

*** 天津商业大学民商法学 2014 级硕士研究生。

**** 天津商业大学法学专业 2012 级本科生。

为验收教学成果的传统的考核方式大多“一卷定终身”、“唯分数论”，已无法满足新时代对于法科学生能力的要求。在全国高校本科扩招的大背景下，面对天津商业大学法学本科专业生源质量有所下降、学生自主学习能力有所欠缺的客观情况，法学专业教师的任务不仅是传授专业知识，更应注重开发与引导学生的法学专业学习方法，拒绝“高分低能”，进而培养新时代背景下的高素质的法学人才。天津商业大学法学院在充分调研和深入论证的基础上，逐渐探索和完善法学核心课程过程性考核机制，并加以推广，收效甚好。

## 一、法学专业课程考核机制改革的必要性

### （一）传统考核方式的弊端

我国法学教育规模不断扩大，如何提升人才培养质量，成为法学教育的关键问题。其中，法学专业学生的考核机制问题，是制约人才培养质量提升的核心问题之一。传统的考核机制主要采用期末闭卷考试方式，遵循一次性终局考试的考核机制，这种方式使学生将主要精力集中在考前突击上，而不注重平时的学习过程，甚至通过作弊也能过关。机械式的闭卷考试，很难全面考查学生的法律思维能力。

概括而言，传统的考核方式呈现出如下几个方面的主要问题：一是考试形式、手段单一，考核结果不能准确反映学习效果与教学效果，考核结果有失客观性、公正性；二是评价主体（教师）与评价对象（学生）信息不对称，影响教学效果和学习效率；三是教师的“教学过程”、“评价过程”与学生的“学习过程”没有有机融合；四是学风建设与教风建设没有实现良性互动；五是过程性考核与终局性考核的关系没有合理衔接。

正是基于对当前法学教育考核机制的认识和对上述五个方面

主要问题的把握，2010 年天津商业大学法学院开始了以法学专业核心课程考核机制的改革与创新研究为切入点的考核机制的改革之路。经过近年来的改革创新实践，取得了令人满意的成效。

（二）学风、教风建设的需要

大学以教为本，以教兴校，教学相长，双重发展。但近几年来，高校教师为了个人的评教，重科研，轻教学，教学管理制度不健全、执行不严，导致教师教学投入不高，教学手段单一，课程设疑粗糙，并疏于对学生的督促与考察，使教师的“教”与学生的“学”这两个环节相互脱节。传统的“学生评教”虽然对教师形成了一定的压力，但是评价内容过于抽象，学生走过场，无法真正起到监督的作用，也无法健全对教师的考核制度，使得教师教学热情受到抑制，导致教风不严。再加上很多学生缺乏吃苦耐劳的实干精神，对学习抱有急功近利的“实用主义”态度，疏于管教下出现“学风不正”。

（三）提高教学质量与学习效率的需要

法学专业教学特别是民法学知识的讲授与学习，与学生实践能力的培养密不可分。传统的机械式闭卷考试，很难全面考查学生的法律思维能力，并且对学生应用法学原理解决实践问题的能力，不能提供准确、客观的评价标准和评价机制。教师在单纯的课堂教学中，亦很难掌握学生的学习情况，更无法实现对学生创新能力的全面培养。一个长期以来困扰专业教师和学生的问题便是，已经确定的期末考试成绩既无法推动教师有针对性地进行教学改革，亦无法激励与鼓励那些已经通过考核的学生改进学习方法。

任课教师过程性考核机制的完善，有助于建立内外结合的、开放的评价方式，实现评价过程与教学过程的交叉和融合、评价主体与客体的互动与整合，兼顾专才教育与通识教育，从而解决

任课教师知识传授与学生创新能力培养之间的协调问题。

## 二、天津商业大学法学专业课程过程性考核改革方案的具体实施情况

### （一）法学专业课程过程性考核的基本方案

1. 考核方案的确定。为提升法学人才培养质量，创新考核评价机制，我校不断进行理论探索和实践改革，2010 年初，天津商业大学法学院组织法学院全体教师开展法学专业课程考核评价机制改革大讨论，并组织调研小组进行实地调研，开展师生座谈会。通过一系列活动，对考核机制改革的必要性、指导思想、主要目标、基本路径等问题初步形成了共识。与此同时，法学院组织一批中青年骨干教师，对国内外高等院校法学专业的考核机制进行比较研究。在深入研究的基础上，确定了以加强过程性考核为核心的法学专业考核机制改革方案。此次改革的推进逐步构建起了富有特色、行之有效、动态发展的法学专业学生考核评价运行机制。

2. 过程性改革的实施情况。过程性考核改革首先在天津商业大学法学院民法核心课程中进行试点，2011 年开始相继有法理学、刑法学、民事诉讼法学、刑事诉讼法学、国际经济法学、国际私法、国际法等 11 门法学专业核心课程采用过程性考核方式，并逐步形成了长效机制。2011 年 3 月，法学院修订了《天津商业大学法学院课程考核管理办法》（以下简称《办法》），在《办法》实施之前，依据学校有关规定，法学院学生按平时成绩占 30%、期末成绩占 70% 的比例计算学生总成绩。为加强学生学业过程监控，适当加大了平时成绩的比例，产生了新的具体考查方法。《办法》规定，法学专业核心课程可以将学生平时成绩占总成绩的比例提高至 50%，在具体考查方法上，除传统的出勤、课堂提问、课后作业、单元测验外，还应增加口试、期中考试等方

式，而读书笔记作为法学院多年来的传统，也应继续作为学生平时成绩的重要组成部分。例如，民法学课程组在《办法》的基础上，研究制定了《民法学课程考核实施细则》，对民法学过程性考核的考核形式、计分标准以及程序性规则进行细化，确保了过程性考核的可操作性与公正性。

目前过程性考核制度主要分为两类：一类是学院考核，一类是教师考核。学院考核主要是以学生为考核主体，注重考察学生的出勤状况，具体实施办法有：学风督察制度和课前交手机制度；教师考核主要是老师以学生为本位，根据教学情况对学生的平时成绩进行全面考核，采取的方式有：教师一对一口头测试（以下简称“口试”）、交作业、课堂表现、课堂考勤、读书笔记、论文、阶段性测试（课堂测试、单元测试以及期中测试等）。此次以过程性考核为核心的法学专业考核机制改革设计了“结果考核与过程考核相结合”、“理论考核与实践考核相结合”、“对学生的考核与对教师的评价相结合”的考核模式，并将考核内容、考核方式等改革融入这一模式中，实现教学过程、评价过程与学习过程的有机融合，强调过程性考核的可操作性和可推广程度，遵循公开、公平与公正的原则。提高过程性考核的技术和应用效率，细化评价标准，将量化测量嵌入教学过程中，统筹考虑过程性考核与学生专业知识结构、教学内容设计、教学方法设计、教学过程实施以及教学结果评价等诸方面的协调。

（二）实施成效和存在问题

1. 成效。

（1）成绩方面。经过过程性考核机制的引导，大部分学生可以较牢固地掌握专业基础理论、基本知识和基本技能，特别是在综合运用专业知识分析问题、解决问题方面的能力提高显著。口试、案例讨论、读书笔记、法庭模拟、实践调研等各种考核方

式，除了能比较准确地反映学生对基本知识点掌握的广度和深度之外，还可以考查其灵活性和对知识体系之间的融会贯通，并有助于锻炼学生的口头表达能力、书面表达能力、临场应变能力、组织能力、独立分析问题和解决问题的能力等。新的考核方式实施以后，主要核心课程全部实现了成绩的正态分布，学生的总评成绩也有了明显提升，不及格学生明显减少，不仅卷面成绩得到提高，而且综合素养得到提升，司法考试通过人数和考研通过人数逐年递增。

（2）学风方面。过程性考核方案将对学生成绩的测评纳入到整个教学过程中，克服了单纯依赖期末考试确定学生学习成绩带来的平时松懈、期末突击的问题，使学生保持长久的学习压力和动力。参与过程性考核激发了学生学习的主动性和自觉性。过程性考核中采用的人性化测评机制、学生参与规则、自评与互评方式等教学管理策略，相当程度上克服了学生的逆反心理和懈怠情绪，使其以饱满的热情和充足的自信心投入到学习中去，有效提高了学习效率。过程性考核在跟踪学生学习状态、督促学生学习的自觉性和积极性、确保学生课堂出勤率方面发挥了重要作用，有效推动了学院的学风建设工作。

（3）教风方面。过程性考核对教师深入了解学生以做到因材施教、设计并量化充足的考核内容、增加与学生的互动时间等提出了更高的要求。其增加了教师对学生日常学习态度、学习效果的关注度，教师能够更加专注于教学工作，对学生的学习状态有更充分的了解，因材施教不再流于形式。师生之间的互动、沟通得到了有效的加强，教师可以根据学生过程性考核结果的反馈随时调整相应的教学安排，从而提高教师参与教学改革的积极性和主动性，督促教师积极提高教学能力，改进教学方法，更加注重教学研究，大大增强了课程改革的针对性与实效性。

2. 存在问题。

（1）教师工作量加大。过程性考核改革采取的考核方式于无形和有形中加重了教师的负担。教师需要支出大量精力来全方面检测学生的学习成果，不管是监督过程，还是后期的评分过程，都要不间断地督促学生自主学习。个别过程性考核项目，对老师的要求更高，比如口试一对一，虽可以加强师生互动和信息沟通，最能体现过程性考核的学生本位，但由于学生人数过多，会使教师工作量增加。再比如，现今的大班授课，人数达上百人，要想实现课堂的考勤，不管用提问还是点名的方式，都无法达到实质效果。如何平衡提升教学效果和减轻老师工作量之间的关系是个亟待解决的问题。

（2）监管制度不到位。新考核方案改革内容多样灵活，考试频繁，但考试管理缺少规范性、系统化的监管。考核全部操控在任课教师手中，且没有细致全面的执行标准和守则。给予教师过多权力，会引发学生的投机取巧及教师的权力滥用。庞大的考试规模要想公平公正地体现每一位学生成绩的客观性，难度很大。假设真的存在有损教风的个别情况，学生如何有效快速地找到救济途径，也是下一步亟待解决、不容回避的问题。

（3）信息不公开、不透明。传统考核突出期末卷面考试的比重，成绩具有绝对的话语权，无法全面了解学生的综合能力以及学习效果。当然试卷考核的信息公开透明度显而易见且可以查询。但是新的考核方案的推出，平时成绩比重大幅度上升，在缺乏系统的评价标准的情况下，学生不清楚平时成绩是如何给出的，也没有机会表达对考核结果的疑虑，信息的公开度、透明度差容易挫伤学生的积极性。

（4）配套制度不健全。大部分高校的各科考试结束后都会对试卷进行总结性分析，评价学生一学期的学习成效，进而对教师

下一阶段的教学计划提出整改规划。但很少会对平时成绩检测出的问题进行检查、分析，或者进行师生个别沟通，了解情况，加以改进。这种情况使得新考核机制与传统旧制度在效果上并无差异，达不到预想的效果。

（5）普适性存在争议。新考核方案改革内容多样，包括课堂表现、案例讨论、口头辩论、实践调查、学术竞赛、读书笔记、期末卷面考试等，每一个考核方案都有一个对应的成绩值。每个值所占比重如何确定，有无合理依据，是否所有成绩都是实际成绩，有无只适合做参考成绩、对比成绩的，会不会对没有相关方面特长的学生造成更大的精神压力，都是值得商榷的。

（6）学生压力增大。某些过程性考核方式加大了学生学业负担。过程性考核促使学生全过程学习，一定程度上能督促学生自主学习，但学生一直处于考试压力当中，其学习效率有无实质提高还有待考察。

（7）考核标准模糊不清。在试点改革的课程教学中，虽然根据课程特点设计了不同的过程性考核标准，但有些标准根本无法量化，如学生的课堂讨论表现教师如何给分、口语测试如何评判等问题。有的教师为提高学生积极性，鼓励答错亦给分，这种规定合理与否，在此不予过多分析，但这种模糊的考核标准，势必引起学生的异议。

（8）新考核机制与司考的联系不紧密。新考核机制没有针对性地解决法学学生毕业前夕面临的首要问题，即就业问题。随着法学本科生就业压力的加大，司法考试成为解决就业率的最有效“速食”，鉴于其考点的具体性、微观性，侧重考查考生运用法律条文解决实际问题的能力，这与高校传统的对学生的学习状况进行考核的考核方式是根本不同的。参加过国家司法考试的学生普遍反映，目前高校法学专业的结业考试与国家司法考试的试题极

不匹配。学生即使在结业考试时能取得不错的成绩，也依旧不能应对国家司法考试。

(9) 师生沟通机制欠缺。过程性考核改革一直着重强调对于学一方的改革措施，对于教一方的要求很少。教学相长，仅仅凭借教师的单方努力还远远不够，仍然需要学生们的积极配合。如果不能保证学生的听证权和异议权，加强师生间的交流沟通，明确教师和学生各自的改革任务和职责，就很难发挥这两大主体在这场改革中的协调作用。

（三）对调查结果的数据分析

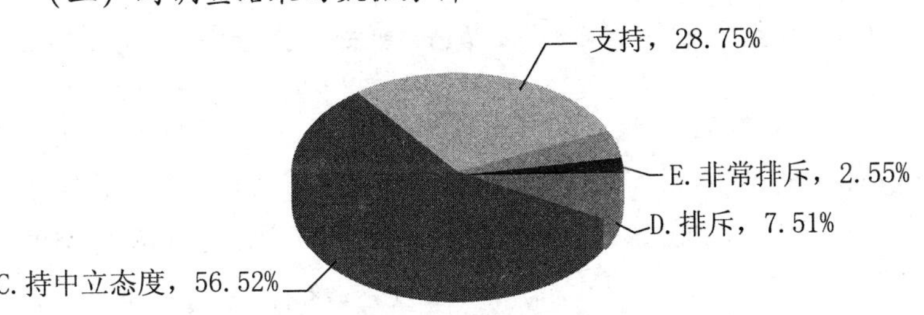


**图1　学生对过程性考核改革的支持程度分析图**

图1的数据统计显示，对于过程性考核的认可度存在模糊性，表中很明显可以看出持中立态度的学生高达56.52%，超过半数。虽然支持率排第二，但A项非常支持率仅为4.67%，B项支持率为28.75%，两项之和仅有33.42%。

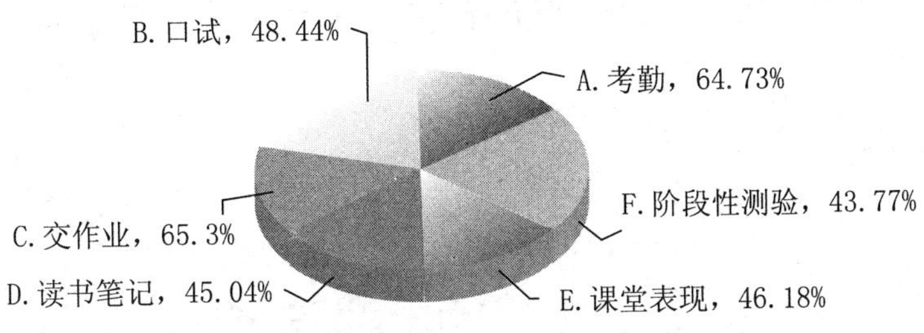


**图2　学生对过程性考核方式认同比例分析图**

图2的数据分析显示，学生对过程性考核的不同方式均存在支持率，相比较传统考核方式，多样化的考核方式更能引发学生的学习兴趣。

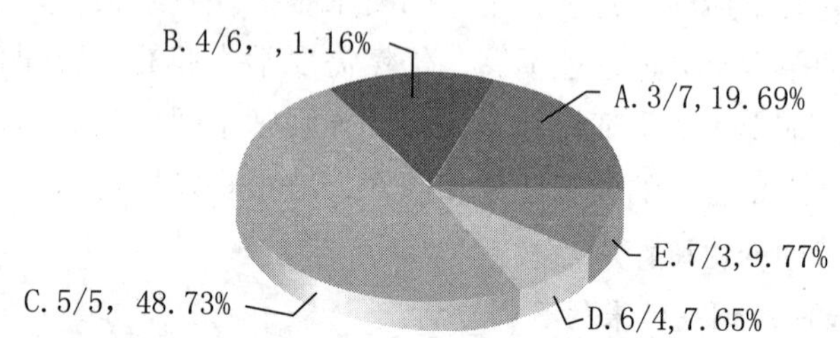


**图3　学生分配总成绩中的平时成绩和期末考试卷面成绩比例分析图**

图3的数据分析显示，接近半数（48.73%）的学生选择C选项，即平时成绩和期末考试卷面成绩各占1/2。这一结果是学生从自我利益实现最大化角度作出的选择，说明学生对传统的考核方式（E选项考核方式）存在一定程度的不满（仅占9.77%）。同时从C、D、E三选项（总比例达66.15%）也可以看出，相比期末考试卷面成绩，学生更重视平时成绩。

图4的数据显示，对于口试，72.83%的同学都选择了口试前两天进行突击，17.78%的同学选择了平时就认真复习的方式，极少数的同学完全不准备或者选择和成绩好的同学蒙混过关。这一数据显示，学生惰性心理是客观存在的，只有在过程性考核频率较大的情况下，才能从最大程度上杜绝学生“考前突击复习”的现象。

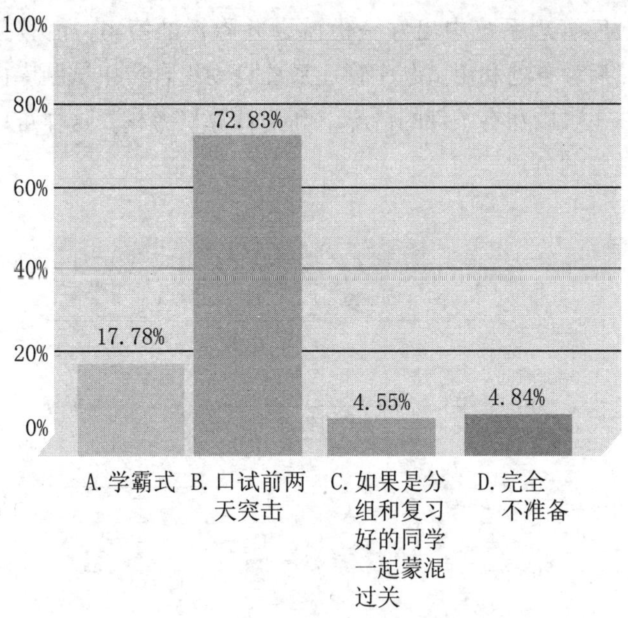


**图4　口试准备分析图**

图5的数据表明，对于期末期中考试的准备方式，54.2%的同学以考前突击的方式进行；40.26%的同学平时积累，考前适当复习；5.55%的同学基本不准备。这同样说明学生思想观念仍未改变，仍旧被动应付，没有从根本上提高自主学习的积极性和能动性。

## 三、解决对策

### （一）建立教师的激励机制

首先，提高教师薪酬，将考试课时按比例折算成教师工作量，按照同工同酬的原则，保障教师积极性。其次，实现教考分离，为教师减负。对于期末试卷的命题、阅卷工作以及对于较灵活的考核方式，学校可以提前建立考试题库，每门任课老师每人

在试题库管理系统中出好一份试题并附标准答案，由教务处审核，然后教务处利用试题库管理系统自动组合产生试题库由学生作答。也可以在有条件的情况下利用计算机考核，这样可以大大减轻教师的负担。

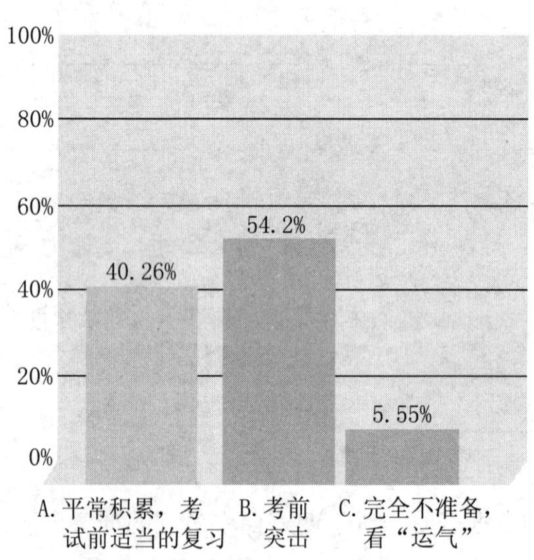


**图5　期末期中试卷考试准备方法图**

（二）建立多层次的过程性评价监督体系

通过组织学生自评、同学互评与教师自查，建立内外结合的多层次过程性考核评价机制，充分实现评价主体与客体的互动和整合，加强师生的沟通和相互监督。任课教师对于过程性考核的结果要即时公告，不管是针对平时成绩还是卷面成绩，都要激励学生提出质询异议，借此机会加强与学生的沟通，督促其下一阶段的学习，并且虚心接受学生的监督。学生有确凿证据可以证明教师存在乱给分数的情况，可以对教师的不良行为予以举报。学校对真实确凿的投诉记录要高效率处理，可以对教师予以警告或

记过，且作为任课教师教学指标、年终考核和晋级的重要参考之一。同时，学校要建立完善的督导程序，平时成绩、口试、笔试等的分数和资料进行时段性备案保存，方便督导人员随时重审，从而促进优良的教风建设，为过程性考核改革提供健康环境。

（三）坚持公开、公平、公正原则

在过程性评价机制中确保学生于评价前了解评价规则、评价中知悉评价成绩、评价后有权提出异议等。建立学生考核档案，用于记录学生的全部课程考核信息，具体到每一次的出勤情况、读书笔记情况、小组讨论情况、课堂表现情况等，全部整合录入系统存档，并且要定期制作正态分布图予以公开，鞭策学生努力提高学习自主性。

细化各类过程性考核内容的评分标准，提高过程性评价的标准化与规范化，增加考核方式的可操作性与可推广程度。设立相应的教学管理规则，以系、教研室、课程组为单位组织任课教师相互交流经验，定期汇总。并由系、教研室联合教务管理部门对过程性考核实施全程监控。

合理设计期末试卷结构，做到与国家司法考试接轨。在平时知识点讲解中加入“司考例题”环节，将所有相关知识点进行跟踪讲解。同时将期末考试拆分为两个部分：其一，以主观试题为主，侧重考核学生的基础理论知识掌握程度；其二，以客观试题为主，主要考查学生运用所学理论分析和解决实际问题的能力。采用这种办法，两部分内容分为两张试卷，每张试卷都是 100 分，但每张试卷在总成绩中均只占 50%，两张试卷分数相加后的总分才是其最终的成绩。保证学生本课期间对司考动态的全方位感知，为学生解决毕业后的就业问题铺路。

在外界因素强制性干预学生学习的过程中，努力引导学生改变被动学习为主动学习，提高忧患意识和个人能力，培养学生自

信心和自尊心，形成正确的成就感和责任感。明确自身学习目的，珍惜学习机会，形成正确的人生观、价值观。此观念的改变是整个改革取得实质成效的最核心内在。

## 四、结语

天津商业大学法学课程过程性考核机制改革的试点取得了一定的成效，过程性考核制度从过去以教师为本位的教学模式转向以学生为本，提高了同学们的学习自主性、自律性以及学习热情。但是由于改革处于初期，配套体系不匹配，过程性考核机制尚存在不尽完备之处，如何细化过程性考核的配套制度，在最大程度上提高过程性考核机制的效率，是未来天津商业大学法学专业乃至我国法学本科教育的一个重要课题。

# 对高校法学创新人才培养的几点思考

刘　哲*

**摘要**

培养创新人才是高校肩负的历史重任。在法学创新人才培养中，应注重立法情境教学和法律价值教育。教师应优化知识结构，实行以问题为导向的案例教学。同时学校可聘请社会兼职教师，拓展学生的多维创新空间。在教学实践环节，应强化论文写作的创新能力培养，有效发挥实习的创新平台作用。

**关键词：** 法学创新人才　法律价值　问题导向

我们面对的是一个创新的世界，而未来的竞争是创新人才的竞争，高校则担负着培养创新人才的历史重任。我国《高等教育法》第5条在规定高等教育任务时提出，要培养有创新精神以及实践能力的专门人才，以推动现代化建设事业。培养创新性人才已成为高校一个重要的办学宗旨和目标。如何在法学教学中践行

* 天津商业大学法学院副教授，法学硕士，主要从事经济法学和商法研究。

则是值得我们探索的一个具有挑战性的课题。

## 一、进行立法情境教学

法学理论和法律条文自身的创新性及所体现的价值考量，是需要我们在教学中予以揭示并引导学生深入领会的。若忽略这一点，就会导致学生教条主义地践行法律，面对具体的社会问题和不同主体、不同观点的争执迷茫动摇，无法从法律的视角进行正确的判断，也难以进行深层次的法律价值的思考。

学生中有一种普遍的看法，觉得法律既然是调整一定的社会关系的，而社会关系又那么纷繁复杂，数不胜数，学起来太难。法条多，零碎又分散，像一盘散沙无从把握，想想就晕头转向，对此有很大的畏难和抵触情绪。认为要想学好，就得背下来；而有了强大的“背功”，就一定能学好。基于这种看法，很多同学怕背完了又忘，浪费了自己的时间和精力，就选择在考试之前不分昼夜地背。结果有的如愿以偿，但也仅仅是应付考试而已，过后就忘到九霄云外了。有的则背下来也不解其意，张冠李戴而事与愿违，因学了很长时间的法律还是门外汉而非常茫然。显然法学创新人才的培养靠背诵是不行的。

从法学原理及法条的内容上看，往往是因其符合社会发展的实际需要而被创设出来并具有创新性的，引导学生站在立法者的角度，面对立法时的社会现实状况，来设身处地地思考和选择，他们就会感悟其自身的价值和功效，理解法律的精髓。当然法律不能脱离现实生活，随着社会的发展，又相应地暴露出了其调整社会关系的不足，需要变更和与时俱进的发展。对此，引导学生置身其中地进行思考、辨析，提出合理的设想，这本身就是一个具有创新性的过程。对相关内容的处理不宜简单地介绍情况，而应当启迪学生参与到这个法律创设与发展的过程并进行同步思

考。让学生感受、理解知识产生、发展的过程，有助于培养他们的创新思维习惯和科学精神。这样一来，经过学生自己的思辨而理解的内容掌握起来也就没有什么难度了，并且，对于法律自身的创新也有了感性的认知。对于学生日后的深入学习和更好地工作，也都具有至关重要的作用。

## 二、注重法律价值教育

大学法学教育不仅要培养律师、法官、警官、检察官等从事法律实务工作的人员，也要培养法学理论工作者，培养公平正义的社会良知，促进社会的和谐发展。无论培养哪种人才，都需要学生参悟法律的灵魂，洞穿其本质，才能透过种种迷惑，从法律的角度释疑解难。如果对于法条蕴含的价值理念毫无顾忌，长此以往，培养出的人就是只会机械地遵循法律而缺乏批判性与反思性的教条主义者，面对复杂多样、变动不居的社会问题而不知所措，难以有效发挥法律在推动社会经济发展方面的积极作用。

被称为“对赌条款第一案”的投资方——海富投资有限责任公司，与融资方——世恒有色资源再利用有限公司及其股东香港迪亚有限公司和实际控制人陆波签订的对赌协议，在履行中发生纷争。案件历经兰州市中级人民法院一审，甘肃省高级人民法院二审，都认定对赌条款无效。对赌条款作为舶来品，具有估值调整的功能，是由投资方与融资方的有关当事人，依据融资方的未来实际经营业绩，对目前企业估值和投资价格予以修正，从而调整其估值的做法。多应用于国际资本市场，后引入我国，对于解决国内一些企业的融资难问题发挥了积极的作用，但也出现了一些问题。由于法律对此没有相应的规定，作为无名合同，其效力一直备受争议。此案经最高人民法院再审作出了改判，没有完全否定对赌条款的效力，而是根据不同的情形对其作了部分的

肯定。

该案审理虽落下了帷幕，但引发的争论却仍然在继续，其中的焦点在于法律适用上的矛盾和冲突应如何解决。作为对赌协议，固然要遵循《合同法》当事人意思自治的精神，但若约定融资方未达预定经营目标则直接补偿投资方，就是为维护特定股东的利益而置融资方的存续于不确定状态，并殃及融资方其他股东和债权人利益的做法，违反了投资中的利益与风险共担、权利与义务一致的基本原则，客观上使特定股东只得利益而不担风险，同时也损害了相关利益方的合法权益及交易安全，是背离法律价值的行为。但我们必须认识到，投资方与融资公司的股东签订对赌条款在主体上存在适格性。他们之间约定融资方未达预定经营目标时，该融资方股东补偿投资方，不仅能弥补投资方因为溢价增资行为而蒙受的损失，调整了投资方与融资方因为信息不对称可能形成的估值偏差，而且也能激励与约束融资方，防止出现道德风险，对其他人的合法权益则不会造成任何损害，彰显了合同交易的意思自治与公平合理。针对这样存在激烈争议的案例，通过引导学生从法理方面进行辨析，就能够加深他们对于当前经济转型时期法律相对滞后情况下如何适用法律问题的思考。

## 三、优化教师知识结构，实行以问题为导向的案例教学

培养创新人才对教师提出了更高的要求：一方面要求教师不断更新专业知识，掌握相关领域最新的前沿动态，了解其发展趋势，并将相应的研究成果充实到教学内容中来。在授课之前，就要查阅大量有关的资料，对所要讲授的内容进行重新审视和思考，力求做到融会贯通，使自己对基础理论的理解得以升华。教学中则应注意让学生接触到问题产生的起因和解决的过程，以开拓学生的视野，激发其探索欲，提高其社会观察能力、思维能力

和发现问题、解决问题的研究能力，培养学生的创新意识和探究精神。另一方面，也要求教师不断加强教育理论方面的学习和探索，并将其运用到法学教学中来，激发学生求知欲，培养其提出问题、分析问题、解决问题的能力。

案例教学是目前常用的一种教学方法，教师通过具体的案例，引导学生对此进行分析，使其理解有关的法学理论，并能够加以运用去解决具体问题。但常见的一种情况是，学生往往仅以自己的认识与教师的观点一致而感到高兴，教师也会因为学生掌握了自己传授的知识而心怀满足。学生按照教师预定的思路和方案来思考就万事大吉了，仍然缺乏独立分析和思考的能力。但教师认为这样做效率高，只要学生会了就行了，将时间花在争论上是浪费。这种观点与创新能力培养的教育理念是相违背的。创新能力的培养体现在提出问题、分析问题、解决问题的全过程中。因为问题是一切思维活动的开始。无论法学理论还是司法实践，敏锐地发现问题及其症结，才能进一步寻求解决问题的路径。教学就是要引导学生通过他们自己的思考去探寻这一路径。为此，选用的案例应尽可能是真实的典型事例，使其面对纷繁复杂的利益纷争，来辨析涉及的法律事实和具体的法律关系，及相应的法学原理，寻求问题的解决方案。这样真刀真枪的实际演练，才能切合社会的现实情境，培养出的人才也更符合社会的要求。若案例经过教师的打磨而呈现出的是学生能够通过简单的对号入座就可以得出的结论，那么对学生的启发作用就不大。

现在的高校法学毕业生存在的一个普遍问题是理论与实际脱节，步入社会后不知所学专业知识该如何运用，理论与实践两张皮，不能有机结合，与社会需求反差巨大。其实并非社会不需要法学人才，恰恰相反，我国依法治国的社会主义建设事业的各行各业、各个方面都需要能够务实地解决实际问题的法学人才，这

样的人才缺口巨大。不需要的只是纸上谈兵，闭门造车，空而论道的人。这样一来就产生了一个矛盾：一方面毕业生供给数量庞大，但社会却不需要，徒然增加就业困难；而另一方面，社会需要的法律人才却为数众多而远远不能得到满足。高校教育和法律是要服务于现实社会的，为解决这个问题，就要从教学的各个方面与所有环节来入手。通过真实情境下的案例分析，可以最大限度地拉近与社会生活的距离，并且各不相同的案例分析也可以提高学生具体问题具体分析的独立思考、独立判断和灵活创新等多方面的能力。

## 四、聘请社会兼职教师，拓展多维创新空间

除专职法学教师外，还可破除学校的“围墙”，聘请社会上从事法律实务工作的成功人士，如法官、检察官、律师及校外名师等在本校兼职开设选修课。为避免时间上的冲突，可由一人或数人授课。以丰富学生的知识积累，拓宽其思维视野，加深其对法律的认识，提升其综合性的法律修养，同时，也为学生提供了一个多元化的自由发展的机会和平台。此外，也可以聘请上述人士担任兼职研究生导师，或与法学院教师一起共同担任研究生导师。之所以采用课程设置而非讲座的方式，是为了强化其规范性、科学性、严谨性和监管性，同时，作为教学的一个内容也能有效约束学生，取得更好的成效。

## 五、加强学生论文写作中创新能力的培养

在论文写作中，通过对实际问题的思考，从理论的层面进行研究，学生提出问题、分析问题、解决问题的能力会有一个很大的提升，这样的过程也是创新能力养成的一个必经阶段。科学研究本身就是具有创造性的一项工作，而论文写作则是学生科研成

果的一个表现方式。论文写作特别是毕业论文写作是集中考查学生创新能力、学习能力等综合能力的重要体现，也是其专业研究的一个综合成果。有的同学注意到近年来农产品安全事件频繁发生，“孔雀石绿”鳗鱼、毒姜、毒豇豆等食品安全问题危及民众生命健康的情况，便对此做了深入研究。通过查阅有关资料，发现法律虽然对农产品作了规定，但其内涵与外延并不明确，学界对此也有不同的观点，直接影响到了法律的具体适用。比如农产品的召回问题，虽然《消费者权益保护法》规定经营者有召回的义务，但如何召回农产品，按照什么样的程序来进行，哪个机构负责对农产品召回的全程监管等等，并没有任何法律提及。依照现行法律，《产品质量法》、《食品安全法》、《食品召回管理规定》对此都不予调整，应适用《农产品质量安全法》，但后者却未规定农产品召回。这样一来，农产品召回的实施就成了一个很大的问题。实践中，对农产品召回也还存在抵触认识，认为我们首先要解决的是十几亿人口的吃饭问题，需要农业稳定、快速的发展，而农业尚属弱势产业，利润低，风险大，农业生产者不宜承担召回这样大的风险，否则不利于农业发展。但实际上，现代农业已广泛深入地受到科技成果的影响，科学技术在显著提高产品产量、效率的同时，也可能会增加产品本身的危险。这样，不仅会危害公共安全，损害消费者的合法权益，而且已严重影响到了进出口贸易的发展，也不利于我国信用经济的建立和发展。目前，实行农产品召回制度还面临一些困难，如尚未全面实施农产品可追溯制度，难以查明问题农产品的源头并最大限度地召回不安全产品等，还需要加强相应的制度建设。指导学生通过这样的梳理，写出的论文反映了其自己的见解，很有新意，在锻炼自己的同时，也启迪了人们对这一问题的思考。

## 六、发挥实习环节的创新平台作用

法律的生命在于逻辑，更在于经验。实践能力也是创新素质培养的一个重要方面。这对于践行法律价值，全方位地实行依法治国，并不断与时俱进地完善法律具有重要意义和作用。因此，除已开设的法学课程外，实习环节也是非常必要的。目前，在认知实习时，学生自己找实习单位，实习不认真、走过场、敷衍了事或想方设法逃避的情况有一定的代表性。由于年级低，自制能力还不高，为取得更好的实效，可先由法学院组织学生来实习。对学生进行实习动员后，分组到法院旁听民庭、刑庭、行政审判庭的法庭庭审。通过参加实际的庭审，学生对法官、检察官、律师等诉讼参与人的角色、地位、作用等会有一个感性的深入认识，在此基础上，可基于学生的选择自行联系实习单位或由学院安排，完成后续的实习。这样做，既可以对学生进行必要的实习指导，也可以使他们亲身接触社会，认识社会，了解司法实践的现状，加深对法学理论的理解，并能联系实际地加以运用。在实践中还能学习具体的法律工作经验，培养初步的法律专业技能。而在毕业实习阶段，由于学生已处高年级，以认真和更为理性的态度来对待实习，效果也会更好些。比如，有的同学发现在司法实践中，如何认定产品安全，所依据的标准争议较大，有关法律规定不明确、不具体，给案件的查处、审理都带来极大的负面影响。带着这样的问题查阅相关资料，发现学术界对该问题的争论也是很激烈的。便对此进行了深入的研究，提出了自己的一些见解。这体现了创新能力培养的必经过程，而且也取得了实际成效。

还有的同学在公司法务部门实习时，发现公司对缺陷产品召回的态度比较消极。查找原因时发现社会上普遍存在一种颇具代

表性的看法，即认为正是由于生产商不负责任才造成了产品的缺陷。因而需要召回的产品一旦被召回，就意味着生产商自我揭短，就会面临社会否定性的评价。这时生产商一方面需要花费大量的人力、物力、财力来召回产品，而另一方面却失去了消费者对自己的信任，商品声誉、商业信誉下降，正可谓竹篮子打水一场空。针对这种情况，大量生产商就选择掩盖产品存在缺陷的事实不予召回或不依法公开事实而秘密召回，实际上受害的都是消费者，扭曲了召回制度的价值，助长了社会的虚假之风，妨碍了信用经济的建立和发展。联系在校时所学的法律知识，学生们就能知道召回是消除存在同一缺陷的产品的不合理危险，从市场源头治理规模性的缺陷产品，保障流通安全和秩序的制度。在现代化的生产条件下，缺陷产品很容易由于同样的生产线或设计、制造、原材料、零部件等原因而形成。对于缺陷的产生，有的生产商存在过错，而有的则没有过错。有些生产商明知或应知其产品有缺陷，还将这样的产品投入流通，显然是有过错的，受到抨击纯属咎由自取。但由于科技发展水平和人们认识客观世界能力的局限性，投入流通时的产品缺陷尚不能被发现而事后被证实的情况，就不能认定生产者是有过错的，对此横加指责是不妥当的。当然从知道产品存在缺陷时起，生产者就应当依法召回，以消除这种规模化的缺陷产品对广大用户、消费者的损害。否则生产者就会由无过错变为有过错，而应受责难。这样看来，系统性缺陷产品在现代化大生产条件下是难以避免的。召回只是生产者一种合法的商业行为，也是其社会责任感的体现。生产商无论有无过错，都应当依法召回。召回行为本身并未蕴含贬义，也不等同于否定性评价。由于在召回中，生产者主动承担责任，政府有关部门对其全程监管，并接受社会的监督，会有效防范实际损害的发生，是世界范围内对系统性缺陷产品的危机处理方式，对于维护

公众的安全意义重大，因此，应当大力倡导召回制度。而隐瞒事实、回避召回，让消费者在不明真相的情况下继续使用缺陷产品，才是对社会、对消费者的不负责任，是应受谴责和惩戒的。厘清对召回制度的一些错误认识，一方面可以消除生产商的疑虑，以主动、积极、负责任的态度召回缺陷产品；另一方面，也可以营造公众认同召回的良好社会氛围，协助其有效实施。基于这样的认识，该同学针对召回制度制作了问卷，进行了社会调查，并写出了相应的调查报告，很有现实意义。

总之，法学创新人才的培养是一个系统工程，需要各教学环节全方位的共同努力，才能普遍提高学生的创新素质。

# 应用心理学本科专业实施双证教育的探讨

## ——以天津商业大学为例

艾　娟[*]　任跃强[**]

**摘要**

中国高等教育已经进入普及化阶段，部分地区出现学历与就业率倒挂现象，本科生就业难成为目前高校人才培养的突出问题。本文以天津商业大学为例，探讨普通高校应用心理学本科专业开展"双证教育"，学历教育与心理咨询师培训并重，阐述了应用心理学专业开展"双证教育"人才培养改革的必要性、可能性和优势，以期为进一步推动新时期我国高校应用心理学专业的教育教学改革提供借鉴。

**关键词：** 双证教育　教学改革　应用心理学专业　心理咨询师

随着社会的进步发展，我国对应用心理学专业人才的需求剧增，国内众多院校也相继开设应用心理学专业。但近几年相关研

---

* 天津商业大学法学院讲师，心理学博士，主要从事心理学研究。

** 山东师范大学心理学院 2015 级研究生。

究表明我国应用心理学人才培养的现状不容乐观，其主要问题有：一是人才培养模式相互效仿、课程设置雷同；二是大多数院校培养教育方案注重理论，脱离实践，“应用心理学”专业毕业生缺乏应用能力。从全国来看，虽然相关院校也为社会培养出了一批有专业理论知识和一定实践技能的心理人才，但是仍远远未能满足社会需求，部分院校毕业生就业难的同时，用人单位又找不到适用人才。

要解决上述应用心理学人才培养中的两大问题，首要责任在高校。而根本解决之道应是高等院校树立市场经济竞争主体意识，结合自身学科优势与市场需求，准确定位培养目标，唯其如此，各高校才能各显神通，培养方案才能独具特色、独具竞争力；而这样培养出来的人才才能满足多样化的市场需要，使学生有核心竞争力，就业形势就会大大改善。有鉴于此，在相关研究基础上，以天津商业大学应用心理学专业为例，提出“应用心理学本科专业实施双证教育”的建议，以期能为相关院校应用心理学专业教学改革带来一些启示和思考。

## 一、应用心理学专业培养模式相关研究

我国一些心理学者，特别是一些高校心理学教师近年来也开始关注应用心理学培养模式的相关问题，做出了一些研究，不少高校也进行了一些改革。2012 年 5 月 5 日，在由教育部心理学教学指导委员会主办的“应用心理学人才培养模式和教学工作研讨会”上，北京师范大学心理学院院长、中国社会心理学会副会长许燕教授提出核心课程与核心方法对培养应用心理学人才及其发展后劲至关重要；国务院学位委员会心理学学科评议组成员、教育部高等学校心理学教学指导委员会副主任、中国心理学会副理事长沈模卫教授也强调了本科生核心能力的培养，指出核心能力

是知识迁移的基础，并建议通过结合导师制与核心课程来建立良好培养模式；从师资水平层面，樊富珉教授强调了进行规范性高、针对性强的师资培训对应用心理学人才培养具有重大意义。〔1〕

另一些学者针对一些学校的应用心理学本科专业教学研究现状，总结了一些大部分学校普遍存在的问题，主要有：一是培养目标过于笼统，培养规格不明确，导致课程庞杂、零散，难以形成完整体系；二是专业方向设定过于宽泛、模糊，缺少细化，学生专业方向定位不明确；三是教学内容陈旧，与当前社会需要脱节并且在教学过程中，教师过于偏重理论知识的讲授，忽略学生实践能力的培养，致使学生欠缺解决实际问题的能力。〔2〕

天津商业大学应用心理学专业开设于2002年，是天津商业大学开设最早的理学类专业之一，有原天津法制心理学会会长林秉贤教授这样的知名专家和一批青年才俊。但随着老教授们的退休和其他高校心理学专业的发展，天津商大应用心理学专业的相对优势大大减少。目前天津商业大学共有应用心理学本科专业四个年级共八个教学班，设置管理心理学、消费心理学和犯罪心理学三个方向，毕业生就业率在90%左右。

但是，上文论述的我国当前在应用心理学专业人才培养中存在的较为普遍的两个问题，天津商业大学仍然不同程度存在，在培养目标上，“管理心理学”、“消费心理学”等设置相当笼统，导致培养规格不明确；学校犯罪心理学学术传统留下的《犯罪学》、《犯罪心理学》等课程与专业培养目标已相去甚远，但还占

〔1〕 张晶：“聚焦应用心理学人才培养——应用心理学人才培养模式与教学工作研讨会综述”，载《心理学探新》2012年第3期。

〔2〕 胡丽萍：“社会转型期本科应用心理学专业人才培养模式研究”，载《教育与职业》2012年第27期。

用了大量教学课时与师资力量，导致课程庞杂、零散，难以形成完整体系；另外，也有部分教学内容陈旧，与当前社会需要脱节，并且在教学过程中，教师过于偏重理论知识的讲授，忽略学生实践能力的培养，致使学生欠缺解决实际问题的能力。

## 二、本科院校开展“双证教育”的探索

“双证教育”是指高等学校的学生在取得学历证书的同时获得国家职业资格证书。这就要求高校改革现有专注理论，缺乏实践尤其是缺乏职业技能实践的教育模式，在教学过程中针对不同专业开设相关职业资格培训内容。[1]

开展“双证教育”，对学校而言，可以培养出既有理论知识又有职业技能的“畅销学生”，提升就业率，提高学校的社会功能和声誉，促进学校发展。对学生而言，拥有“双证”既是知识和能力的证明，又可以主动适应市场需求，提高自身竞争力，在就业上拥有更大主动权。对用人单位而言，可以为企业提供高层次复合型人才，节省上岗培训的费用。对社会而言，有利于我国实现人力资源大国到人力资源强国的转变，有利于深化拓展完善“国家职业资格证”制度。

我国于20世纪90年代起逐步在中高等职业院校建立起“双证教育制度”，但几乎所有本科院校一直对此视若无睹。近几年，我国部分地区出现本科生就业率和起始薪资低于高职高专毕业生的现象。相关研究发现，在高职高专院校普遍实行的“双证教育”制度是提升高职高专毕业生就业竞争力的重要原因之一。在市场倒逼之下，一些有识之士，特别是民办院校的教育者（包含民办普通本科院校、独立学院等）和一些应用型院校教育者开始

〔1〕 陈玲玲、毛晓桦：“应用型高校对大学生实施双证教育的探讨”，载《南京工程学院学报（社会科学版）》2009年第3期。

逐渐探索在本科专业实行“双证教育”制度。例如，天津天狮学院（民办本科）、四川大学锦城学院（独立学院）〔1〕和九江学院（公办本科）〔2〕等学校已经进行了多年的探索。

总体来说，本科院校实行“双证教育”的探索是在不断增多的，并且已经取得了一定的市场认可和好的经验。以南京工程学院为例，该校作为应用型工科院校，通过江苏省劳动厅认定在校内设立了职业技能鉴定站，并组织学生在教学、实践等过程中加强职业技能培训，通过该鉴定站鉴定皆可获得相应国家职业资格证书。在天津商业大学高职与继续教育学院也设有天津市职业技能鉴定第四十六所，可进行相关职业鉴定。可以说，高校附设职业鉴定所的教育模式已经得到了实践的认可。

虽然，不同的行业其职业技能的培训有一定的区别，特别是高校中理学、工学等不同学科专业培养方式区别很大。但随着国家职业资格证制度的逐步深入发展，几乎所有的职业都需要取得相应的国家职业资格。因此，高校开展“双证教育”也需要不断探索，积极推进。以应用心理学专业来说，虽然目前较少有院校开展相关“双证教育”，但在实践中，为了提升自身就业竞争力，一些学生选择了参加社会相关培训机构的职业培训，并考取相应资格证，如心理咨询师、人力资源管理师等。这可以说是我国作为大学本科教育主体的大学生顺应市场经济而自发进行的“双证教育”的一种特殊形式的探索。

## 三、应用心理学专业相关的国家职业资格

与应用心理学专业相关的国家职业资格证书主要包括心理咨

〔1〕聂瑜：“独立学院双证教育人才培养模式的探索”，载《绵阳师范学院学报》2010年第3期。

〔2〕吴杨伟：“江西省普通高校大学生‘双证’教育的创新研究——以九江学院商学院为例”，载《宜春学院学报》2008年第4期。

询师、人力资源管理以及教师资格证。其中，心理咨询师的培养是与应用心理学专业最为密切和相关的。

心理咨询师是指运用心理学以及相关学科的专业知识，遵循心理学原则，通过心理咨询的技术与方法，帮助求助者解除心理问题的专业人员。相关调查表明，心理咨询师已经成为心理学专业本科生和硕士研究生报考最多的职业资格考试。十六届六中全会审议通过的《中共中央关于构建社会主义和谐社会若干重大问题的决定》就明确指出："加强心理健康教育和保健，健全心理咨询网络，塑造自尊自信、理性平和、积极向上的社会心态。"2001 年 4 月，原中国劳动和社会保障部正式推出《心理咨询师国家职业标准（试行）》。2002 年 7 月，在北京举办第一期国家职业资格心理咨询师全国统一培训试点班。2003 年 4 月启动第一次心理咨询师等级国家职业资格认证全国统一考试，同年 12 月，国家职业资格二级（心理咨询师级）正式启动。而 2006 年，原劳动和社会保障部出台了新标准，规定心理咨询师职业分三个等级，分别为：心理咨询师三级、心理咨询师二级、心理咨询师一级。

目前，随着我国社会经济的发展，特别是在汶川地震、某制造型企业发生员工接连跳楼自杀事件等重大社会生活事件后，我国民众对心理咨询的认知度、认可度大幅提高。但作为我国心理学界主体的高等院校却一直未能深度参与心理咨询师的培训。而在北京、天津、上海等主要城市出现了大量的心理咨询师培训机构，形成了商业化的心理咨询师培训产业。为谋求更大商业利益，这些机构的培训质量一直参差不齐，难以使学界信服。[1]特别是目前对参加心理咨询师考试学历要求低（大专以上），专业

---

〔1〕 汪新建："当前心理咨询师培养中出现的问题及其对策"，载《中国心理卫生杂志》2005 年第 10 期。

限制少，考试太过简单，缺乏督导机制和复审机制。这些社会培训机构的学员毕业后，也没有足够的能力从事心理咨询工作。著名心理学家张厚粲教授不无忧虑地指出："面对低投入、高回报、低经济风险的心理咨询行业，很多缺乏必要心理学素质的人已迈入了这个专业性极强、专业风险高的行业门槛，而这种'闯入'恰恰是极度危险的。"〔1〕为了促进心理科学特别是心理咨询科学的发展，为了满足人民群众特别是渴求心理咨询专业帮助的民众的需要，为了提升学生的能力促进其就业，高等院校心理学专业相关院系责无旁贷应该早日开展"双证教育"（学历证＋国家职业资格证），为国家培养出大量的有证书、有能力的、高质量的心理咨询师。〔2〕

其次，人力资源管理师也是与应用心理学有着密切的关系的。人力资源管理师是指从事人力资源规划、招聘与配置、培训与开发、绩效管理、薪酬福利管理、劳动关系管理等工作的管理人员。目前，一些院校心理学专业开设人力资源管理或管理心理学方向，学生毕业后从事人事管理相关工作。在这些院校中，有些学生会主动考取人力资源管理师相关资格证。

最后，我国实行教师资格证制度，从事教育工作必须取得该资格证书。考取该证书的主要有两类人：一是我国师范类大学师范类专业毕业生，通过相关考试在毕业时领取教师资格证；第二类是非师范类专业毕业生，通过省级政府组织的教师资格证考试考取该证书，考试科目有教育学、教育心理学等。目前，我国义务教育及幼儿教育、高中教育等阶段教师待遇持续提高，而高水

〔1〕 陈家麟、夏燕："专业化视野内的心理咨询师培训问题研究——对中国大陆心理咨询师培训八年来现状的反思"，载《心理科学》2009年第4期。

〔2〕 张林、李伟强："心理学专业'双证书'应用人才培养模式的探索"，载《宁波大学学报（教育科学版）》2013年第1期。

平的师资相对紧缺。另外，已有青岛、太原、昆明等地区明文规定，各类学校要配备心理咨询机构或专兼职专业心理咨询教师。因此，中小学校、幼教机构将会给心理学相关专业毕业生提供越来越大的就业市场。当前，我国设置心理学专业的院校以师范类大学为主，在心理学专业学生中，有相当比例的学生报考教师资格证。

## 四、应用心理学本科实施双证教育探讨

天津商业大学应用心理学专业在天津市各相关院校对比中，有着自身的优势。该校专业设置为管理心理学和消费心理学两大方向，和其他高校重叠度较低，毕业生保持着相对较高的就业率。心理咨询虽然不是该校应用心理学的主要方向，但社会对心理咨询人才有着大量的需求，且短时间内无法满足，因此该校增设心理咨询方向也是满足市场需求的举措。并且，心理咨询的相关技能在管理心理学、消费心理学等领域也有重要应用，是应用心理学专业毕业生应具备的基本技能。

目前，国家心理咨询师职业资格考试考核科目有《基础心理学》、《变态心理学》、《心理测量学》、《咨询心理学》、《社会心理学》、《发展心理学》、《健康心理学》。这些均为天津商业大学应用心理学专业开设的专业课程。专业教育和职业资格考试教育侧重点虽有不同，但两者的基本内容是一致的。这一点，从该校应用心理学专业学生考取相应资格证书的通过率远高于其他专业就能得到印证。2012 年 11 月份，天津市心理咨询师考试中，天津商业大学心理学系 28 名报考者中，一共有 23 人全科通过，5 人通过一科或两科，单科通过率将近 90% 。

在实践中，天津商业大学应用心理学专业有部分学生选择人力资源管理师考试，但人数较少。而该校商学院、公共管理学院

等开设有大量的管理类专业，在这些专业中，有较多学生选择了人力资源管理师考试。因此，学校开设人力资源管理师职业教育也有很大市场，应以管理类专业为主，应用心理学专业学生可选修相关课程。由于学校性质，天津商业大学几乎无人报考教师资格证，市场潜力不大。而对于师范类院校，借助自身优势，为心理学专业学生提供教师资格证相关培训，是师范类院校应用心理学专业实施“双证教育”的有利抓手。

以天津商业大学为例，高校应用心理学专业开展“双证教育”，主要指学历教育和心理咨询师职业技能教育。天津商业大学在应用心理学专业培养中增加心理咨询师职业技能教育，主要优势有这样几点：一是高校应用心理学专业师资力量较强，远胜于社会培训机构。“心理咨询师”考核相关课程均为本专业已开设基础课程，教学及学术研究积淀深厚。二是当前大学均设有大学生心理健康教育中心及类似机构，可以为学生提供专业实践场所。天津商业大学心理健康教育中心有近二十年大学生心理咨询与教育历史，经验丰富、设施齐全、制度完善。三是高校仪器设备等硬件设施优于商业培训机构。目前，商业培训机构以通过率为唯一指标，使学员只有考试能力，缺乏实践培训，没有接触过专业仪器。天津商业大学大学生心理健康教育中心拥有智能反馈型音乐放松催眠治疗系统等先进仪器和多个专业心理咨询室，心理学系应用心理学专业实验室拥有心理 CT 系统等大量专业设备。四是高校双证教育本质是教育，没有商业培训机构的功利性。可以为学生降低学习成本，并且学校教育关注学生能力的成长，可以为其提供长期乃至终身专业督导与支持，有利于培养出大量的、高质量的心理咨询师，促进我国心理咨询事业的发展。

从 2012 年起，天津商业大学心理学系积极尝试开展心理咨询师职业培训相关教育，采取了有力的举措：一是 2012 年天津

商业大学修改本科生培养方案时，应用心理学专业增加《咨询心理学》、《变态心理学》等心理咨询师考试课程学时和学分，有针对性地给学生设置了更多的心理咨询实践课程；二是结合实际和专业心理咨询师培训机构合作，既降低了本系学生学习成本，又更好地控制了培训质量；三是心理学系筹资设立了专项奖学金鼓励学生积极参与相关培训与考试，取得心理咨询师职业资格。2013 年 6 月，天津商业大学应用心理学 13 级毕业生中，有 13 人成功取得心理咨询师资格证，占毕业生总数的 34%。二三年级在校生中，也有十余人取得心理咨询师资格证。

心理学是一门“关注人、理解人、关爱人”的科学，我国心理学及应用心理学的进一步发展，将为提高人民生活质量，促进社会、经济、文化等的发展作出极大贡献。当前，心理咨询师是我国社会需求极大的专业人才，但相关高校在心理咨询师的培养中仍有很大的不足。在高等教育大众化的时代，大学本科教育积极开展双证教育，是提升学校及学生竞争力的重要举措。而在应用心理学专业，大学在学历教育的同时进行心理咨询师的职业技能培训，为国家培养出更多合格的心理咨询师，将有大大助于我国构建社会主义和谐社会，其意义则更为深远。

## 参考文献

1. 张晶：“聚焦应用心理学人才培养——应用心理学人才培养模式与教学工作研讨会综述”，载《心理学探新》2012 年第 3 期。
2. 胡丽萍：“社会转型期本科应用心理学专业人才培养模式研究”，载《教育与职业》2012 年第 27 期。
3. 陈玲玲、毛晓桦：“应用型高校对大学生实施双证教育的探讨”，载《南京工程学院学报（社会科学版）》2009 年第 3 期。
4. 聂瑜：“独立学院双证教育人才培养模式的探索”，载《绵阳师范学院学报》2010 年第 3 期。

5. 吴杨伟："江西省普通高校大学生‘双证’教育的创新研究——以九江学院商学院为例"，载《宜春学院学报》2008 年第 4 期。
6. 汪新建："当前心理咨询师培养中出现的问题及其对策"，载《中国心理卫生杂志》2005 年第 10 期。
7. 陈家麟、夏燕："专业化视野内的心理咨询师培训问题研究——对中国大陆心理咨询师培训八年来现状的反思"，载《心理科学》2009 年第 4 期。
8. 张林、李伟强："心理学专业‘双证书’应用人才培养模式的探索"，载《宁波大学学报（教育科学版）》2013 年第 1 期。

# 完全学分制教学管理改革研究

刘　婧*

**摘要**

完全学分制是高等学校教学管理改革的必然趋势，有助于促进学生的全面发展。实施完全学分制对教学管理改革有积极意义，将提升高校教学质量、提高教学管理水平、推进高校以人为本的教学改革。完全学分制作为一个系统工程，面临教学资源、教学管理体系、教务管理系统、学生自我规划能力等多重挑战。今后高校实施完全学分制，要更新教育教学理念、加强课程建设、加大教学资源投入、加强制度建设、加强教学质量监控。

**关键词：**完全学分制　教学管理改革　以人为本

完全学分制是指以选课为前提，以学分来计算学生学习量，以取得最低必要学分为毕业标准，采用多样的教育规格和较为灵活的管理方式的一种教学管理制度。完全学分制与我国现在大多

* 天津商业大学法学院讲师，法学硕士，主要从事法学教育研究。

数高校实行的学年学分制有很大区别，在完全学分制下，专业壁垒将被打破，各专业的必修课比例降低，学生可跨专业在全校范围内自由选修课程。完全学分制打破了高校教学管理的传统格局，尊重学生的个体差异，更加强调自主学习，充分调动学生的学习兴趣，使教育资源得到充分利用，学生得以自由发展，更能体现出市场调节在高等教育、人才就业等方面所起到的积极作用。完全学分制将以其发挥学生主动性、促进学生个性发展、弹性化的管理模式等优点，成为高校教学管理改革的必然趋势。作为一种全新的教学管理模式，其必将对现有的教学管理产生重大影响，对目前高校的教学管理改革起到很大的推动作用。

## 一、完全学分制对教学管理改革的意义

完全学分制与目前我国高校实行的学年学分制有本质不同。学年学分制有固定的修学年限和课程总量，学生在修完规定年限和课程并考试合格后，方可毕业。完全学分制不限制学生的修学年限，学生在老师指导下选修课程，通过学分和绩点来衡量学生的学习情况，取得规定的总学分即可毕业，学生可根据学习情况选择提前或延迟毕业。二者在教育思想、人才培养模式、管理体制和教学环节等方面都有本质区别。充满弹性的、人性化的完全学分制将更好地促进高校教学管理的改革与发展。

### （一）将促进教学质量的提升

完全学分制的主要特点就是选课制，学校可以通过对学生选课情况的分析，结合社会经济发展状况和各类职业需求，调整课程设置，促进课程体系的建设和改革。在选课制下，学生可以跨学科、跨院系甚至跨校选择课程，这样可使校际、院际教学资源共享，得到更大程度的运用。完全学分制为高校教师带来了挑战和压力，它促使教师提升自身业务水平，开设更多学生热衷的课

程，选择有实用价值、能激发学生兴趣的教学内容，不断改进教学方法，提高教学水平，全面提升自身的教育教学质量。

（二）将带来教学管理水平的提高

完全学分制是一个系统工程，涉及教学管理的诸多方面，将带动教学管理各项制度的改革和完善。完全学分制的一个重要内容是导师制，在导师的指导下，学生更加科学地选课，完成自己的学业。完全学分制一改过去集中统一的学年制管理，每个学生选修的课程不同，教学管理将更加复杂，必须改变过去简单的管理模式，寻求更加高效的管理模式。完全学分制下的教学组织、学分统计、成绩管理、绩点计算等带来计算机技术和网络技术的广泛应用，使教育信息化水平大大提高。

（三）将推进以人为本的教学改革

完全学分制的教育理念与高校以学生为本的教育理念是一致的，其有利于培养学生理性自主的观念，学生通过自主选课、自主选择专业和方向，能够很好地认识自我、规划自我。通过对自身发展的规划，调整个人的知识结构，更好地适应社会发展，在此过程中提高了学习效率，发挥了学生的主观能动性，培养了创新精神，实现了因材施教，有利于促进学生的全面发展，体现了高校以人为本的教学理念，有利于实行和推进高校以人为本的教学改革。

总之，以往高校教学管理改革通常是行政压力下的改革，缺乏动力，而完全学分制涉及教学管理理念的变革，更加凸显学生在学习过程中的主体地位，由过去学生被动地接受学校的人才培养方案，到现在的主动选择课程、授课教师和修学年限，使学生学习的积极性和创造性得以发挥，使高校教育在市场机制的调节作用下更好地满足社会发展需要。因而高校可以利用完全学分制实施的契机，带动学校教学管理的一系列改革，提高教学管理

水平。

## 二、实施完全学分制，现有教学管理存在的问题

### （一）现有教学资源不能满足完全学分制要求

1. 课程体系不完善。在高校学年学分制管理体制下，学校更注重基础理论课程，基础课、公共课、专业基础课等必修课占很大比重，在一些高校甚至超过总课程比重的90%。选修课比重偏低，特别是全校任选课的门数较少。而完全学分制最核心的内容是选课制，以开设大量选修课为基础，学校的整个课程体系相当于一个“课程超市”，学生可以自由地选择想修学的课程。如果没有充足的课程资源，选课制就无从谈起，完全学分制也无从实施。此外，从现有课程内容上看，各学科课程相互独立，边缘课程和交叉课程比较少，学生跨学科选课学习将会有一定难度。

2. 师资力量不足。实施完全学分制需要有充足的课程资源，这就要求高校配备大量优质的师资。但是近年来高校扩招严重，学生人数大量增加，教师数量却并没有按相应比例增加。以我校为例，目前在校本科学生2万余人，在校研究生2400余人，而现有专任教师955人，生师比24:1，与国家教育发展规划中普通高校生师比15:1，有很大的差距。由于教师资源紧张，教学任务繁重，教师将没有足够精力开设新课程；以往专业划分过细，教师知识结构单一，知识面窄，也将影响到交叉学科课程的开设。师资力量的不足将影响到完全学分制的顺利推行。

3. 其他硬件设施不完备。完全学分制下更加注重学生自主学习和实践教学，对实验室、实习实训基地、图书资料、阅览室等需求将大大增加，现有教学资源难以完全满足其要求。

### （二）现有教学管理体系不能满足完全学分制要求

完全学分制体制下，原有的相对固化的排课规律和以班级为

单位的教学管理模式将被打破，原有学年制下的教学指导文件、课程安排和学生管理等许多制度都不再适用，还没有与弹性学制配套的学位颁发制度以及升学和就业制度。[1]教学管理的环境和要求变化较大，管理模式更注重灵活性和应变性。同时，由于完全学分制更加注重目标管理，弱化了对教学过程的管理，使得教学质量监控的难度增大。

### （三）现有教务管理系统不能满足完全学分制要求

高校现有教务管理系统大多是按学年学分制而设计，在选课、缴费、学籍、成绩管理等方面都无法满足完全学分制的要求。在选课系统中，过去只有全校选修课供全校学生选择，实施完全学分制后，要将学校所有开设的课程供全校学生选择。在缴费系统中，以往学生只在开学初缴纳学费，在实际选课中并不涉及缴费，而完全学分制下，通常要求学生按照选课学分缴费后才能选课并使用教学资源。学籍系统中，完全学分制下学生可以自由选择修读年限，学业中断及复学的情况会比以往要多。成绩系统中，完全学分制下将使用绩点来衡量学生学习的质的情况。完全学分制下教务管理的复杂度和难度都大大增加，必须加强教务管理的信息化建设，建立满足完全学分制各项要求的教务管理系统。

### （四）学生缺乏自我管理和自我规划能力

受应试教育影响，当前大学生普遍缺乏自我管理和自我规划能力。由于自我认知欠缺、对社会需求的了解不足、没有职业生涯规划概念等，对学业缺乏独立思考，不知如何规划课程和制定学习计划。在选课时会带有盲目性，选择一些难度较小、相对好过的课程凑学分，不顾知识的内在逻辑，导致知识结构不系统、

〔1〕 侯爱荣："完全学分制与应用型人才培养"，载《江苏高教》2014 年第 6 期。

不合理；选择教师时选择那些要求不严、考试易过的教师，而不去选择那些教学效果好但要求比较严格的老师，从而导致学生学习质量下降，并影响到学校的教育质量。

## 三、完全学分制下推进教学管理改革的措施

完全学分制是在逐渐地发展和改进中不断完善的，学分制改革应立足我国和各个高校的实际情况，学习国外的先进经验，建立与高校实际情况相适应的完全学分制。

### （一）更新教育教学理念

推行完全学分制，首先是教育理念的更新。完全学分制倡导自主、个性的教育观念，教育工作者要树立“以学生为中心”的教育理念，以学生为学习的主体，尊重学生个性发展，挖掘学生潜能，为学生自主学习创造良好条件，为学生提供更多实践和创新的机会；要重视学生知识、能力、素质的提升和健全人格的塑造，树立学生个性与能力、理论与实践并重的新型教育人才观。[1]大学生应树立“自主成才”的理念，增强对学分制内涵的理解，自主规划学业。高校的教职工和学生都要形成高度统一的思想认识，充分认识到完全学分制的必要性和重要性，明确自己的责任。一线教师要转变教学观念，以学生为本，因材施教，发挥学生学习主动性，尊重学生选择，培养适应社会需要的不同层次的人才，为学分制实施奠定良好的思想基础。

### （二）加强课程建设

1. 制订科学的教学计划。科学的教学计划是确保完全学分制下教学质量的关键，完全学分制下的教学计划要更加灵活，课程设置要更加丰富，既要保证学科专业知识的系统与完整，又要兼

---

〔1〕 韩慧、赵国浩：“高校学分制改革的研究与实践——以S高校为例”，载《教育理论与实践》2015年第3期。

顾不同学科和专业之间的融合，以突出人才培养多样性和个性化的特点。在课堂教学计划之外，增加“创新创业学分”，对学生在校期间参加的科研和实践活动通过学分的形式予以认定，主要包括学生的发明创造和科研成果、学科竞赛和学术活动、社会实践和创业实践等，使学生挖掘自身潜能，提高创新创业能力。学生可以根据所学专业的教学计划，结合自己的个性特点、兴趣爱好等，制定出自己的学习计划，通过选课来完成学业。

2. 加强课程建设。要实施完全学分制，高校的课程体系应具有开放性，突破传统观念的束缚。要开出足够数量的、高质量的课程，实现必修课和选修课的全面开展。不断优化课程结构，降低必修课的比重，提高选修课的比重，保证学生必修课的合格完成，同时提高选修课的学习质量。此外，还可利用网络平台弥补完全学分制下课程不足的问题，将优质的网络课程如 MOOCs 课程、网络平台课程和资源共享课程等纳入学生修读认定的学分范围内。实行校际课程互认制度，使学生可以跨校选修课程，为学生提供更多的学习机会和更加灵活的学习方式。

（三）加大教学资源投入

1. 加强师资队伍建设。在学分制改革中，教师的教学水平决定了学校所开设课程的质量和选课制的顺利实施。首先，高校要在引进人才上加大经费投入，通过优惠政策吸引优秀人才充实教师队伍。其次，高校要加强教师教学技能培训，通过进修、培训、教学比赛等方式，使教师调整知识结构，拓宽知识面，提高教学水平。最后，学校制定切实可行的教师考核和激励制度，对教学评价排名领先的教师予以奖励，并将教学质量作为教师考核和职称评定的重要指标，使教师不断更新专业知识、创新教学形式、改进教学方法，树立以学生为中心的理念，由课堂的主导者变为引导者，变知识灌输为启发式教学，使学生成为课堂的主体。

2. 完善教务管理体系。一是完善教务管理系统。完全学分制下的教学管理以个人为单位，教务管理系统要比学年制下的更为复杂，要建立完善的信息化管理系统，使每个学生都可以在系统中顺利完成选课、缴费、退课、查询成绩、绩点计算等环节，也可以使教学管理人员在系统中完成排课、学籍管理、成绩管理、毕业资格审核等事务。二是要提高教学管理人员的管理水平。教学管理人员要研究新形势下教学管理的特点，将科学管理和服务意识相结合，提高计算机应用能力和信息处理能力，实现学校的现代化管理。

3. 加强高校基础设施建设。完全学分制下高校选修课的数量和种类都会增加，所以必须加大教学基础设施的投入，为教学配备更多教室、实验室、机房，以及教学仪器、图书资料、实验器材等教学设施，为学分制改革创造良好条件。

（四）加强制度建设

1. 完善选课制。选课制是完全学分制实施的基础和关键环节，通过学生选课实现因材施教，调动教师的教学积极性，实现教学资源的优化配置，为学生提供更广阔的学习空间。[1]在新生入学教育时，就要向学牛介绍学分制，并将本专业教学计划、专业方向课程结构、必修课与选修课关系、课程先后修读顺序等向学生讲解，使学生在入学时就开始规划课程。在具体的选课过程中，学校要在选课系统中提供详细的选课指南，对各门课程的教师情况、选修资格、教学内容、具体要求、考核方法、参考书籍等进行介绍。

2. 实行导师制。完全学分制下学生有学习的自主权，但缺乏对学业的规划能力，如果不加以指导而任其自由选择，难以形成

〔1〕 秦秀红、孙彩虹、李志：“学分制对高校教学管理的促进作用”，载《中国成人教育》2014 年第 2 期。

整体的专业知识架构，不利于学生发展。[1]本科生导师制起源于14世纪的英国，目前在我国一些高校也实行了本科生导师制。学校要选出一批业务能力强、熟悉学生、富有责任心的老师担任学生导师，导师根据学生的特点、兴趣和专业培养要求，指导学生选课、进行科学研究和课外实践，帮助学生解决学业、思想和生活上的困惑，更好地规划学业和未来职业生涯。

3. 实行弹性学制。弹性学制下，要变革传统的学籍管理模式，需要学校各部门的系统配合，包括电子注册、宿舍安排、考试制度、毕业离校、学位授予等各个环节，对提前或推迟毕业的学生要给予便利措施及相关制度保障。

4. 实行学分收费制。要建立与完全学分制相适应的学分收费制度，科学核算培养成本，确定学分制收费标准，更新现有收费手段，制定相应的学分制收费配套措施。[2]

（五）加强教学质量监控

与学年制相比，完全学分制下教学质量监控应彰显其个性化培养特征，根据一定的标准监督调控与教学相关的各方面内容，以确保教学质量的不断提升。[3]

1. 要保证开课质量合格。高质量的选修课是学分制改革的重要保障，如果选修课的质量不高，学生选课的积极性会受影响，选课制也会流于形式。因此，课程的开设要经过有关专家评委的充分论证，对课程内容和授课方式严格把关，同时要对课程进行检查和监督，保证选修课的开设质量。

---

〔1〕张燕："论高校教学质量监控体系的构建——以完全学分制改革为视角"，载《教育探索》2013年第3期。

〔2〕姬雪梅："高校学分制收费改革的困境与对策"，载《教育财会研究》2014年第6期。

〔3〕徐爱萍："适应学分制改革建立与完善教学质量监控体系"，载《中国高等教育》2011年第1期。

2. 实行绩点制。完全学分制下，采用绩点制来评价学生的学习成绩，绩点制比分数更能体现学习的质量。在学生成绩排名、评奖评优中，使用绩点进行评比，可体现学生学习的质量差异，有利于建立学生学习的竞争机制。

3. 实行教考分离制。完全学分制下，对同一门课程学生可以选择不同教师，但考核内容和考核标准是统一的，必须严格考试管理，确保考试的统一性和公平性，以利于形成严肃端正的教风和考风，确保教育教学质量。

完全学分制改革不是高校某一方面局部的简单调整，而是需要高校整体的观念变革以及高校教学管理体制的改革，同时还需要外部社会环境的配合。为了更好地实行这一先进的教学管理模式，应在实施过程中结合各高校特点，不断改进和完善教学管理的内容和形式，为社会培养更多“宽口径、厚基础、强能力、高素质”的应用型人才。

## 参考文献

1. 侯爱荣：“完全学分制与应用型人才培养”，载《江苏高教》2014 年第 6 期。
2. 韩慧、赵国浩：“高校学分制改革的研究与实践——以 S 高校为例”，载《教育理论与实践》2015 年第 3 期。
3. 秦秀红、孙彩虹、李志：“学分制对高校教学管理的促进作用”，载《中国成人教育》2014 年第 2 期。
4. 张燕：“论高校教学质量监控体系的构建——以完全学分制改革为视角”，载《教育探索》2013 年第 3 期。
5. 姬雪梅：“高校学分制收费改革的困境与对策”，载《教育财会研究》2014 年第 6 期。
6. 徐爱萍：“适应学分制改革 建立与完善教学质量监控体系”，载《中国高等教育》2011 年第 1 期。